编委会

主编　余清泉

———— 特别感谢 ————

杨守国	刘　上	庚　鑫	谢龙艳	李光鑫
王微微	马可昕	王姝迪	王　奇	陈　璐
肖　红	姚佳瑶	徐喜花	郑丽萍	费　健

SOCIAL SECURITY
HANDBOOK

余清泉 /主编

五险一金

速查手册

中国法制出版社
CHINA LEGAL PUBLISHING HOUSE

推荐语

《礼记》有云,"大道之行也,天下为公。选贤与能,讲信修睦。故人不独亲其亲,不独子其子,使老有所终,壮有所用,幼有所长,矜、寡、孤、独、废疾者皆有所养"。其中,就包含古代人们对社保的美好愿望和精神追求。

新中国成立后,我国越来越重视社会保障制度的建立与发展。1993年11月,党的十四届三中全会通过《中共中央关于建立社会主义市场经济体制若干问题的决定》提出,"加快改革开放和社会主义现代化建设步伐",将社会保障确认为市场经济体系的五大支柱之一,将"建立多层次的社会保障体系"作为社会保障体系改革的方向。

经过30多年的发展,我国的社会保障事业不断丰富和完善,取得了举世瞩目的成就,"五险一金"深入人心。但受各地社会经济发展水平、人口年龄结构等诸多因素影响,各险种的制度设计、统筹层次存在差异,参保缴费、待遇享受条件以及经办规范也存在明显的地区差异,这给多地经营的企业、跨地就业的劳动者准确理解和掌握社保征缴要求,享受社保政策待遇带来诸多挑战。

近几年来，虽然各地经办机构通过官方网站、公众号等陆续推出一些当地的经办指南，便于经办者按需检索。但综观全国来看，有关指南尚较零散，未形成统一体例，特别是缺少多城市的经办汇编和差异化比较，对政策原理与经办要求的内在关联逻辑也较为缺乏。对企业的人力资源从业者和办事人员来说，急需一本随看随用、能够指导准确经办的实操速查指南。

众合云科以"让每一份工作更有保障"为发展使命，旗下品牌51社保近20年来在社会保险领域持续深耕，秉持"直营服务更放心"的服务理念，先后在全国130多个城市设立直营服务网点，服务覆盖300多个区县的36000余家客户。依托各地的直营服务团队、研究中心对政策的研究和经办实操的理解，51社保将《劳动合同法》《社会保险法》《个人所得税法》三法融合、贯通，将五险一金的相关政策原理、法律法规与经办要求形成整合，曾先后输出《五险一金常见问题指引》《五险一金政策专刊》《五险一金速查手册》《全国主要城市五险一金基数比例表》等资料，很好地弥补了前述空缺，受到业界广泛欢迎。

《五险一金速查手册》是一本面向企业人力资源从业者的经办实操手册，地域覆盖北京、上海、广州、深圳、重庆、成都、厦门、武汉等近20个城市，内容涵盖社会保障的医疗、生育、工伤、失业和公积金等，对政策原理、最新的经办要求、常见问题都有充分说明。本书所引政策及相关数据截至2024年8月，网址链接最后访问时间为2024年8月，由于五险一金相关政策变化较快，本书中部分内容如有失效，读者可咨询众合云科获取最新版内容。

本书既能从"术"的层面提供经办指引，也能从"法"的层面便于使用者更好地理解政策逻辑，不仅"授人以鱼"，亦可"授人以渔"。

相信本书的公开出版发行，能够为更多的人力资源从业者、参保缴费劳动者，以及广大业内从业者提供帮助，成为一部案头书。

目录

导　言	001
全　国	003
北　京	021
天　津	041
石家庄	069
沈　阳	083
哈尔滨	105
上　海	131
南　京	149
苏　州	175
杭　州	199
福　州	217
厦　门	235

目录

济南	255
郑州	281
武汉	299
长沙	325
广州	343
深圳	361
海口	381
重庆	401
成都	419
昆明	439
西安	459
个税	481

导言

作为人力资源从业者，我们经常要与各类政策打交道。对政策的学习和理解，可以大体分为三个层次：

第一个层次是学会能办，我们可以称之为"术"的层面，即掌握实际经办要求，及时、有效地达成经办目标。

第二个层次是有理有据，我们可以称之为"法"的层面，即不仅能办、会办，还能正确地理解其背后的逻辑和政策原理、依据。

第三个层次是活学活用，我们可以称之为"道"的层面，在理解政策原理的基础上，能够准确把握政策边界，前瞻性判断政策趋势，根据实际情况作出主动规划。

随着跨地区布局、跨地区经营和跨地域用人、跨地域管理日渐增多，在人力资源从业者的日常工作中，受社保、公积金统筹层次不同的影响，其实际经办要求在不同地区间差异很大。

全国

一、社会保险

社会保险（Social Insurance），是指国家通过立法，强制某一群体将其收入的一部分作为社会保险税（费），形成社会保险基金，对参加劳动关系的劳动者，在丧失劳动能力、暂时失去劳动岗位或因健康原因造成损失时，提供收入或补偿的一种社会和经济制度。社会保险是一种再分配制度，不以营利为目的，它的目标是保证物质及劳动力的再生产和社会稳定。社会保险是社会保障体系的重要组成部分。

（一）社会保险分类

根据保障目的性的不同，我国现行的社会保险主要项目包括养老保险、医疗保险、失业保险、工伤保险、生育保险。

通俗而言，养老保险主要是为了解决人口预期寿命延长，年老退出就业后获得持续、稳定收入保障的问题；生育保险是为了保障生育条件和生育期间的基本权益，其待遇主要面向生育女职工；医疗保险主要是为了提供身体健康保障，让人可以"活得更长"；失业保险是为了解决劳动年龄段人口在暂时性失业期间的收入保障问题，即解决"没活儿干"的问题；工伤保险则是为了解决因为工作原因受到伤害后的权益保障，即解决暂时性或长期性"干不了活儿"的问题。

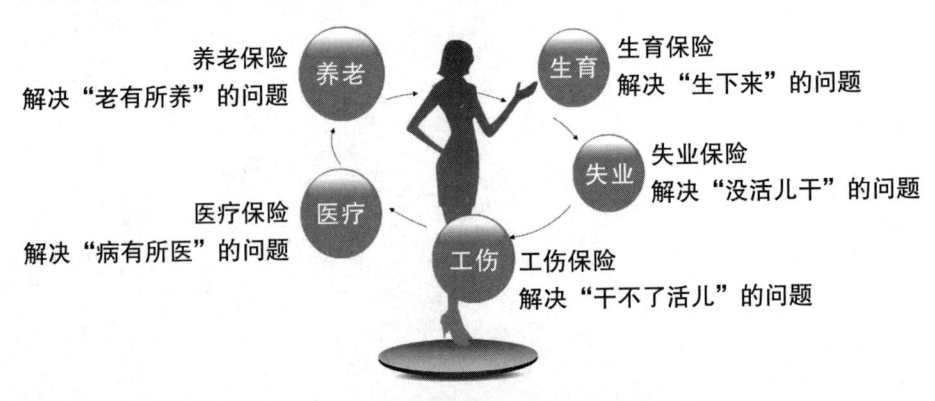

图1-1 社会保险各险种的保障功能示意

（二）社会保险的立法层次

2011年7月1日起正式施行的《社会保险法》①（2010年10月28日第十一届全国人民代表大会常务委员会第十七次会议通过，根据2018年12月29日第十三届全国人民代表大会常务委员会第七次会议《关于修改〈中华人民共和国社会保险法〉的决定》修正），是我国社会保险领域的基本法律，具有这一领域的统领地位。根据《立法法》[1-1]第九十九条的规定，其地位和效力高于其他行政法规、地方性法规、规章。

表1-1　我国现行立法层次②

《宪法》	全国人大	第九十八条　宪法具有最高的法律效力，一切法律、行政法规、地方性法规、自治条例和单行条例、规章都不得同宪法相抵触。
法律	全国人大、全国人大常委会	第九十九条第一款　法律的效力高于行政法规、地方性法规、规章。
法律解释	全国人大常委会	第五十三条　全国人民代表大会常务委员会的法律解释同法律具有同等效力。
行政法规	国务院	第九十九条第二款　行政法规的效力高于地方性法规、规章。
部门规章	国务院各部、委员会、中国人民银行、审计署和具有行政管理职能的直属机构	第一百零二条　部门规章之间、部门规章与地方政府规章之间具有同等效力，在各自的权限范围内施行。
地方性法规	地方人大、地方人大常委会	第一百条　地方性法规的效力高于本级和下级地方政府规章。省、自治区的人民政府制定的规章的效力高于本行政区域内的设区的市、自治州的人民政府制定的规章。
地方政府规章	地方政府	第九十三条第一款　省、自治区、直辖市和设区的市、自治州的人民政府，可以根据法律、行政法规和本省、自治区、直辖市的地方性法规，制定规章。
自治条例/单行条例	民族自治地方的人大	第一百零一条　自治条例和单行条例依法对法律、行政法规、地方性法规作变通规定的，在本自治地方适用自治条例和单行条例的规定。经济特区法规根据授权对法律、行政法规、地方性法规作变通规定的，在本经济特区适用经济特区法规的规定。

① 为便于阅读，本书中相关法律文件标题中的"中华人民共和国"字样均予以省略。
② 根据《立法法》相关规定制作该表。

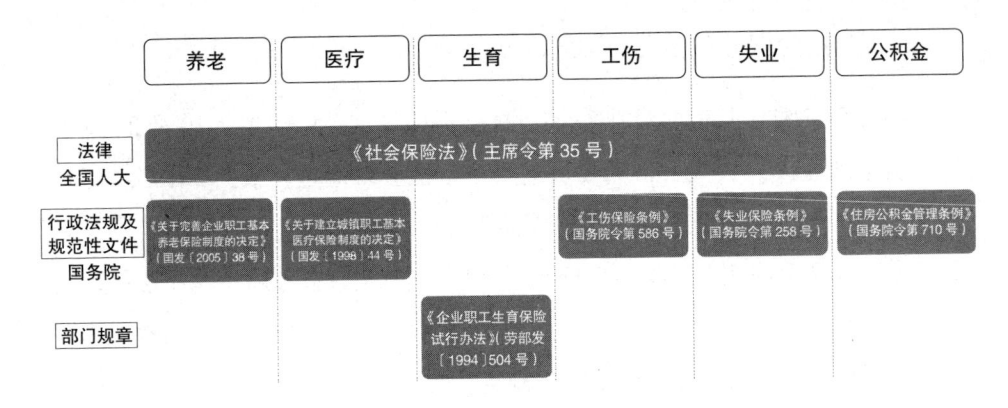

图 1-2　我国现行五险一金的立法层次

(三) 社会保险登记

《社会保险法》共十二章九十八条，从参保缴费、待遇享受、违法后果等方面，对各险种作出了原则性规定。

社会保险根据保障对象不同，大体可以分为职工社会保险和居民社会保险两大体系。其中，居民社会保险主要是城乡居民养老保险、城乡居民医疗保险两大险种。而职工社会保险作为劳动关系的附随义务，建立在劳动者与用人单位间的劳动关系基础之上，需通过用人单位办理参保登记、由用人单位对费用代扣代缴。

《社会保险法》第五十七条第一款和第五十八条对用人单位办理社会保险登记的具体要求作出了明确规定。

1. 用人单位应当自成立之日起 30 日内凭营业执照、登记证书或者单位印章，向当地社会保险经办机构申请办理社会保险登记。社会保险经办机构应当自收到申请之日起 15 日内予以审核，发给社会保险登记证件。

2. 用人单位应当自用工之日起 30 日内为其职工向社会保险经办机构申请办理社会保险登记。未办理社会保险登记的，由社会保险经办机构核定其应当缴纳的社会保险费。

我国社会保险实行单位、个人共同缴费相结合的筹资方式。根据《社会保险法》[1-2]第十条、第二十三条、第三十三条、第四十四条、第五十三条规定，基本养老保险、基本医疗保险、失业保险由单位和职工按照一定比例共同缴费；工伤保险、生育保险由单位缴费，职工个人不缴费。

表1-2 社会保险和公积金的缴费主体

	单位缴费	个人缴费
基本养老保险	√	√
基本医疗保险	√	√
失业保险	√	√
工伤保险	√	—
生育保险	√	—
住房公积金	√	√

（四）社保缴费基数

1. 社会保险缴费根据费基和费率核算。

2. 社会保险缴费基数简称"社保基数"，是指职工在一个社保缴费年度的社会保险缴费基数。它是按照职工上一年度1月至12月的所有工资性收入所得的月平均额来进行确定。对于新入职职工，往往按照入职首月的工资标准作为缴费基数。

3. 社会保险缴费基数是计算用人单位及其职工缴纳社保费和享受职工社会保险待遇的重要依据。考虑到社会保险的公平性原则，缴费基数通常按照社会平均工资的一定比例，确定基数上限和基数下限，具体数额根据各地区实际情况而定。

4. 工资总额的规定，按照《国家统计局关于工资总额组成的规定》[1-3]执行。

劳动和社会保障部社会保险事业管理中心在《关于规范社会保险缴费基数有关问题的通知》[1-4]中指出：

（1）参保单位缴纳基本养老保险费的基数可以为职工工资总额，也可以为本单位职工个人缴费工资基数之和，但在全省区市范围内应统一为一种核定办法。

单位职工本人缴纳基本养老保险费的基数原则上以上一年度本人月平均工资为基础,在当地职工平均工资的60%—300%的范围内进行核定。

(2)参保单位缴纳基本医疗保险、失业保险、工伤保险、生育保险费的基数为职工工资总额,基本医疗保险、失业保险职工个人缴费基数为本人工资,为便于征缴可以以上一年度个人月平均工资为缴费基数。目前,一些地方为整合经办资源,实行社会保险费的统一征收和统一稽核,并将各险种单位和个人的缴费基数统一为单位和个人缴纳基本养老保险费的基数,这种做法方便了参保企业和参保人员,有利于提高稽核效率。

以上规定,实际上未对缴费基数作出全国统一的规定,因此,时至今日在同一地区的不同险种间、同一险种的单位和个人缴费基数间也存在差异。

表1-3 缴费基数的差异化规定

	基本养老保险	基本医疗保险	失业保险	工伤保险	生育保险
单位基数①	职工工资总额	职工工资总额	职工工资总额	职工工资总额	职工工资总额
单位基数②	职工个人基数之和	职工个人基数之和	职工个人基数之和	职工个人基数之和	职工个人基数之和
个人基数①		本人工资	本人工资	—	—
个人基数②	以上年度本人月平均工资为基础,在当地职工平均工资的60%—300%内核定	上年度个人月平均工资	上年度个人月平均工资	—	—
个人基数③		以上年度本人月平均工资为基础,在当地职工平均工资的60%—300%内核定	以上年度本人月平均工资为基础,在当地职工平均工资的60%—300%内核定	—	—

总体来说，一般情况下，缴费基数与申报工资保持一致。如参保职工工资低于当年度最低缴费基数，应按照当年最低基数缴纳社会保险费；如参保职工工资高于当年度最高缴费基数，则应按照当年最高基数缴纳社会保险费。社会保险缴费基数的下限通常为所在地区上年度社会平均工资的60%，也有部分地区的部分险种按照最低工资或高于社会平均工资60%的水平确定。社会保险缴费基数的上限通常为所在地区上年度社会平均工资的300%。

（五）社保缴费比例

缴费比例，即社会保险费的征缴费率。

1. 根据《社会保险法》第十二条第一款、第二款规定，用人单位应当按照国家规定的本单位职工工资总额的比例缴纳基本养老保险费，记入基本养老保险统筹基金。职工应当按照国家规定的本人工资的比例缴纳基本养老保险费，记入个人账户。

2. 根据《国务院办公厅关于印发降低社会保险费率综合方案的通知》[1-5]，自2019年5月1日起，各省、自治区、直辖市及新疆生产建设兵团养老保险单位缴费比例高于16%的，可降至16%；低于16%的，要研究提出过渡办法。截至2023年4月，除个别地区外，职工基本养老保险的单位缴费比例统一为16%；职工个人的养老保险缴费比例统一为8%。

3. 与其他险种实行统筹地区内费率一致的原则稍有不同，工伤保险实行行业差别费率与浮动费率相结合的方式确定缴费比例。一是根据不同行业的工伤风险程度，确定行业的差别费率，从0.2%到最高1.9%不等。二是根据上年度工伤保险基金情况、单位工伤发生率等情况，在每个行业内确定费率档次，可以适当上浮或下浮。

二、养老保险

（一）养老保险是什么

养老保险，全称为社会基本养老保险，是国家和社会根据一定的法律和法规，为劳动者在达到国家规定的解除劳动义务的劳动年龄界限，或因年老丧失劳动能力退出劳动岗位后的基本生活而建立的一种社会保险制度。

（二）退休办理条件

根据《社会保险法》第十六条第一款规定，"参加基本养老保险的个人，达到法定退休年龄时累计缴费满十五年的，按月领取基本养老金"。即，领取基本养老金需要达到两个基本条件：一是达到法定退休年龄；二是累计缴费达到十五年的基本要求。

根据1978年6月国务院颁发的《关于工人退休、退职的暂行办法》和《关于安置老弱病残干部的暂行办法》[1-6]的规定，下列几种情况可以办理退休：

1. 男性干部、工人年满60周岁，女干部年满55周岁，女工人年满50周岁，连续工龄或工作年限满10年。

2. 从事井下、高空、高温、繁重体力劳动和其他有害健康工种的职工，男年满55周岁，女年满45周岁，连续工龄或工作年限满10年。

3. 男年满50周岁，女年满45周岁，连续工龄或工作年限满10年的，经医院证明，并经劳动鉴定委员会确认，完全丧失劳动能力的职工。

4. 因工致残，经医院证明（工人并经劳动鉴定委员会确认）完全丧失工作能力的。根据《工伤保险条例》[1-7]规定，职工因工致残被鉴定为一级至四级伤残的，保留劳动关系，退出工作岗位，按月享受伤残津贴；工伤职工达到退休年龄并办理退休手续后，停发伤残津贴，享受基本养老保险待遇。基本养老保险待遇低于伤残津贴的，由工伤保险基金补足差额。

三、医疗保险

（一）医疗保险是什么

医疗保险，是指国家通过立法形式强制实施，由雇主和个人按一定比例缴纳保险费，建立社会医疗保险基金，支付雇员医疗费用的一种医疗保险制度。劳动者患病时，社会保险机构对其所需要的医疗费用给予适当补贴或报销，使劳动者恢复健康和劳动能力，尽快投入社会再生产过程。

医疗保险属于社会保险的重要组成部分，一般由政府承办，政府会借助经济手段、行政手段、法律手段强制实行以及进行组织管理。

（二）医疗保险待遇

1. 根据《社会保险法》第二十七条规定："参加职工基本医疗保险的个人，达到法定退休年龄时累计缴费达到国家规定年限的，退休后不再缴纳基本医疗保险费，按照国家规定享受基本医疗保险待遇；未达到国家规定年限的，可以缴费至国家规定年限。"

2.《社会保险法》第二十八条、第三十条对医疗保险待遇作出了规定。其中，第二十八条确定了基本支付范围，即"符合基本医疗保险药品目录、诊疗项目、医疗服务设施标准以及急诊、抢救的医疗费用，按照国家规定从基本医疗保险基金中支付"。第三十条列出了除外范围，即下列医疗费用不纳入基本医疗保险基金支付范围：

（1）应当从工伤保险基金中支付的；

（2）应当由第三人负担的；

（3）应当由公共卫生负担的；

（4）在境外就医的。

医疗费用依法应当由第三人负担，第三人不支付或者无法确定第三人的，由基本医疗保险基金先行支付。基本医疗保险基金先行支付后，有权向第三人追偿。

四、生育保险

（一）生育保险是什么

生育保险，是指通过国家立法规定，在劳动者因生育子女而导致劳动力暂时中断时，由国家和社会及时给予物质帮助的一项社会保险制度。我国生育保险待遇主要包括两项：一是生育津贴；二是生育医疗费用。其宗旨在于通过向职业妇女提供生育津贴、医疗服务和产假，帮助他们恢复劳动能力，重返工作岗位。

凡是与用人单位建立了劳动关系的职工，包括男职工，都应当参加生育保险。

《社会保险法》第五十三条规定，"用人单位按照国家规定缴纳生育保险费，职工不缴纳生育保险费"。

尽管《国务院办公厅关于全面推进生育保险和职工基本医疗保险合并实施的意见》[1-8]中明确，生育保险和基本医疗保险按照"四统一"原则合并实施，即统一参保登记、统一基金征缴和管理、统一医疗服务管理、统一经办和信息服务。但同时明确，此次改革的目的是，"保留险种、保障待遇、统一管理、降低成本"。因此，生育保险并没有从社会保险中消失，仍将作为一个独立的险种长期存在。

（二）生育保险待遇

1. 生育津贴：女职工产假期间的生育津贴，对已经参加生育保险的，按照用人单位上年度职工月平均工资的标准由生育保险基金支付；对未参加生育保险的，按照女职工产假前工资的标准由用人单位支付。

2. 生育医疗费用：女职工生育或者流产的医疗费用，按照生育保险规定的项目和标准，对已经参加生育保险的，由生育保险基金支付；对未参加生育保险的，由用人单位支付。

五、工伤保险

（一）工伤保险是什么

工伤保险，是指劳动者在工作中或在规定的特殊情况下，遭受意外伤害或患职业病导致暂时或永久丧失劳动能力以及死亡时，劳动者或其遗属从国家和社会获得物质帮助的一种社会保险制度。

工伤保险，又称职业伤害保险。工伤保险是通过社会统筹的办法，集中用人单位缴纳的工伤保险费，建立工伤保险基金，对劳动者在生产经营活动中遭受意外伤害或职业病，并由此造成死亡、暂时或永久丧失劳动能力时，给予劳动者及其实用性法定的医疗救治以及必要的经济补偿的一种社会保障制度。这种补偿既包括医疗、康复所需费用，也包括保障基本生活的费用。

（二）工伤认定[①]

1. 工伤保险的认定原则：劳动者因工负伤或因患职业病暂时或永久失去劳动能力以及死亡时，不管什么原因，责任在个人或在企业，都享有社会保险待遇，即补偿不究过失原则。

2.《工伤保险条例》有关工伤认定的规定：

职工有下列情形之一的，应当认定为工伤：

（1）在工作时间和工作场所内，因工作原因受到事故伤害的；

（2）工作时间前后在工作场所内，从事与工作有关的预备性或者收尾性工作受到事故伤害的；

（3）在工作时间和工作场所内，因履行工作职责受到暴力等意外伤害的；

（4）患职业病的；

（5）因工外出期间，由于工作原因受到伤害或者发生事故下落不明的；

（6）在上下班途中，受到非本人主要责任的交通事故或者城市轨道交通、

---

① 各省市对职工的工伤认定均须参照本部分，后文不再赘述。

客运轮渡、火车事故伤害的；

（7）法律、行政法规规定应当认定为工伤的其他情形。

职工有下列情形之一的，视同工伤：

（1）在工作时间和工作岗位，突发疾病死亡或者在48小时之内经抢救无效死亡的；

（2）在抢险救灾等维护国家利益、公共利益活动中受到伤害的；

（3）职工原在军队服役，因战、因公负伤致残，已取得革命伤残军人证，到用人单位后旧伤复发的。

职工有前款第（1）项、第（2）项情形的，按照本条例的有关规定享受工伤保险待遇；职工有前款第（3）项情形的，按照本条例的有关规定享受除一次性伤残补助金外的工伤保险待遇。

职工符合本条例第十四条、第十五条的规定，但是有下列情形之一的，不得认定为工伤或者视同工伤：

（1）故意犯罪的；

（2）醉酒或者吸毒的；

（3）自残或者自杀的。

3.《工伤保险条例》中有关申请主体及申请时限的规定：

《工伤保险条例》第十七条规定，职工发生事故伤害或者按照职业病防治法规定被诊断、鉴定为职业病，所在单位应当自事故伤害发生之日或者被诊断、鉴定为职业病之日起30日内，向统筹地区社会保险行政部门提出工伤认定申请。遇有特殊情况，经报社会保险行政部门同意，申请时限可以适当延长。

用人单位未按前款规定提出工伤认定申请的，工伤职工或者其近亲属、工会组织在事故伤害发生之日或者被诊断、鉴定为职业病之日起1年内，可以直接向用人单位所在地统筹地区社会保险行政部门提出工伤认定申请。

按照本条第一款规定应当由省级社会保险行政部门进行工伤认定的事项，根据属地原则由用人单位所在地的设区的市级社会保险行政部门办理。

用人单位未在本条第一款规定的时限内提交工伤认定申请，在此期间发生符合本条例规定的工伤待遇等有关费用由该用人单位负担。

六、失业保险

（一）失业保险是什么

失业保险，是指国家通过立法强制实行的，由社会集中建立基金，对因失业而暂时中断生活来源的劳动者提供物质帮助，进而保障失业人员失业期间的基本生活，促进其再就业的制度。

（二）失业保险金申领条件

《失业保险条例》对失业保险金的申领作出以下规定：

1.失业人员符合下列条件的，从失业保险基金中领取失业保险金：

（1）失业前用人单位和本人已经缴纳失业保险费满1年的；

（2）非因本人意愿中断就业的；

（3）已经进行失业登记，并有求职要求的。

2.失业人员失业前用人单位和本人累计缴费满1年不足5年的，领取失业保险金的期限最长为12个月；累计缴费满5年不足10年的，领取失业保险金的期限最长为18个月；累计缴费10年以上的，领取失业保险金的期限最长为24个月。重新就业后，再次失业的，缴费时间重新计算，领取失业保险金的期限与前次失业应当领取而尚未领取的失业保险金的期限合并计算，最长不超过24个月。

3.失业保险金的标准，由省、自治区、直辖市人民政府确定，不得低于城市居民最低生活保障标准。

4.失业人员在领取失业保险金期间，参加职工基本医疗保险，享受基本医疗保险待遇。失业人员应当缴纳的基本医疗保险费从失业保险基金中支付，个人不缴纳基本医疗保险费。

5. 失业人员在领取失业保险金期间死亡的，参照当地对在职职工死亡的规定，向其遗属发给一次性丧葬补助金和抚恤金。所需资金从失业保险基金中支付。

个人死亡同时符合领取基本养老保险丧葬补助金、工伤保险丧葬补助金和失业保险丧葬补助金条件的，其遗属只能选择领取其中的一项。

6. 用人单位应当及时为失业人员出具终止或者解除劳动关系的证明，并将失业人员的名单自终止或者解除劳动关系之日起 15 日内告知社会保险经办机构。

失业人员应当持本单位为其出具的终止或者解除劳动关系的证明，及时到指定的公共就业服务机构办理失业登记。

失业人员凭失业登记证明和个人身份证明，到社会保险经办机构办理领取失业保险金的手续。失业保险金领取期限自办理失业登记之日起计算。

7. 失业人员在领取失业保险金期间有下列情形之一的，停止领取失业保险金，并同时停止享受其他失业保险待遇：

（1）重新就业的；

（2）应征服兵役的；

（3）移居境外的；

（4）享受基本养老保险待遇的；

（5）无正当理由，拒不接受当地人民政府指定部门或者机构介绍的适当工作或者提供的培训的。

七、住房公积金

（一）住房公积金是什么

根据《住房公积金管理条例》[1-9]第二条第二款规定，住房公积金，是指国家机关、国有企业、城镇集体企业、外商投资企业、城镇私营企业及其他城镇企业、事业单位、民办非企业单位、社会团体（以下统称单位）及其在职职工缴存的长期住房储金。

（二）公积金性质

1. 保障性。建立职工住房公积金制度，为职工较快、较好地解决住房问题提供了保障。

2. 互助性。建立住房公积金制度能够有效地建立和形成有房职工帮助无房职工的机制和渠道，而住房公积金在资金方面为无房职工提供了帮助，体现了职工住房公积金的互助性。

3. 长期性。每一个城镇在职职工自参加工作之日起至退休或者终止劳动关系的这一段时间内，都必须缴纳个人住房公积金；职工所在单位也应按规定为职工补助缴存住房公积金。

（三）公积金特点

1. 普遍性。城镇在职职工，无论其工作单位性质如何、家庭收入高低、是否已有住房，都必须按照《住房公积金管理条例》的规定缴存住房公积金。

2. 强制性（政策性）。单位不办理住房公积金缴存登记或者不为本单位职工办理住房公积金账户设立的，住房公积金的管理中心有权力责令限期办理，逾期不办理的，可以按《住房公积金管理条例》的有关条款进行处罚，并可申请人民法院强制执行。

3. 福利性。除职工缴存的住房公积金外，单位也要为职工缴纳一定的金额，而且住房公积金贷款的利率低于商业性贷款。

4. 返还性。职工离休、退休，或完全丧失劳动能力并与单位终止劳动关系，户口迁出或出境定居等，缴存的住房公积金将返还职工个人。

答疑解惑

Q1：刚出生的宝宝可以缴社保吗？

A1：可以。新生儿也是全民医保的一员，同样可以购买和享受医保待遇。出生后28天内购买，出生之日起住院就可以享受医保待遇。给宝宝办理好出生证明、上好户口后，拿着出生证、户口本到户籍所在地的社保中心就可以上社保了。

Q2：职工自愿放弃社保，这样的承诺合法有效吗？

A2：社会保险是国家强制实行的社会保障制度，这一约定违反了法律的强制性规定，因此不具有法律约束力。即使用人单位已经依照协议约定，给予劳动者物质补偿，也要依法承担相应的责任。如果职工以公司未为其依法缴纳社会保险为由提起诉讼，公司依然要为该职工缴纳其劳动关系存续期间的社保费用。

Q3：产假工资和生育津贴有什么区别？

A3：生育津贴，是生育保险的重要待遇之一。如果职工不满足生育津贴领取条件，则有权要求用人单位支付产假工资。已参加生育保险的，按用人单位上年度职工月平均工资的标准由生育保险基金支付生育津贴；未参加生育保险的，按照女职工产假前工资的标准由用人单位支付产假工资，两者不能同时领取。

Q4：为什么男性也要缴纳生育保险？

A4：男女的社会角色分工和生理特点本身具有差异性。我们的社会保险如果设计成差别缴费就会影响就业公平（造成男女的劳动力成本制度差异），并且男性也可以享受部分的计划生育手术待遇。生育保险完全由企业承担，职工不需缴费。

Q5：为何医保报销要设置起付线的门槛？

A5：医保"起付线"，俗称"门槛费"，是医疗保险对参保人进行报销补偿的计算起点。起付线以下的医疗费用由参保人自付。实行这种办法可以减少处理大量的小额支付手续和管理成本，参保人可以寻求更便宜的治疗方式，有利于控制参保人可能出现的浪费行为。

Q6：养老保险交满15年，还需要继续缴费吗？

A6：养老保险缴纳满15年，只是作为申领养老金的条件之一，并不表示缴费满15年就可以停缴。一般来说，养老金是多缴多得，累计的缴费年限越长，缴费工资水平越高，退休时的年龄越大，退休时的基本养老金水平相对就会越高。

Q7：在多个城市缴纳社保可以转移到一个城市吗？

A7：根据《社会保险法》规定，个人跨统筹地区就业的，其基本养老保险关系随本人转移，缴费年限累计计算。个人达到法定退休年龄时，基本养老金分段计算、统一支付。因此，职工在不同城市缴纳的社保中的医疗保险年限和养老保险个人部分是可以操作转移的，职工本人或单位可以到转出地社保中心办理转出后再到转入地社保中心办理转入手续。

Q8：4050灵活就业人员社保补贴是什么？

A8：4050是指截至2011年12月31日前，达到4050标准（男性年满50周岁，女性年满40周岁）的没有单位给交社会保险的灵活就业者，都可以申请并参加国家给予的社会保险补贴，通常申领年限为3年，女性年满45周岁、男性年满55周岁申请的，补贴申领至退休（就是最长年限5年），达到退休年龄的就没有补贴了。有些地区的补贴金额是根据实际缴纳保费的2/3发放；有些地区是每个月定额补贴几百元，还有些地区是以社保的50%或70%为发放标准。

参考内容

【1-1】《中华人民共和国立法法》(中华人民共和国主席令第3号)

【1-2】《中华人民共和国社会保险法》(中华人民共和国主席令第25号)

【1-3】《国家统计局关于工资总额组成的规定》(国家统计局令第1号发布)

【1-4】《中华人民共和国劳动和社会保障部社会保险事业管理中心关于规范社会保险缴费基数有关问题的通知》(劳社险中心函〔2006〕60号)

【1-5】《国务院办公厅关于印发降低社会保险费率综合方案的通知》(国办发〔2019〕13号)

【1-6】《国务院关于颁发〈关于安置老弱病残干部的暂行办法〉和〈关于工人退休、退职的暂行办法〉的通知》(国发〔1978〕104号)

【1-7】《工伤保险条例》(2003年4月27日中华人民共和国国务院令第375号公布 根据2010年12月20日《国务院关于修改〈工伤保险条例〉的决定》修订)

【1-8】《国务院办公厅关于全面推进生育保险和职工基本医疗保险合并实施的意见》(国办发〔2019〕10号)

【1-9】《住房公积金管理条例》(中华人民共和国国务院令第710号)

北京

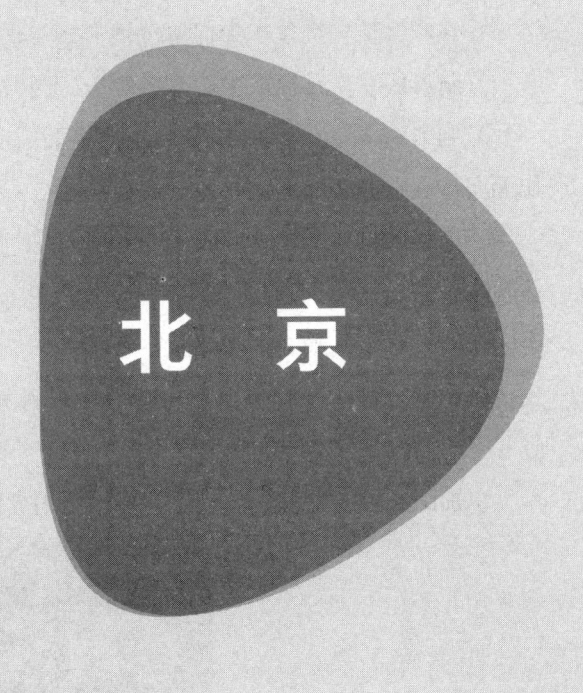

一、社会保障

（一）社会保障卡办理、申领流程

1. 在职人员在京首次参保单位领卡。

2. 新参成功次月社保中心开始制卡，制卡周期为 30 个工作日。

3. 制卡完成后，社保中心会依据公司在社保系统中预留的办公地址邮寄，如无人签收则退回社保中心。

4. 退回的社保卡一般由公司自行携带加盖公章的营业执照副本复印件前往领取，东城区、西城区、通州区、大兴区、密云区、平谷区、房山区、怀柔区需携带营业执照副本原件前往领取。

5. 如果社保卡已制卡成功，即便未拿到实体卡，也可直接通过国家医保服务平台 APP、"北京医保"微信公众号或"支付宝医保电子凭证"自助进行人脸识别认证后使用电子卡就医挂号、报销支付等医保业务。

国家医保服务平台 APP

北京已于 2021 年 1 月 1 日启用医保电子凭证进行"脱卡结算"。

（二）社会保障卡发卡进度查询方式

1. 拨打 24 小时服务热线"010-96102"进行电话查询。

2. 前往区社保经办机构、街道（乡镇）社会保障卡服务网点查询。

3. 通过社会保险网上服务平台（http://rsj.beijing.gov.cn/csibiz/）职工个人

登录查询。

4. 关注"北京人社"微信公众号查询。

"北京人社"微信公众号

(三)社会保障卡补办方式

1. 通过社会保险网上服务平台(http://rsj.beijing.gov.cn/csibiz/)办理。

2. 通过电话拨打北京"010-12333"或登录北京社保APP办理。

北京社保APP

3. 通过"北京人社"微信公众号办理。

4. 通过任意社会保障卡服务网点办理。

网点链接:https://rsj.beijing.gov.cn/bm/jgml/202408/t20240821_3779373.html。

5. 可直接使用医保电子凭证。

二、医疗

（一）医保费用报销比例

1. 门诊

表 2-1

参保人员类别	起付线	报销比例	
		2万元以下	2万元以上
在职职工	1800元	医院70%	60%
		社区90%	
退休职工 70岁以下	1300元	医院85%	80%
		社区90%	
退休职工 70岁以上		医院90%	
		社区90%	

来源：https://www.beijing.gov.cn/fuwu/bmfw/sy/jrts/202403/t20240306_3581600.html

2. 住院

表 2-2

参保人员类别	起付线	报销比例			
		医疗费用金额段	一级医院	二级医院	三级医院
在职职工	本年度第一次住院1300元，第二次及以后每次650元	1300—3万元	90%	87%	85%
		3万—4万元	95%	92%	90%
		4万—10万元	97%	97%	95%
		10万—50万元	85%		

续表

参保人员类别	起付线	报销比例			
^	^	医疗费用金额段	一级医院	二级医院	三级医院
退休职工	本年度第一次住院1300元，第二次及以后每次650元	1300—3万元	97%	96.1%	95.5%
^	^	3万—4万元	98.5%	97.6%	97%
^	^	4万—10万元	99.1%	99.1%	98.5%
^	^	10万—50万元	90%		

来源：https://www.beijing.gov.cn/fuwu/bmfw/sy/jrts/202403/t20240306_3581600.html

（二）本地医保报销流程

1. 报销范围

参保人员发生符合本市基本医疗保险药品目录、诊疗项目目录、医疗服务设施范围规定的门（急）诊、住院医疗费用。

特殊情况下，符合本市医疗保险报销范围规定但由个人全额垫付的医疗费用，可由单位到参保区医保中心进行手工报销。

2. 手工报销范围

参保人员发生下列情况产生的就医费用，先由个人全额垫付，再由单位前往参保区医保中心进行手工报销：

（1）急诊未持卡发生的医疗费用；

（2）计划生育门诊手术医疗费用；

（3）补换社保卡期间、新参保后未发卡期间发生的医疗费用；

（4）符合报销标准的异地就医医疗费用；

（5）符合外购规定的外购药费用；

（6）正常参保前存在断缴，正常参保后3个月内社保卡无法正常使用发生的医疗费用。

3. 报销流程

社保卡都是实时结算，就医时，主动出示社保卡或电子医保凭证即可。

统筹支付部分由统筹基金支付，个人支付部分可直接扣除个人账户余额。

（1）手工报销流程

参保人员可将材料交由所在单位，由单位统一办理报销手续。

（2）职工所在单位为参保人员办理报销流程

单位使用社保企业版软件录入参保人员医疗费用票据信息，形成电子版报盘文件，并打印相应的申报表单，连同整理好的参保人提供的相关单据形成完整的申报材料，报送至参保区的医疗保险经办机构。

（3）办理材料

参保人员申请手工报销医疗费用时，须根据情况向单位提交以下材料：

①《新发与补（换）社会保障卡证明》（复印件）；

②医疗收费票据（原件）；

③费用明细单（原件）；

④门（急）诊处方底方（原件）；

⑤住院类费用结算明细单（原件）；

⑥《全额结账证明》盖医院公章（注：北京住院）；

⑦诊断证明、病历（原件）等相关材料；

⑧住院病案。

职工所在单位为参保人员办理手工报销，需向医保经办机构递交以下材料：

①加盖单位公章的申报表单＋参保人提供的相关单据形成的完整申报材料（纸质版）；

②报盘文件（电子版）。

（4）报销截止时间

参保人员上年度发生的医疗费用需在本年度1月20日（节假日顺延）前申报，如果参保人员从上年度至本年度1月20日跨年连续住院，可顺延至出院结算后再申报。

（三）异地医保报销流程

北京市办理了异地就医备案的参保人员，可以携带本人社保卡前往备案地的所有定点医疗机构就医，具体可否实时结算可咨询就医医院，如不能进行实时结算，可保留相关就医材料回京进行手工报销。

1. 异地就医备案办理条件

参加基本医疗保险的下列人员，可以申请办理跨省异地备案：

（1）异地长期居住人员：指在异地居住生活且符合参保地规定的人员。

（2）其他跨省临时外出就医人员：未办理异地转诊就医手续且不属于异地急诊抢救的跨省临时外出就医人员。

2. 异地就医备案办理材料

（1）《北京市跨省异地就医备案》加盖公章；

（2）《个人信息变更登记表》。

温馨提示：部分区县所需材料为《北京市跨省异地就医登记备案表》《基本医疗保险跨省异地就医备案个人承诺书》。

3. 异地就医备案办理流程

（1）线上办理

目前支持大陆职工线上自助办理异地就医备案，相关内容如下所示：

下载国家医保服务平台APP，选择异地备案，选择异地就医备案申请，根据提示选择参保地及就医地，备案类型选择"跨省异地长期居住人员"开始备案，选择备案日期及填写联系人信息，点击、签名并上传个人承诺书，提交备案；或可参考异地就医备案申请下方的操作指南。线上操作异地就医备案即时生效，备案结果可通过查询备案记录显示是否备案成功。

国家医保服务平台APP

（2）线下办理

个人向单位提出申请，由本人或单位经办人持相关材料向所属社保经办机构提出为参保人员办理异地就医直接结算备案申请。

异地就医备案完成后，次日生效。

温馨提示：异地就医备案一经减员即失效。

三、生育

（一）生育待遇包含的项目

1. 女性：生育津贴、产前检查、分娩当次住院费用、计划生育手术费用。
2. 男性：计划生育手术费用。

（二）实时结算项目

正常治疗疾病的门诊费用或分娩当次的票据若实时结算，无须再次报销。

（三）手工报销项目

1. 正常生育：生育津贴、产检医疗费用、分娩当次的住院费用。
2. 流产：流产津贴、流产前医疗费用。
3. 计划生育手术：计划生育手术产生的医疗费用。

（四）生育保险报销流程

1. 报销条件

（1）符合国家或者本市计划生育规定；

（2）分娩前连续缴纳满 9 个月或分娩后连续缴纳满 12 个月；

（3）分娩当月必须缴纳社保。

门诊产检费报销（交人事，医保中心每月 1—20 日受理）。产前检查费用，不可以持卡实时结算，需要先个人垫付，再通过单位进行手工报销，所以产检产生的收费单据需妥善留存，如2020年5月之前生产的产检，门诊报销金额上限为1400元，2020年5月之后生产或产后42天包含5月门诊票据，门诊报销金额上限为3000元；门诊的医事服务费另行报销。

2. 报销材料

（1）《北京市生育登记服务单》复印件；

（2）出生医学证明复印件；

（3）定点医疗机构的医学诊断证明书（出院时医院提供）复印件；

（4）原始收费凭证、医疗费用明细单、药费处方原件。

3. 报销流程

收集所有材料，产后次次月报单位人事部门—单位将相关费用申报录入系统后生成纸质申报表格，准备一式两份加盖公章，所有票据按发票附处方明细格式统一装订在申报表后，每月1—20日前往经办机构报销—官方将报销款打入个人账户。

4. 生育津贴领取

（1）津贴计算

北京生育津贴计算公式：分娩当月职工所在用人单位月缴费平均工资÷30×产假天数。

例如：

一般来说，单胎顺产产假为158天。假如一名女职工分娩当月所在单位月缴费平均工资是6000元，她生育前后共128天产假。那么她享受的生育津贴的标准就是6000元除以30，再乘以128，则她在产假期间共可得津贴25600元。

关于增加30天产假生育津贴申领，现社保局暂未出具具体文件。

（2）生育津贴与产假工资

生育津贴即为产假工资，相当于女职工在生育期间的工资，是由生育保险基金支付的。生育津贴高于本人产假工资标准的,用人单位不得克扣;生育津贴低于本人产假工资标准的,差额部分由用人单位补足。

例如:

一名女职工每月生育津贴为 5000 元,而用人单位每月为其发放的产假工资为 4500 元,生育津贴由生育保险统一支付给单位后,超过产假工资的 500 元用人单位不得克扣,应补发至职工;

假如女职工每月生育津贴为 4500 元,而用人单位每月为其发放的产假工资为 5000 元,则职工多得的 500 元无须退回至单位。

(3)生育津贴报销流程

生育津贴需经由单位经办人申报办理(经办机构每月 1—20 日受理,部分区县可全月受理)。

所需材料:

①《结婚证》原件及复印件 1 份(注:流产津贴需要);
②《北京市生育登记服务单》原件及复印件 1 份;
③《出生医学证明》原件及 A4 规格复印件 1 份;
④《医学诊断证明》原件及 A4 规格复印件 1 份;
⑤《北京市申领生育津贴人员信息登记表》。

报销流程:

收集相关材料(原件和复印件),产后次次月报女方单位—个人填写《北京市申领生育津贴人员信息登记表》并由单位盖章—女方单位每月 1—20 日交经办机构办理—审核通过后,官方依据信息登记表中填写的发放方式选择打款至单位或个人。

温馨提示: 产检报销和生育津贴申领暂无截止时间限制。

四、工伤

（一）工伤定点医疗机构

北京市工伤医疗机构名录网址：

http://rsj.beijing.gov.cn/bm/jgml/202004/t20200401_1772711.html。

（二）工伤待遇

表2-3 工伤保险待遇享受明细

支付项目		内容或标准
	1.工伤医疗费	治疗工伤所需费用符合工伤保险诊疗项目目录、工伤保险药品目录、工伤保险住院服务标准的，从工伤保险基金中支付
工伤保险基金支付的各项待遇	2.一次性伤残补助金	一级伤残：本人工资×27个月　二级伤残：本人工资×25个月 三级伤残：本人工资×23个月　四级伤残：本人工资×21个月 五级伤残：本人工资×18个月　六级伤残：本人工资×16个月 七级伤残：本人工资×13个月　八级伤残：本人工资×11个月 九级伤残：本人工资×9个月　　十级伤残：本人工资×7个月
	3.一级至四级伤残职工的伤残津贴	一级伤残：本人工资×90% 二级伤残：本人工资×85% 三级伤残：本人工资×80% 四级伤残：本人工资×75%
	4.生活护理费	生活完全不能自理：本市上年度职工月平均工资×50% 生活大部分不能自理：本市上年度职工月平均工资×40% 生活部分不能自理：本市上年度职工月平均工资×30%
	5.供养直系亲属抚恤金	按照工亡职工本人工资，配偶40%；其他亲属30%；孤寡老人或孤儿在此标准上增发10%；各供养亲属抚恤金之和不大于本人工资
	6.丧葬补助金	本市上年度职工月平均工资×6个月
	7.一次性工亡补助金	上一年度全国城镇居民人均可支配收入×20倍

续表

支付项目		内容或标准
工伤保险基金支付的各项待遇	8.一次性工伤医疗补助金	五级伤残：本市上年度职工月平均工资×18个月 六级伤残：本市上年度职工月平均工资×15个月 七级伤残：本市上年度职工月平均工资×12个月 八级伤残：本市上年度职工月平均工资×9个月 九级伤残：本市上年度职工月平均工资×6个月 十级伤残：本市上年度职工月平均工资×3个月
	9.辅助器具配置费	经劳动能力鉴定后到分中心开具限额通知书后方可享受
	10.住院伙食补助费	每人30元/天
用人单位支付待遇	1.停工留薪期的工资福利待遇	按照职工正常工资发放
	2.停工留薪期的生活护理费	无
	3.五级、六级伤残职工的伤残津贴	五级伤残：受伤前12个月月平均工资×70% 六级伤残：受伤前12个月月平均工资×60%
	4.一次性伤残就业补助金	五级伤残：本市上年度职工月平均工资×18个月 六级伤残：本市上年度职工月平均工资×15个月 七级伤残：本市上年度职工月平均工资×12个月 八级伤残：本市上年度职工月平均工资×9个月 九级伤残：本市上年度职工月平均工资×6个月 十级伤残：本市上年度职工月平均工资×3个月

来源：《工伤保险条例》

（三）申报工伤认定材料

1. 工伤认定申请表；

2. 与用人单位存在劳动关系（包括事实劳动关系）的证明材料；

3. 医疗诊断证明或者职业病诊断证明书（或者职业病诊断鉴定书）；

4. 根据实际情况需提供的其他相关材料（交通事故认定书、民事责任判定书、报警记录等）。

（四）停工留薪期

用人单位应按照《北京市工伤职工停工留薪期管理办法》规定确定工伤职工的停工留薪期，并书面通知工伤职工本人。

五、失业

（一）失业金申领时间

减员当月即可申请申领失业金，减员原因需为非本人意愿解除劳动合同或者劳动合同期满。

（二）失业金发放标准

表 2-4

失业金缴费时间	失业保险金发放标准
累计缴费时间满1年不满5年的	失业保险金月发放标准为2124元
累计缴费时间满5年不满10年的	失业保险金月发放标准为2151元
累计缴费时间满10年不满15年的	失业保险金月发放标准为2178元
累计缴费时间满15年不满20年的	失业保险金月发放标准为2205元
累计缴费时间满20年以上的	失业保险金月发放标准为2233元
从第13个月起	失业保险金月发放标准一律按2124元

备注：调整后的失业保险金发放标准自 2023 年 9 月 1 日起执行。

来源：《北京市人力资源和社会保障局关于调整失业保险金发放标准的通告》

（三）失业金申领流程

1. 北京市人力资源和社会保障局官网（http://rsj.beijing.gov.cn）

点击首页左上角登录个人中心—选择个人办事—统一身份认证登录—失业保险金申领。

2. "北京人社"微信公众号

"北京人社"微信公众号

关注"北京人社"微信公众号—微服务—个人办理服务—失业保险金申领—统一身份认证登录—申领。

3. 北京人社 APP

北京人社 APP

点击首页左上角"我要办"—失业保险金申领—统一身份认证登录—申领。

（四）享受失业保险金期限

表 2-5

缴纳时长	享受保险金期限
累计缴费时间1年以上不满2年的	可以领取3个月失业保险金
累计缴费时间2年以上不满3年的	可以领取6个月失业保险金
累计缴费时间3年以上不满4年的	可以领取9个月失业保险金
累计缴费时间4年以上不满5年的	可以领取12个月失业保险金
累计缴费时间5年以上的	按每满一年增发一个月失业保险金的办法计算，确定增发的月数

备注：领取失业保险金的期限最长不得超过24个月。

来源：《北京市失业保险规定》

六、退休

（一）职工正常退休（职）申请（可在退休前6个月申请）

单位可在退休前6个月提供材料进行退休预审（审核视同缴费年限），所需材料：

1. 职工人事档案（外埠户籍不提供）；

2. 退休申请；

3. 户口簿复印件（户口簿首页、本人页）；

4. 劳动合同书；

5.《参保人员人事档案及视同缴费年限核查认定申请表》（外埠户籍提供）；

6. 其他社保要求额外配合提供的材料等。

（二）退休人员减少所需材料

1.《视同缴费年限预审表》；

2.《北京市社会保险参保人员减少表》进行养老在职转退休。

办理完成后，社保中心出具《北京市社会保险个人账户缴费情况表》。

（三）退休待遇核准所需材料

1.《视同缴费年限预审表》；

2.《北京市社会保险个人账户缴费情况表》；

3. 户口簿复印件（户口簿首页、本人页）；

4. 劳动合同书等材料。

办理完成后，社保中心出具《北京市基本养老保险待遇核准表》。

（四）退休人员增加（医疗在职转退休）所需材料

1.《北京市社会保险参保人员增加表》；

2.《北京市基本养老保险待遇核准表》；

3.《基本医疗保险视同缴费年限认定审批表》。

七、公积金

（一）公积金提取条件

1. 购买、建造、翻建、大修自住住房的；

2. 离休、退休的；

3. 完全丧失劳动能力，并与单位终止劳动关系的；

4. 出境定居的；

5. 偿还自住住房贷款本息的；

6. 租房自住的（职工本人及配偶在北京市无自有住房且租住公共租赁住房或商品房，可提取夫妻双方住房公积金支付房租）；

7. 非本市户籍人员，与单位解除劳动关系的；

8. 在职期间判处死刑、判处无期徒刑或有期徒刑刑期期满达到国家法定退休年龄的；

9. 死亡或者被宣告死亡的；

10. 北京住房公积金管理委员会规定的其他情形。

（二）公积金提取金额

1. 如租房无合同无发票提取，每月最高打款1500元。

2. 如租房有合同有发票提取，依据每月房租和个人到账金额相比取较低值，自行选择按月／季度打款。

3. 购房提取保留10元基本费，其余全部打款至个人账户，最高提取金额为房价款。

（三）公积金异地转移

1. 如何将其他城市缴纳的公积金转到北京？

职工如有住房公积金账户封存在外地住房公积金管理中心或中直（国管、铁路）分中心，在北京住房公积金管理中心建立住房公积金账户后，职工可在网上业务平台申请将已封存的住房公积金账户转入北京住房公积金管理中心。

登录北京住房公积金管理中心官网（http://gjj.beijing.gov.cn/），选择个人网上业务平台，登录进入北京住房公积金管理中心网上业务平台。点击左侧的"我要转移"—"住房公积金缴存人账户转入申请"进入新增转入申请页面，系统显示个人身份信息和公积金账户信息，申请人按要求录入转入申请信息，点击"提交"。

2. 如何将北京的公积金转移到其他城市？

职工由北京市转到外省市工作并已在外省市建立住房公积金的，由申请人向当地住房公积金管理中心提出转入申请。当地住房公积金管理中心与北京住房公积金管理中心通过全国住房公积金异地转移接续平台办理转移业务，完成个人住房公积金数据及资金的转移，无须申请人到北京住房公积金管理中心办理任何手续。

答疑解惑

Q1：住房公积金提取是否必须单位办理，个人可以办理住房公积金提取业务吗？

A1：属于北京市管理的住房公积金职工可自行登录北京住房公积金管理中心官网（https://gjj.beijing.gov.cn），点击首页右侧"个人网上业务平台"，选择"个人网上业务平台（北京中心）"，登录成功后进行线上公积金提取，或职工本人可线下前往就近的公积金合作银行办理此业务。

Q2：如何查询自己的社保缴纳证明？

A2：登录社会保险权益查询网址：https://fuwu.rsj.beijing.gov.cn/zhrs/sbqycx/sbRights/sbRightsHome，点击"个人登录"，登录后选择参保人员缴费信息查询，可打印个人缴费情况。

Q3：社保和公积金每年几月开始调整基数？

A3：北京社保及公积金每年6月、7月进行工资申报（具体时间以官方公告为准），新的缴纳基数7月生效。

Q4：异地产检及住院费用可以报销吗？是否需进行异地就医备案？

A4：职工在京参保需在异地产检及生产住院的，无须进行异地就医备案，直接自费就医后保留相关票据、明细等材料，待生产后次次月交由单位经办人进行报销即可。

Q5：已进行异地就医备案的异地就医，可以使用个人账户余额吗？

A5：如就医医院已开通跨省直接结算业务，则职工可登录国家医保服务平台APP点击最下方地方专区—选择北京市—开通个人账户支付权限，参保人异地就医选择使用个人账户支付。

Q6：非本市户籍人员离职后是否可以办理住房公积金销户提取？

A6：①非本市户籍人员离职离京，已在外省市建立住房公积金的，应办理住房公积金账户转移，由申请人向当地住房公积金管理中心提出申请，由当地住房公积金中心通过全国住房公积金异地转移接续平台办理。②非本市户籍人员离职离京，未在当地建立住房公积金的，离职6个月以上可以办理销户提取。

天　津

一、社会保障

社会保障卡办理、申领流程

1. 线上申办

（1）办理流程：线上申办，是指可在市人社局官方网站个人网厅、天津人力社保APP、规范的第三方（如津心办APP）等网上服务平台，通过实名认证申领社保卡。

（2）所需材料：线上模式申办，通过网上服务平台，进行人脸识别实名认证，录入相关申领信息，包括：居民身份证号、制卡方式、服务银行、联系电话，如选择邮寄制卡方式，还需提供收件人姓名、联系电话和邮寄地址。

①选择邮寄制卡，7个工作日内通过快递方式邮寄发出；

②选择即时制卡，申领人持电子凭证到综合服务网点领卡并办理金融功能激活。

2. 线下申办

（1）办理流程：线下申办，是指通过与人社部门合作的中国工商银行、中国农业银行、中国银行、中国建设银行、交通银行、中国邮政储蓄银行、天津银行、天津农商银行的社保卡综合服务网点申领社保卡。也可到就近的街镇党群服务中心进行社保卡信息采集录入，开具凭证到所选银行的综合服务网点领卡。

（2）所需材料：

①本人申办：申领人本人须持本人居民身份证、港澳居民居住证、台湾居民居住证、港澳台往来内地通行证、外国护照、外国人永久居留证等有效身份证件原件。

②个人代理申办：法定代理人（法定监护人）提供本人和申领人的有效身份证件原件和与申领人关系的有效代理关系证明原件办理。其中与申领人的有效关系证明包括且不限于：居民户口簿、结婚证、直系亲属关系公证

书等。

3. 查询账户余额、刷卡明细

职工可下载津医保 APP 查询（首页—医保账户查询）。

4. 社会保障卡怎样进行挂失、解挂

（1）社保卡挂失

① 金融功能挂失：当社保卡丢失时，持卡人应按照服务银行的挂失流程，办理金融账户挂失手续。

② 社保功能挂失：申领人可以通过线上服务平台实名认证办理社保功能挂失，或凭有效身份证件到党群服务中心、社保卡综合服务网点办理社保功能挂失。

③其他应用功能挂失：社保卡城市一卡通账户不记名，其账户消费属于脱机交易，无法进行挂失，请妥善保管您的卡片。

（2）社保卡补办

有下列情形之一，持卡人应当补、换社保卡：

①社保卡丢失的；

②社保卡损坏不能在读卡设备上正常读写的；

③社保卡卡面污损、残缺不能辨认的；

④社保卡有效期满的；

⑤持卡人姓名、社会保障号码、社保卡服务银行等卡面信息变更的。

温馨提示：申领人须凭有效身份证件，选择申办模式办理补、换卡手续。

5. 注销（职工去省内其他市县办理社保卡网上注销通道）

天津持卡人因社会保险关系转移、出国定居或死亡等原因终止社会保险关系，或本人自愿变更社保卡服务银行，在确保本人的社会保险业务清算完毕后，可根据本人意愿办理社保卡金融账户清户手续。

若变更发卡银行，应在注销原社保卡后，从线上或线下渠道补办新社保卡。申领新的社保卡后，原社保卡社保功能即已失效，确认一卡通账户无余额后，可按照服务银行有关规定办理金融功能清户手续。如果社保卡不慎丢失，重新申领的社保卡又更换了发卡银行，之前金融账户里的余额需要本人到原社保卡服务银行办理金融账户清户手续，一次性取出。

6. 电子社保卡

（1）国家政务服务平台APP：首页—电子社保卡；

（2）"国务院客户端"微信小程序：首页—电子社保卡；

（3）掌上12333APP：首页—电子社保卡；

（4）中国工商银行APP：首页—全部—工银e社保—电子社保卡；

（5）中国农业银行APP：首页—全部—社保服务；

（6）中国银行APP：首页—生活—××省专属服务—电子社保卡；

（7）中国建设银行APP：首页—政务服务—电子社保卡（首页即可查询）；

（8）交通银行APP：首页—电子社保卡（首页即可查询）；

（9）中国邮政储蓄银行 APP：首页—生活—电子社保卡；

（10）招商银行 APP：首页—城市服务—社保公积金—电子社保卡；

（11）平安银行 APP：首页—更多—社保医保专区—我的社保；

（12）支付宝 APP：首页—市民中心—社保—电子社保卡；

（13）微信 APP：首页—更多—我的社保；

（14）银联云闪付 APP：首页—我的社保—电子社保卡。

还可以通过区域性渠道申领，包括当地人社、政务平台、合作银行以及其他授权第三方 APP 等各地开通渠道，也可通过关注"社会保障卡"微信公众号进行查询。

二、医疗

（一）医保费用起付标准及报销比例

1. 门诊

（1）起付标准

签约在职人员门（急）诊起付标准，按照上一年度公布的天津市职工年平均工资的 1% 左右确定；[3-1]继续实行向退休人员倾斜的政策，不满 70 周岁和 70 周岁（含）以上退休人员的门（急）诊起付标准，分别较在职人员降低 100 元和 150 元。

2024 年职工医保门（急）诊起付标准为在职人员、70 周岁以下和 70 周岁（含）以上退休人员分别为 800 元、700 元、650 元，以后年度按程序确定后向社会发布。

（2）报销比例

职工医保门（急）诊报销封顶线调整为 10000 元，提高了 1000 元。起付标准至 5500 元的部分，报销比例在一、二、三级医院分别为 75%、65%、

55%；5500元至10000元的部分，报销比例在各级别医院统一为55%。[3-2] 继续实施在签约服务机构门诊就医报销比例提高5个百分点，封顶线提高200元，并给予机构40元签约服务费的倾斜报销政策。

2.住院

（1）起付标准及报销比例

表 3-1

人员类别	起付标准			最高限额		报销比例
	一级医院	二级医院	三级医院	统筹基金	救助	
在职	800元二次及以上270元	1100元二次及以上350元	1700元二次及以上500元	15万元	35万元	12万元（含）以下85% | 12万—45万元 80%
退休	^	^	^	^	^	18万元（含）以下90% | 18万—45万元 80%
老工人 退休劳模	^	^	^	^	^	95%

来源：《天津市人民政府办公厅印发关于健全职工基本医疗保险门诊共济保障制度实施办法的通知》

（2）本地医保报销所需材料

①门、急诊（持社保卡就医可直接联网结算，未联网结算可走线下报销）：

A.费用收据联；

B.与收据对应的明细清单；

C.与药费收据相对应的处方底联；

D.身份证和社保卡复印件；

E.必要时应提供的相关材料（诊断证明、病历、情况说明等）。

②住院（持社保卡就医可直接联网结算，未联网结算可走线下报销）：

A.费用收据联；

B. 住院病历；

C. 住院汇总明细；

D. 身份证和社保卡和复印件；

E. 必要时应提供的相关材料（诊断证明、病历、情况说明等）。

（二）异地医保报销流程

1. 异地就医登记

异地安置退休人员、异地居住人员、异地工作人员和异地转诊转院人员，需职工本人下载国家医保服务平台 APP 办理异地就医备案。

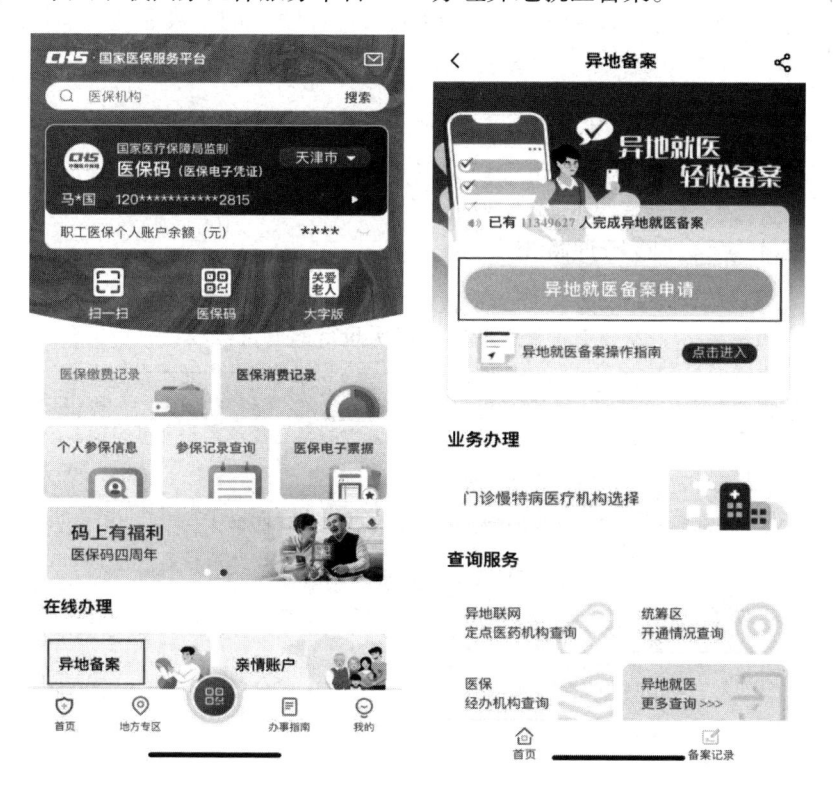

2. 报销标准

如已办理异地就医登记，相关医疗费按照天津地区正常比例报销；如未做异地就医备案的情况下，在外地看病，急诊范围内可报销，门诊不能报销，住院范围内降 10% 报销（最终报销结果须以社保局审核结果为准）。

三、生育

(一) 生育待遇包含的项目

产前检查费、生育医疗费、生育津贴、计划生育手术费。

(二) 生育报销条件

1. 参保女职工生育或终止妊娠当月按规定正常享受职工生育保险待遇，且当前连续缴纳生育保险费六个月以上（含补缴）的，具备生育津贴申领条件。
2. 连续缴费不足六个月的，可在满六个月后申领生育津贴。
3. 领取生育津贴的当月可按规定正常享受职工生育保险待遇。

(三) 生育保险待遇标准

表3-2 天津职工生育保险待遇支付标准

待遇名称	项目名称		支付方式	支付标准
生育的医疗费用	产前检查	不满12周终止妊娠	按限额支付	500元
		满12周至不满28周终止妊娠		1600元
		满28周以上终止妊娠或分娩		2300元
	自然分娩		按定额支付	3800元
	人工干预分娩[1]			9000元
	剖宫产不伴其他手术			10000元
	分娩期合并内外科疾病		按项目支付	按照职工基本医疗保险有关规定执行
	参保人员在生育住院期间，因特殊情况需要转诊转院分娩的，在转出医院发生的生育相关的医疗费			
	分娩期出现生育并发症[2]			100%

续表

待遇名称	项目名称	支付方式	支付标准
计划生育的医疗费用	引产	按限额支付 1300元（二级医院）1600元（三级医院）	1000元（一级医院）
	人工流产		260元
	高危人工流产[3]		600元
	放置（取出）宫内节育器		200元
	更换宫内节育器		325元
	女性绝育术		1000元
	男性绝育术		600元
	自然流产或药物流产		260元
	绝育术后复通手术	按项目支付	100%
	宫内节育器取出伴嵌顿、断裂、变形、异位或绝经1年以上		
	计划生育手术并发症[4]		

备注：

（1）人工干预分娩包括：产钳术、臀位牵引（助娩）术、胎头吸引术、内倒转术、手取胎盘术、毁胎术。

（2）分娩期出现生育并发症是指从分娩开始，到本次分娩结束期间出现下列情况：子宫破裂；羊水栓塞；前置胎盘、胎盘粘连或植入需采取急救止血治疗者；产后出血；会阴Ⅲ度及复杂裂伤行缝合术的；妊娠期高血压疾病中的重度子痫前期和子痫；HELLP综合征；胎盘早剥；胆汁淤积症；妊娠期脂肪肝；溶血尿毒综合征。

（3）高危人工流产是指需要住院实施人工流产的下列情况：年龄小于20岁或大于50岁流产的；半年内有终止妊娠或1年内有2次人工流产史的；

1年内有剖宫产史的；产后1年之内尚在哺乳期的；生殖器畸形或合并盆腔肿物的；有子宫或子宫颈穿孔史的；带器妊娠的；子宫位置高度倾屈或暴露宫颈困难的；既往妊娠有胎盘粘连及大出血的；脊柱、下肢、盆腔病变不能采取膀胱截石卧位的；有出血性疾病史的；有多次剖宫产史。

（4）计划生育手术并发症应当由市或区卫生健康部门负责认定，并开具鉴定结论。

来源：《〈天津市职工生育保险规定〉实施细则》

（四）生育津贴

1. 发放标准

天津生育津贴金额计算：

职工生育津贴金额＝职工生产当月用人单位职工月平均工资÷30.4×生育津贴发放天数

（1）企业女职工生育津贴按月发放至本人社会保障卡账户，企业职工产假期间的工资高于生育津贴标准的，企业应将差额部分足额发放给女职工本人。

（2）机关事业单位女职工生育津贴按月划拨至用人单位，由其对女职工产假工资比对后，将高出产假工资部分的生育津贴发放给本人。

2. 发放天数

根据《天津市人民政府办公厅关于印发天津市职工生育保险规定的通知》规定，女职工生育或终止妊娠的按日享受生育津贴。

（1）生育婴儿的在享受98天产假期间生育津贴的基础上，增加30天生育津贴，也就是说，生育一孩、二孩、三孩均可以享受128天的生育津贴；

（2）如多胞胎生育的，每多生育一个婴儿，再增加15天的生育津贴；

（3）难产的再增加15天的生育津贴。

3. 产假

根据2022年5月17日《天津市人民政府办公厅印发关于婚假生育假（产假）陪产假育儿假护理假等假期休假实施办法的通知》（以下简称《天津

市休假实施办法》），符合法律、法规规定生育子女的夫妻，女方在享受国家规定的98天生育假（产假）的基础上增加生育假（产假）60日。

适用人群：天津市行政区域内的机关、社会团体、企业事业组织等用人单位及其职工。

休假方式：生育假（产假）为自然日，包括法定节假日和休息日，一般应当连续使用。

休假待遇：职工休生育假（产假）期间，相关待遇按照国家和天津市有关规定执行。

补休假期：因用人单位原因，职工未能及时享受《天津市人口与计划生育条例》规定的生育假（产假）假期的，用人单位应当安排职工补休。

4. 陪产假

根据《天津市休假实施办法》规定，符合法律、法规规定生育子女的夫妻，男方享受15日的陪产假。

适用人群：天津市行政区域内的机关、社会团体、企业事业组织等用人单位及其职工。

休假方式：陪产假为自然日，包括法定节假日和休息日，一般应当连续使用。

休假待遇：职工休陪产假期间视为正常出勤，工资及福利待遇等照常发放。

补休假期：因用人单位原因，职工未能及时享受《天津市人口与计划生育条例》规定的陪产假假期的，用人单位应当安排职工补休。

5. 育儿假

根据《天津市休假实施办法》规定，符合法律、法规规定生育子女的夫妻，在子女三周岁以下期间，用人单位每年给予夫妻双方各十日的育儿假。

育儿假按照夫妻生育的子女数量计算，多子女家庭夫妻的假期天数分别累计叠加。休假周期以子女的实际年龄计算。育儿假当年未休的，一般不再延续至下一年。夫妻离婚的，抚养子女的一方享受育儿假。养父母、继父母抚育养子女、继子女的，应当享受育儿假。

适用人群：天津市行政区域内的机关、社会团体、企业事业组织等用人单位及其职工。

休假方式：育儿假为工作日，不包括法定节假日和休息日；可以连续使用，也可以根据家庭实际情况分散使用。

休假待遇：职工休育儿假期间视为正常出勤，工资及福利待遇等照常发放。

补休假期：因用人单位原因，职工未能及时享受《天津市人口与计划生育条例》规定的育儿假假期的，用人单位应当安排职工补休。[3-3]

（五）生育报销费用下发

1. 直接打入职工社保卡内。

2. 产后一个月申报生育津贴：社保卡开通金融功能后按月打款。

产假结束后申报生育津贴：社保卡开通金融功能后一次性打款。

3. 本地生育：产检费及住院手术费可联网结算。

4. 异地生育：柜台报销产检费及住院手术费，报销后费用打入职工个人社保账户（社保卡需开通金融功能）。

（六）生育报销材料

1. 女职工生育的报销手续

（1）本地生育：办理妊娠登记后可直接使用医保卡联网结算，职工提供住院时间，单位在医保系统申报生育津贴。

（2）异地生育

①本人身份证和社保卡复印件（写明职工身份证号）；

②术后诊断证明书（加盖诊断证明章）；

③出院记录复印件（加盖医院病案室红章）；

④出生医学证明复印件；

⑤住院收据（加盖现金收讫章）、总明细；

⑥产前检查发生的医保票据（加盖现金收讫章）、清单明细；

⑦非天津市领取的《生育服务证》提供《生育服务证》复印件。

2. 女职工引、流产的报销手续

（1）职工怀孕12周内是否已经去医院用社保卡办理了妊娠登记（开通生育险），如果已办理，职工的手术费用都是联网结算不需要二次报销，职工提供诊断证明、本人身份证和社保卡复印件，单位去柜台为职工申领流产津贴。

（2）职工12周内没有去医院办理妊娠登记，如果职工在街道办理了生育服务证（生育服务证编码），需要提供此材料以及做手术医院的材料。

门诊手术

① 本人身份证和社保卡复印件（写明职工电话）；

② 门诊专用收据（附明细）；

③ 诊断证明（就医门诊提供）。

住院费用

① 住院专用收据；

② 费用汇总明细；

③ 本人身份证或社保卡复印件（写明职工电话）；

④《出院记录》。

（3）职工12周内没有去医院办理妊娠登记，也没有在所属街道办理生育服务证，职工需要去街道咨询是否可以补办生育服务证，如果不能办理，相关的费用都无法报销。

（七）生育联网报销

职工生育医疗费可联网即时结算。职工怀孕12周内可在社区街道或医院办理妊娠登记（生育登记），办理后医疗费及住院手术费可联网结算。

1. 妊娠登记（生育登记）

职工怀孕12周内到社区街道、就医医院或下载津医保APP线上办理。

办理方式：下载津医保APP—全部服务—生育业务办理—妊娠登记。

2. 生育报销情况查询

职工本人下载津医保APP线上查询。

查询方式：下载津医保APP—全部服务—生育业务办理—生育。

四、工伤

（一）工伤定点医院

查询网址：天津市人力资源和社会保障局官网（https://hrss.tj.gov.cn/）。

（二）工伤待遇

表3-3　工伤保险待遇享受明细

支付项目		内容或标准
工伤保险基金支付的各项待遇	1.工伤医疗费	治疗工伤所需费用符合工伤保险诊疗项目目录、工伤保险药品目录、工伤保险住院服务标准的，从工伤保险基金中支付
	2.康复性治疗费	经分中心工伤科开具资格确认书后方可享受
	3.一次性伤残补助金	一级伤残：本人工资×27个月 二级伤残：本人工资×25个月 三级伤残：本人工资×23个月 四级伤残：本人工资×21个月 五级伤残：本人工资×18个月 六级伤残：本人工资×16个月 七级伤残：本人工资×13个月 八级伤残：本人工资×11个月 九级伤残：本人工资×9个月 十级伤残：本人工资×7个月
	4.一级至四级伤残职工的伤残津贴	一级伤残：本人工资×90% 二级伤残：本人工资×85% 三级伤残：本人工资×80% 四级伤残：本人工资×75%

续表

支付项目		内容或标准
工伤保险基金支付的各项待遇	5.生活护理费	生活完全不能自理：本市上年度职工月平均工资×50% 生活大部分不能自理：本市上年度职工月平均工资×40% 生活部分不能自理：本市上年度职工月平均工资×30%
	6.供养直系亲属抚恤金	按照工亡职工本人工资，配偶40%，其他亲属30%，孤寡老人或孤儿在此标准上增发10%，各供养亲属抚恤金之和不大于本人工资
	7.丧葬补助金	本市上年度职工月平均工资×6个月
	8.一次性工亡补助金	上一年度全国城镇居民人均可支配收入×20倍
	9.一次性工伤医疗补助金	五级伤残：本市上年度职工月平均工资×12个月 六级伤残：本市上年度职工月平均工资×10个月 七级伤残：本市上年度职工月平均工资×8个月 八级伤残：本市上年度职工月平均工资×6个月 九级伤残：本市上年度职工月平均工资×4个月 十级伤残：本市上年度职工月平均工资×2个月
	10.辅助器具配置费	经劳动能力鉴定后到分中心开具限额通知书后方可享受
	11.住院伙食补助费	每人30元/天
	12.劳动能力鉴定费	凭票报销
	13.经批准的外地就医的交通、食宿费	交通费据实报销；住宿费≤150元/天；伙食费=50元/天
用人单位支付待遇	1.停工留薪期的工资福利待遇	无特殊附加说明，需根据员工实际情况而定
	2.停工留薪期的生活护理费	无特殊附加说明，需根据员工实际情况而定
	3.五级、六级伤残职工的伤残津贴	五级伤残：本人工资×70% 六级伤残：本人工资×60%

续表

支付项目		内容或标准
用人单位支付待遇	4.一次性伤残就业补助金	五级伤残：本市上年度职工月平均工资×18个月 六级伤残：本市上年度职工月平均工资×15个月 七级伤残：本市上年度职工月平均工资×12个月 八级伤残：本市上年度职工月平均工资×9个月 九级伤残：本市上年度职工月平均工资×6个月 十级伤残：本市上年度职工月平均工资×3个月

来源：《工伤保险条例》《天津市工伤保险若干规定》

（三）申报工伤认定材料

1. 职工死亡的，提交死亡证明；

2. 在工作时间和工作场所内，因履行工作职责受到暴力等意外伤害的，提交公安部门的证明或者其他相关证明；

3. 因工外出期间，由于工作原因受到伤害或者发生事故下落不明的，提交公安部门或者相关部门的证明；

4. 在上下班途中，受到非本人主要责任的交通事故或者城市轨道交通、客运轮渡、火车事故伤害的，提交公安、交通管理部门或者其他相关部门的证明；

5. 在工作时间和工作岗位，突发疾病死亡或者在48小时之内经抢救无效死亡的，提交医疗机构的抢救证明或者其他相关证明；

6. 在抢险救灾等维护国家利益、公共利益活动中受到伤害的，提交民政部门或者其他相关部门的证明；

7. 在服役期间因战、因公致残的军人，退出现役到用人单位后旧伤复发的，提交《中华人民共和国残疾军人证》；

8. 根据实际情况需提供的其他相关材料。

（四）停工留薪期

职工遭受事故伤害或者患职业病后需要暂停工作、接受治疗的，用人单位应按照《天津市工伤职工停工留薪期管理办法》规定，为工伤职工确定停工留薪期限，出具《工伤职工停工留薪期确定通知书》。

职工因工作遭受事故伤害或者患职业病需要暂停工作接受工伤医疗的，在停工留薪期内，原工资福利待遇不变，由所在单位按月支付。

停工留薪期一般不超过12个月。伤情严重或者情况特殊，经设区的市级劳动能力鉴定委员会确认，可以适当延长，但延长不得超过12个月。工伤职工评定伤残等级后，停发原待遇，按照本章的有关规定享受伤残待遇。工伤职工在停工留薪期满后仍需治疗的，继续享受工伤医疗待遇。

生活不能自理的工伤职工在停工留薪期需要护理的，由所在单位负责。

五、失业

（一）失业金申领时间及周期

失业人员应于终止或者解除劳动关系之日起60日内，通过天津人力社保APP、参保区或常住区的经办机构等任意一种方式，办理首次申领。

每月5日至25日，失业人员应通过天津人力社保APP办理按月申领。未在规定时间内办理按月申领手续的，当月失业保险金不再享受。

（二）失业金发放标准

1. 失业金发放标准：
①领取期限处于第1个月至第12个月的，失业保险金月发放标准为1600元；
②领取期限处于第13个月至第24个月的，失业保险金月发放标准为1560元。
2. 领取失业保险金的期限最长为24个月。
3. 失业金领取期限：

①失业前累计缴费满1年不满3年的，领取失业保险金的期限最长为6个月；

②失业前累计缴费满3年不满5年的，领取失业保险金的期限最长为12个月；

③失业前累计缴费满5年不满10年的，领取失业保险金的期限最长为18个月；

④失业前累计缴费10年及以上的，领取失业保险金的期限最长为24个月。

（三）失业金申领材料清单/信息

领取入口：天津人力社保APP

1.失业保险待遇核定：点击【更多服务】，选择【劳动人事】并点击【失业保险】。

2.点击【失业保险待遇期限核定】，填写【申领区县】，并检查是否有外地缴纳保险或参军情况。

天 津

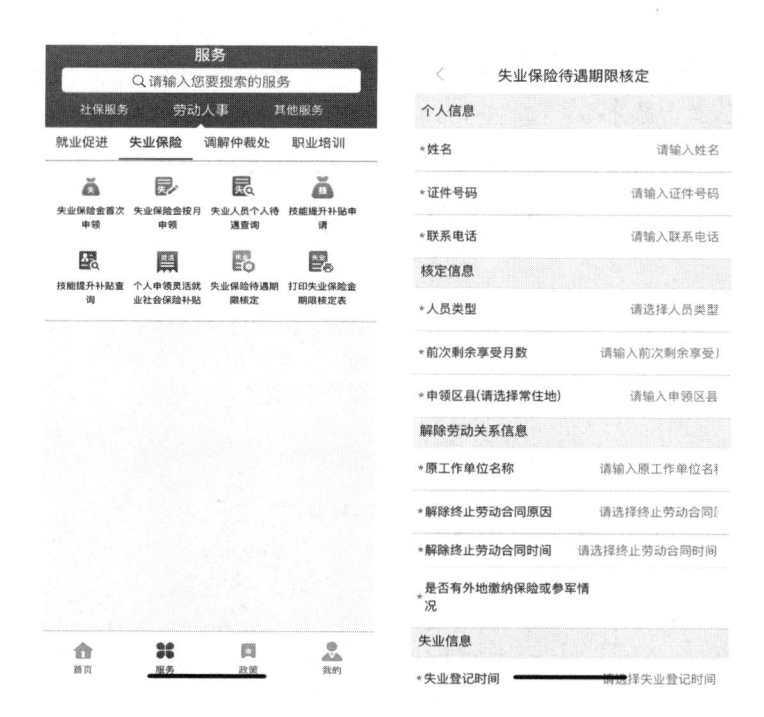

3. 点击【提交】，若系统弹出以下提示，则表明您可能存在 2005 年 10 月以前失业保险缴费，点击【确定】可去单位所在地的人社局进行咨询。

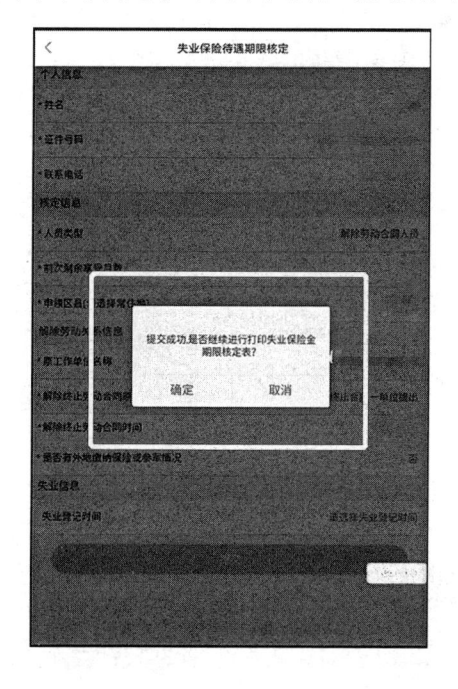

4.失业保险金首次申领：核定成功后返回【劳动人事】界面，点击【失业保险金首次申领】。

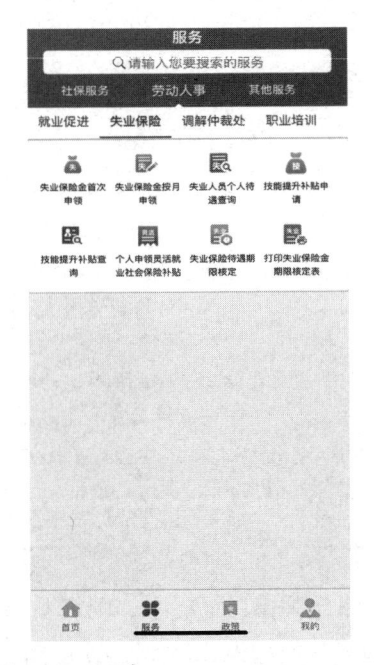

5.填写手机号码、申领街道，点击【申领】，进入人脸识别界面，识别成功后，等待5秒，弹出申领成功界面方可退出。

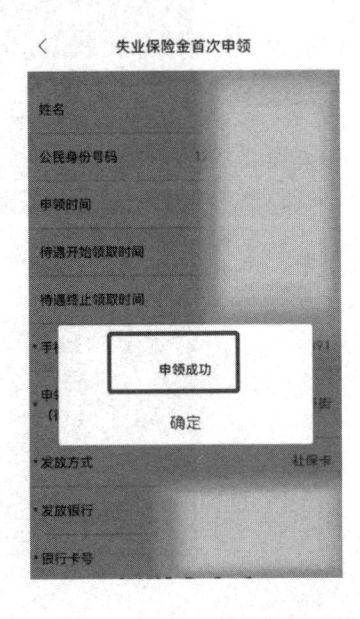

6.若系统弹出提示"系统检测到您存在工商营业执照信息，若有疑义请您到经办机构咨询办理"，则表明您可能存在营业执照信息，不符合领取失业金条件，点击【确定】可去所在地的人社局进行咨询。

7.失业保险金按月申领：自首次申领的次月起，需要按月办理月申领，直至待遇享受完毕，点击【失业保险金按月申领】。

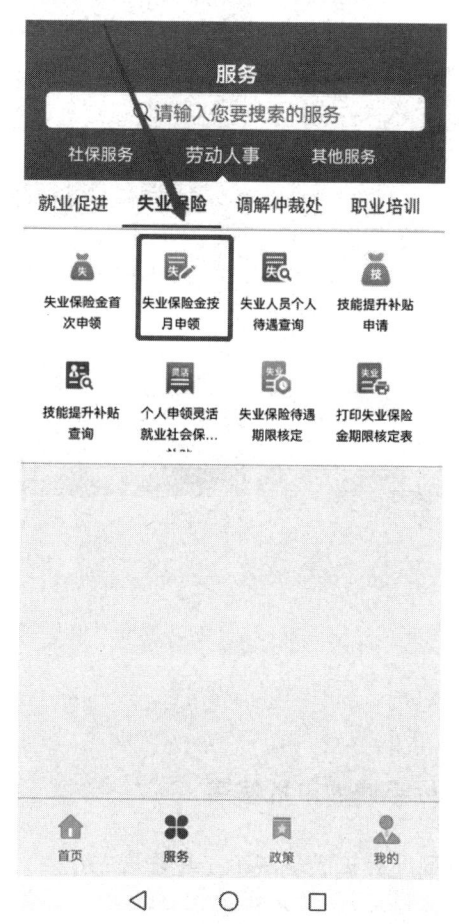

8. 直接点击【申领】进行人脸识别。

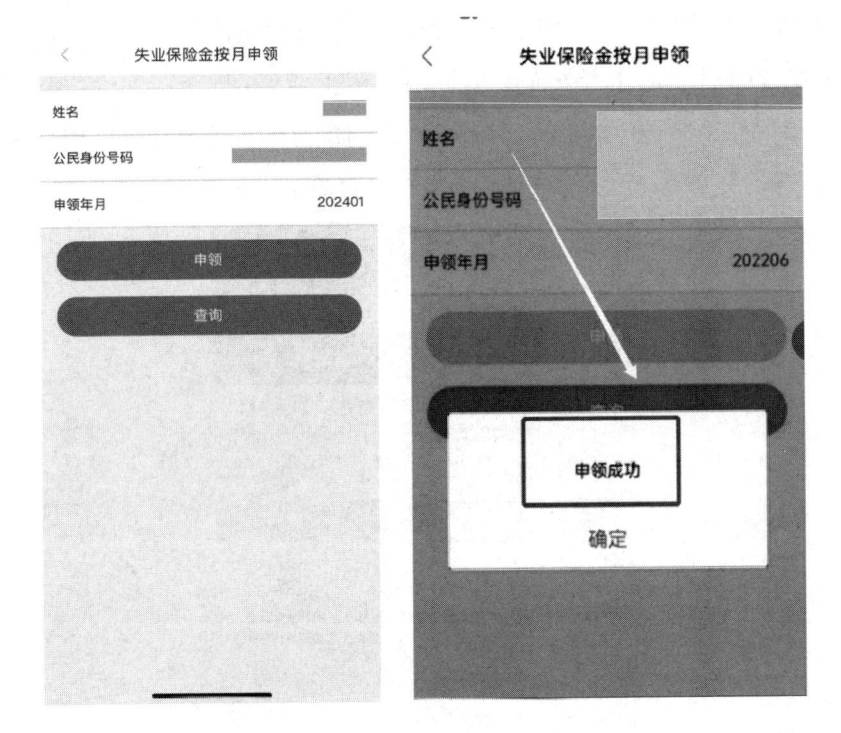

六、退休

（一）办理离退休手续的审批程序

1.申报单位通过网厅办理人员减少（见步骤一），并同时打印《天津市企业职工基本养老保险退休申报表》（见步骤三）交参保人员进行核对，核对无误的，参保人员签字确认并填写日期，单位加盖公章。

步骤一：登记管理—城镇职工减少—输入身份证号，点击"查询"—减少原因选择"到龄减少（原退休）"—选中点击"提交"；

步骤二：养老待遇—城职—企业退休养老待遇申报—录入职工身份信息后点击"保存"—点击"提交"；

步骤三：登记管理—退休申报审批表打印—输入身份证号（"计息年月"应为参保人员满足退休条件的月份）—点击"查询"—点击"计息"—点击"打印"，打印《天津市企业职工基本养老保险退休申报表》，一式两份。

步骤二空白项包含：

（1）居住地标识（家居本市、居住外省市标识、居住境外标识）；

（2）通讯（居住地）地址；

（3）居住地所属街道；

（4）居住地社区所属居委会全称；

（5）居住地邮编；

（6）家庭联系人姓名、身份证号、联系电话、与家庭联系人的关系。

2. 到社保柜台办理退休审批手续。

3. 核实医保年限是否满足退休后正常享受医保待遇，缴纳年限不足的需要办理一次性补缴。

（二）需要上报的有关材料

1. 养老保险

（1）退休人员有效身份证原件或社保卡复印件；

（2）一寸彩色照片（底色不限）一张（可提前粘贴至《退休证》）；

（3）《天津市城镇企业退休人员养老待遇发放信息申报（变更）表》，退休本人签字并填写日期，经办人签字，加盖单位公章，分中心留存原件；

（4）《天津市企业职工基本养老保险退休申报表》，退休本人、单位经办人签字并填写日期，加盖单位公章，分中心留存原件；

（5）存在视同缴费年限的人员，应提供《天津市城镇职工连续工龄核定表》；

（6）存在核定缴费年限的人员，应提供《劳动合同制工人手册》原件及复印件一份、《职工养老保险手册》原件及首页和经分中心盖章的第四页复印件一份；

（7）属于特殊工种提前退休的，提供《天津市城镇企业职工特殊工种提前退休资格审核表》；

（8）属于因病提前退休的，提供《申请提前退休职工因病或非因工伤残完全丧失劳动能力鉴定结论表》：

① 有高级专业技术职务的，提供高级专业技术资格证书、单位聘书；

② 1995年年底前获得省部级以上劳模称号的，提供获得劳模称号的材料；

③ 参加企业职工基本养老保险的军队转业干部，应提供军转干部审批表；

④ 1993年以后存在领取失业金记录的参保人员，应提供《就业、失业证》《就业、创业证》；

⑤ 加盖单位公章或社保专用章。

2. 医疗保险

审批医疗视同年限材料：

（1）《天津市城镇职工基本医疗保险视同缴费年限核定表》；

（2）《天津市企业职工基本养老保险退休申报表》；

（3）《天津市城镇职工连续工龄审定表》（如有视同年限）；

（4）《劳动合同制工人手册》及《职工养老保险手册》（如有核定年限）。

医疗缴费年限未达到规定要求需一次性补齐。单位办理退休医疗补差规则按照本市上年度职工月平均工资 ×12%× 补差月数；个人办理退休医疗补差规则按照本年度最低缴费基数 ×8%× 月数。

七、公积金

（一）公积金查询

关注"天津公积金"微信公众号或支付宝搜索全国住房公积金或下载天津公积金APP查询。

例如：关注"天津公积金"微信公众号—个人服务—解绑/绑定（输入身份证刷脸登录）—官方小程序—我的账户。

（二）公积金提取

1. 提取条件、方式

参看链接：http://m.tj.bendibao.com/live/114512.shtm，职工结合自身实际情况选择提取条件、方式并准备相关材料办理。

2. 公积金异地转移

（1）申请条件

职工在本市稳定就业并正常缴存住房公积金的，可将原就业地缴存的住房公积金转入本市。职工申请办理异地转入业务时应在本市开立住房公积金账户6个月以上，且连续逐月缴存住房公积金满6个月。

（2）申请材料

职工本人身份证原件、住房公积金联名卡。

（3）办理场所

① 市住房公积金管理中心所属的任一管理部。

② 当前天津市已与全国住房公积金转移接续平台直连，通过平台也可办理住房公积金异地转移接续业务。职工可以通过三大电子渠道在网上进行办理，方便、快捷、易操作。

办理渠道：

官方网站：http://www.zfgjj.cn。

手机APP：天津公积金。

官方微信：天津市住房公积金管理中心。

（4）办理时间

工作日：9：00—18：00。

（5）办理流程（以官方网站为例）

个人网厅首页—异地转移—异地转移申请—输入申请信息，申请信息审核通过后进入身份认证，身份认证通过后向用户展示异地转移申请业务办理结果。

温馨提示：点击"简易查询"，输入转出地所在城市名称等关键字可查询转出地中心全称。

在输入申请信息时，请注意正确填写原个人住房公积金账号及转出地缴存单位名称，否则将影响业务受理结果。

① 异地转移资金确认

系统审核无误的，异地公积金管理中心将符合业务办理条件的用户公积金划转至市公积金管理中心，用户可办理异地转移资金确认业务，将划款资金补缴至用户个人公积金账户。

异地转移—异地转移资金确认—确认异地转移的具体信息—进行身份认证。身份认证通过后，用户异地转移资金将划入个人公积金账户，同时系统向用户展示异地转移资金确认办理结果。

② 异地转移查询

已通过电子渠道提出异地转移申请的用户，可通过"异地转移查询"了解该笔申请的当前办理进度。

（6）办理时限

20个工作日左右。

（7）咨询方式

咨询电话：022-12329。

答疑解惑

Q1：社保和公积金每年几月开始调整基数？

A1：天津地区社保每年1月开始办理调基申报，公积金每年7月调整。

Q2：天津社保卡有效期是多久？

A2：加载金融功能的社保卡芯片有效期为10年。社保卡卡面印有有效期，持卡人应于有效期满前30天办理社保卡换发手续。社保卡到期，将影响社保卡金融功能的使用。

Q3：天津社保卡到期了影响使用吗？

A3：社保卡到期不影响社保功能的正常使用。同时社会保障卡也是一张银行卡，加载金融功能的芯片卡有效期为10年，为了不影响您正常使用社保卡的金融功能，建议您按照银行的相关规定，在快到期前携带身份证到银行更换新的社保卡。

Q4：职工短期出差期间，发生的医疗费用能不能报销？

A4：急诊费用，或急诊转住院费用可报销。

Q5：异地急诊在非定点医院发生的医疗费用是否予以报销？

A5：符合急诊规定的，医保基金予以支付。

Q6：在异地不符合急诊住院条件发生的医疗费用是否予以报销？

A6：不符合急诊住院条件，但在定点医疗机构住院，参照未办理转院备案规定执行。不符合急诊住院条件，在非定点医疗机构住院，医保基金不予支付。

Q7：职工生产前在不同的单位缴纳保险，中间未出现间断，可否领取生育津贴？

A7：未间断缴纳医疗保险可以领取，以生产当月缴纳所属单位进行申报。

Q8：男职工生育待遇可享受内容有哪些？

A8：只可报销男职工本人计划生育手术相关费用，配偶未就业无生育待遇享受。

Q9：如何查询自己的公积金缴纳证明？

A9：需公积金柜台打印办理。

Q10：公积金贷款最高可贷额度是多少？个人可贷额度如何计算？

A10：贷款最高限额为首套80万元，二套40万元。

根据还贷能力，房屋价格，贷款最高限额、余额、倍数，以贷款银行回复为准。

Q11：离开本市至外地的缴存职工，能否取出住房公积金？

A11：可以，封存满半年以上可办理销户提取。

参考内容

【3-1】【3-2】《天津市人民政府办公厅印发关于健全职工基本医疗保险门诊共济保障制度实施办法的通知》（津政办规〔2021〕16号）

【3-3】《天津市人民政府办公厅印发关于婚假生育假（产假）陪产假育儿假护理假等假期休假实施办法的通知》（津政办规〔2022〕9号）

石家庄

一、社会保障

社会保障卡办理、申领流程

1. 办理方式

（1）医保参保后，关注"石家庄社会保障卡"微信公众号自助申领，制卡周期短，制后邮寄到家。

（2）医保参保后，携带身份证前往社保卡网点，现场制卡；社保卡网点查询，关注"石家庄社会保障卡"微信公众号（社保卡网点）。

以上两种方式申请前，在"制卡进度查询"中输入个人身份证号查询此前是否制过卡。

2. 查询账户余额、刷卡明细

（1）登录网址（http://111.63.208.5:81）查询；

（2）登录"河北智慧医保"微信小程序查询；

（3）在定点医疗机构、定点零售药店查询；

（4）持社保卡到石家庄市高新区社保局社会保障卡窗口查询。

3. 社会保障卡挂失及补办

（1）办理流程：本人持身份证原件到原社保卡制卡银行或石家庄市高新区社保局社会保障卡柜台挂失并补办。

（2）社保卡补办工本费：25元。

（3）办理地址：石家庄市高新区社保局社会保障卡窗口（石家庄市黄河大道151号）。

4. 修改和重置密码

（1）修改密码：

可在定点医疗机构、定点药店、发卡银行营业网点、石家庄市高新区社保局社会保障卡窗口修改。

首次在定点药店使用时需修改初始密码，初始密码为6个0。

（2）重置密码：

连续 3 次输错密码，自动锁卡，需要办理社保卡密码重置。

本人持身份证和社保卡原件至石家庄市高新区社保局社会保障卡窗口或发卡银行网点办理。

5. 注销（职工去省内其他市县办理社保卡网上注销通道）

河北省内社保卡通用，若在省内其他省市县就医或参保，无须注销后再次办理。

6. 电子社保卡

参保人持有正常启用的实体社保卡，即可签领电子社保卡。主要签领渠道有：一是关注"石家庄社会保障卡"微信公众号申领；二是下载支付宝 APP 搜索"电子社保卡"申领；三是下载河北人社 APP 搜索"电子社保卡"申领；四是通过各社保卡合作银行手机 APP 申领。

二、医疗

（一）医保费用起付标准及报销比例

1. 门诊

（1）起付标准：100 元。

（2）报销比例：

在职职工：60%［45 岁以下年度支付限额为 2000 元；45 岁（含）以上在职职工年度支付限额为 2500 元］；

退休人员：70%（年度支付限额为 4000 元）。

2. 住院

（1）起付标准：

表 4-1

定点医疗机构等级	起付标准
一级	200元
二级	700元
三级	900元

来源:《石家庄市人民政府关于印发石家庄市城镇职工基本医疗保险实施办法的通知》

（2）报销比例：

表 4-2

定点医疗机构等级	报销比例	
	在职职工	退休职工
市内乡镇卫生院	90%	93%
一级	90%	93%
二级	85%	88%
三级	80%	83%

来源:《石家庄市人民政府关于印发石家庄市城镇职工基本医疗保险实施办法的通知》

（二）本地医保报销流程

1. 急、门诊：就医前职工本人需要持身份证原件和社保卡在选择的定点医院（一年仅可变更一次）就医，医疗报销范围内的医疗费用达到起付线后的费用才可享受医疗门诊报销待遇，刷社保卡支付，直接联网结算。

2. 住院：可以在石家庄市职工医保住院定点医院范围内任意选择一家医院住院。住院时刷社保卡办理住院登记，住院治疗结束后刷社保卡办理出院结算，直接联网结算，只需支付个人负担部分费用。

（三）异地医保报销流程

1. 异地安置人员在备案地住院

（1）条件：跨省异地长期居住人员、跨省临时外出就医人员。

（2）基础信息：跨省异地长期居住人员须承诺备案半年内不变更异地就医地，办理登记备案后，备案信息或参保状态未发生变更的，备案长期有效，跨省异地就医长期居住人员在备案地和参保地定点医疗机构可直接结算；跨省临时外出就医人员备案有效期为1年，有效期内可在就医地多次就诊并享受跨省异地就医直接结算服务。

（3）办理方式：

① 关注"石家庄市医疗保障局"微信公众号—异地就医—长按识别二维码进入"河北智慧医保"微信小程序—个人网厅账号登录（首次登录需注册）—跨省就医异地备案—备案人管理—备案类型选择—填写备案信息—申请备案—备案结果查询；

② 登录"河北智慧医保"微信小程序—个人网厅账号登录（首次登录需注册）—跨省就医异地备案—备案人管理—备案类型选择—填写备案信息—申请备案—备案结果查询。

2. 异地转诊转院

参保人符合以下情况可办理异地转诊转院报销：

（1）本市定点医疗机构不能诊疗的危重疑难病症；

（2）经本市三级甲等定点医疗机构或市级以上专科定点医疗机构检查、专家会诊仍未确诊的；

（3）接诊医疗机构的诊疗水平高于本市诊疗水平。

需异地转诊转院治疗的参保人，应由三级甲等定点医疗机构或市级以上定点专科医疗机构组织专家会诊，并提出建议，由定点医疗机构医疗保险管理部门填写转诊转院备案表，并将转诊转院备案表传真至市医保中心办理异地联网备案。异地转诊转院的报销比例降低10%。

三、生育

（一）生育待遇包含的项目

1. 女职工：定额生育医疗费（顺产 2000 元；难产 3500 元）、生育津贴。

2. 男职工：配偶在未进行任何报销的情况下，可通过男职工报销定额生育医疗费的一半（顺产 1000 元；难产 1750 元）。

（二）实时结算项目

在石家庄市生育定点医疗机构生育的，经联网结算，定额医疗费在出院时实时结算。

（三）手工报销项目

未在石家庄市生育定点医疗机构生育的：定额生育医疗费、生育津贴、通过男职工报销的定额生育医疗费。

（四）生育保险报销领取流程

需要进行手工报销的：单位在线上申领后，持纸质报销材料自行前往社保局办理生育保险待遇申领业务即可。由区/市生育报销部门接收审核材料，审核完成后等待报销即可。

目前，石家庄市生育定点医疗机构已实现联网结算，如医疗费收据体现或医院告知已联网结算则无须再持纸质材料报销。

（五）生育津贴领取流程

需要进行手工报销的：单位在线上申领后，持纸质报销材料自行前往社保局办理生育保险待遇申领业务即可。由区/市生育报销部门接收审核材料，审核完成后等待报销即可。

无须进行手工报销的：提供电子版材料，由单位经办人在网厅申报；个人在"河北智慧医保"微信小程序申报后，经单位审核，再推送社保局审核。

四、工伤

（一）工伤定点医院

查询网址：https://rsj.sjz.gov.cn/columns/2150c341-4c44-416f-993f-d35205584211/202102/05/c1579c02-fec6-4bf0-bbaa-2671ffe572c5.html。

（二）工伤待遇

表 4-3　工伤保险待遇享受明细

支付项目		内容或标准
工伤保险基金支付的各项待遇	1.工伤医疗费	治疗工伤所需费用符合工伤保险诊疗项目目录、工伤保险药品目录、工伤保险住院服务标准的，从工伤保险基金中支付
	2.康复性治疗费	治疗工伤所需费用符合工伤保险诊疗项目目录、工伤保险药品目录、工伤保险住院服务标准的，从工伤保险基金中支付
	3.一次性伤残补助金	一级伤残：本人工资×27个月 二级伤残：本人工资×25个月 三级伤残：本人工资×23个月 四级伤残：本人工资×21个月 五级伤残：本人工资×18个月 六级伤残：本人工资×16个月 七级伤残：本人工资×13个月 八级伤残：本人工资×11个月 九级伤残：本人工资×9个月 十级伤残：本人工资×7个月

续表

支付项目	内容或标准
4.一级至四级伤残职工的伤残津贴	一级伤残：本人工资×90% 二级伤残：本人工资×85% 三级伤残：本人工资×80% 四级伤残：本人工资×75%
5.护理费	护理人员日工资×住院实际天数
6.供养直系亲属抚恤金	按照工亡职工本人工资，配偶40%，其他亲属30%，孤寡老人或孤儿在此标准上增发10%，各供养亲属抚恤金之和不大于本人工资
7.丧葬补助金	本市上年度职工月平均工资×6个月
8.一次性工亡补助金	上年度全国城镇居民人均可支配收入×20倍
9.一次性工伤医疗补助金	五级伤残：本市上年度职工月平均工资×12个月 六级伤残：本市上年度职工月平均工资×10个月 七级伤残：本市上年度职工月平均工资×8个月 八级伤残：本市上年度职工月平均工资×6个月 九级伤残：本市上年度职工月平均工资×4个月 十级伤残：本市上年度职工月平均工资×2个月
10.辅助器具配置费	经劳动能力鉴定后到分中心开具限额通知书后方可享受
11.住院伙食补助费	每人20元/天
12.劳动能力鉴定费	凭票报销
13.经批准的外地就医的交通、食宿费	市内交通补贴：15元/天/人；长途公共汽车实报实销。工伤职工到统筹地区以外就医的食宿费用：省内80元/天/人；省外150元/天/人

（工伤保险基金支付的各项待遇）

续表

支付项目		内容或标准
用人单位支付待遇	1.停工留薪期的工资福利待遇	由劳动能力鉴定委员会确定。如果伤情严重或者情况特殊，经设区的市级劳动能力鉴定委员会确认，可以适当延长，但延长不得超过12个月。评定伤残等级后，停发原待遇
	2.停工留薪期的生活护理费	标准为：（一）停工留薪期内需要护理的，由所在单位负责。经工伤职工或者其亲属同意，用人单位也可以按照本单位上年度职工月平均工资的标准支付护理费。（二）评定伤残后需要护理的，护理人员有收入的，参照误工费的规定计算；护理人员没有收入或者雇用护工的，参照当地护工从事同等级别护理的劳务报酬标准计算
	3.五级、六级伤残职工的伤残津贴	五级伤残：本人工资×70% 六级伤残：本人工资×60%
	4.一次性伤残就业补助金	五级伤残：本市上年度职工月平均工资×18个月 六级伤残：本市上年度职工月平均工资×15个月 七级伤残：本市上年度职工月平均工资×12个月 八级伤残：本市上年度职工月平均工资×9个月 九级伤残：本市上年度职工月平均工资×6个月 十级伤残：本市上年度职工月平均工资×3个月

来源：《工伤保险条例》

（三）申报工伤认定材料

1. 职工死亡的，提交死亡证明；

2. 在工作时间和工作场所内，因履行工作职责受到暴力等意外伤害的，提交公安部门的证明或者其他相关证明；

3. 因工外出期间，由于工作原因受到伤害或者发生事故下落不明的，提交公安部门或者相关部门的证明；

4. 在上下班途中，受到非本人主要责任的交通事故或者城市轨道交通、客运轮渡、火车事故伤害的，提交公安、交通管理部门或者其他相关部门的证明；

5. 在工作时间和工作岗位，突发疾病死亡或者在 48 小时之内经抢救无效死亡的，提交医疗机构的抢救证明或者其他相关证明；

6. 在抢险救灾等维护国家利益、公共利益活动中受到伤害的，提交民政部门或者其他相关部门的证明；

7. 在服役期间因战、因公致残的军人，退出现役到用人单位后旧伤复发的，提交《中华人民共和国残疾军人证》；

8. 根据实际情况需提供的其他相关材料。

（四）停工留薪期

1. 标准：原工资福利待遇不变，由所在单位按月支付。

2. 要求：停工留薪期一般不超过 12 个月；伤情严重或者情况特殊，经设区的市级劳动能力鉴定委员会确认，可以适当延长，但延长不得超过 12 个月。工伤职工在停工留薪期满后仍需治疗的，继续享受工伤医疗待遇。

3. 法律依据：《工伤保险条例》第三十三条。

温馨提示：停工留薪期根据医疗机构的诊断证明和各地的停工留薪期分类目录确定，但确定的部门和程序，依地方规定。

五、失业

（一）失业金申领

1. 时间：目前无办理时间限制。

2. 周期：次月发放。

3. 条件：

（1）失业职工已在石家庄市累计缴纳失业保险费满 1 年；

（2）非本人意愿中断就业。

（二）失业金发放标准

1. 自 2023 年 1 月 1 日起，失业保险金计发基数与最低工资标准（2200 元）同步调整。

2. 领取失业保险金的期限最长为 24 个月。

3. 根据失业人员失业前所在单位和本人按照规定累计缴费时间长短计算：满 1 年领取 3 个月；满 4 年领取 12 个月；4 年以上每满 1 年加 1 个月。

（三）失业金申领流程

用人单位线下办理缴费月数核定后，职工可在河北人社 APP 中申领。

六、退休

1. 办理离退休手续的审批程序

（1）退休申报：退休前 3 个月由单位和职工本人携带档案前往柜台审核。

（2）退休复审：初审完成后，进行公示，无异议后办理复审，办理时间不能晚于次月 12 日。

2. 需要上报的有关材料

（1）企业职工基本养老保险参保人员档案信息认定表；

（2）参保人员缴费信息核对表；

（3）申请退休待遇承诺书；

（4）社保卡复印件；

（5）所有单位劳动合同和解除表；

（6）学历材料及政治情况；

（7）奖励材料、入党材料、入团申请等；

（8）身份证复印件；

（9）职工 1 寸或 2 寸照片 1 张。

七、公积金

（一）公积金查询

关注"石家庄住房公积金"微信公众号查询缴纳记录。

（二）公积金提取

1. 提取条件

提取条件根据提取方式确定：详细信息需关注"石家庄住房公积金"微信公众号选择个人服务里的问题答疑查看。

2. 提取方式

手机公积金 APP 提取指南：

仅限"偿还公积金贷款提取、退休提取、离职未就业提取、房租提取、购房住房提取、偿还商贷提取"。

（1）下载手机公积金 APP；

（2）打开手机公积金 APP，选择管理机构为"石家庄"；

（3）登录方式：刷脸登录/支付宝登录；

（4）登录之后，完善"我的"—"姓名"—"手机号码"各项信息；

（5）返回首页，点击"业务办理/便民工具"—"我要提取"—选择"提取项目"—××提取；

（6）根据提示添加职工本人银行卡（中、农、工、建、交五家银行之一的银行卡）；

（7）下一步—确认提取即可。

温馨提示：一次性提取，需满足离职6个月后仍未就业，携带离职证明及职工本人身份证、银行卡（原件）（中、农、工、建、交五家银行之一的银行卡）办理。

3. 公积金异地转移

职工公积金转移需满足的条件：职工需在石家庄本地缴纳满 6 个月公积金（现处于正常缴纳状态）。

转移方式：职工携带本人身份证原件前往任意一家公积金中心办理转移，或进入"全国住房公积金"微信小程序后点击转移接续办理。

答疑解惑

Q1：如何查询自己的社保缴纳证明？

A1：河北人社 APP—服务—社会保障—证明材料下载—个人参保证明。

Q2：如何将本市的社保转移至其他城市？

A2：根据转入地要求办理社保转移。

Q3：社保和公积金每年几月开始调整基数？

A3：社保：4—10 月以官方发布的调基通知为准。公积金：7 月调基。

Q4：如何查询自己的公积金缴纳证明？

A4：下载手机公积金 APP—业务办理—缴存证明。

Q5：如何查询自己的公积金个人账号？

A5：关注"石家庄住房公积金"微信公众号—个人服务—查询。

Q6：离开本市至外地的缴存职工，能否取出住房公积金？

A6：须满足离职 6 个月后仍未就业，才可办理一次性提取。

Q7：公积金贷款最高可贷额度是多少？公积金贷款额度如何计算？

A7：目前，石家庄市住房公积金贷款额度最高为 60 万元；具体贷款额度结合申请人及其配偶的公积金缴存、还贷能力、负债情况、贷款期限及所购房屋价值等因素综合确定。

还贷能力：借款申请人月还款金额不超过借款申请人及其配偶缴存基数之和的 60%。

借款申请人及其配偶《个人信用报告》中有其他贷款及担保情况的，贷款额度为按还贷能力计算出的贷款额度减去所担保、所贷款余额。

Q8：如何将本市的公积金转移至其他城市？

A8：根据转入地要求办理公积金转移。

沈 阳

一、社会保障

社会保障卡办理、申领流程

1. 单位制卡

单位职工新参保审核成功后，可通过【社保卡办事大厅】—【批量制卡申请】模块为职工办理社保卡申请。

2. 职工自行制卡流程

（1）首次制卡申请：沈阳政务服务 APP—服务—社会保险—社保卡首次申请—申请；

（2）取卡凭证打印：社保卡制卡完成后 10 个工作日，点击取卡凭证查询及打印，查询并打印取卡凭证，按取卡凭证要求到选择的银行网点取卡，超 6 个月未取卡将做回收处理；

（3）领卡启用：个人领取社保卡后，点击领卡启用功能启用社保卡社保功能，之后可持卡就医结算。激活社保卡银行账户金融功能需前往发卡银行线下服务网点临柜办理。

3. 查询账户余额、刷卡明细

职工可下载沈阳智慧医保 APP 或关注"沈阳智慧医保"微信公众号，绑定个人信息后查询。

4. 社会保障卡挂失、解挂

职工可通过沈阳政务服务 APP、沈阳政务服务网、"辽宁社保"微信小程序、"辽宁社会保障卡"支付宝小程序挂失及解挂。

温馨提示：金融功能解除挂失需持身份证及社保卡原件至银行窗口办理。

5. 注销（职工去省内其他市县办理社保卡网上注销通道）

如职工在辽宁省内有多个城市社保卡，可通过"辽宁社保"微信小程序注销沈阳市社保卡（职工持身份证及社保卡原件至沈阳市各区县社保分中心窗口办理）。

6. 电子社保卡

登录"辽宁社保"微信小程序、"辽宁社会保障卡"支付宝小程序可申领电子社保卡。

二、医疗

（一）医保费用起付标准及报销比例

1. 门诊共济

（1）急诊

参保人门（急）诊抢救的，符合基本医疗保险急危重病参考病种及关键标准的，确诊后发生的医保政策范围内医疗费用统筹基金支付比例为70%，其统筹支付费用不计入职工门诊统筹支付限额。

（2）门诊慢特病

① 病种范围

特殊病病种：透析、器官移植术后抗排异治疗、恶性肿瘤（放化疗）、恶性肿瘤（内分泌治疗）、恶性肿瘤（镇痛治疗）、丙型肝炎（基因1b型）、丙型肝炎（非基因1b型）、血友病重型、血友病中型、血友病轻型、严重精神障碍、艾滋病、耐药性结核病。

慢性病病种：重症肌无力、系统性红斑狼疮、银屑病、骨髓增生异常综合征、真性红细胞增多症、白塞氏病、再生障碍性贫血、乙型肝炎、恶性肿瘤（辅助治疗）、类风湿性关节炎、慢性肾脏疾病、帕金森病、慢性心力衰竭、慢性阻塞性肺疾病、多发性肌炎/皮肌炎、心肌梗死、高血压（合并症）、糖尿病（合并症和并发症）、术后抗栓治疗、结核病（普通型）。

② 统筹基金支付比例

特殊病种透析比例为94%，其余病种85%；慢性病病种比例为在职75%，退休85%。

③认定

患有门诊特殊病病种疾病的参保人员可持本人有效身份证件（社会保障卡或身份证）、与申报病种相关的近期完整病历及相关检查材料到指定医院进行申报，经医院认定专家审核合格后，由市医保中心登记备案给予门诊特殊病待遇。自2024年1月1日起，不再进行门诊慢性病认定工作。

（3）门诊统筹

沈阳市参保职工于本地职工门诊共济定点医院普通门诊就医，发生的符合医保政策范围内的门诊费用，统筹基金按规定标准给予支付。

表5-1

定点医院级别	年度起付标准	报销比例 在职职工	报销比例 退休职工	年度报销限额
特三级（医大一院、医大盛京医院、北部战区总医院）	600元	50%	55%	1.2万元
其他三级	400元	55%	60%	1.2万元
三级传染病精神疾病专科	200元	65%	70%	1.2万元
二级医院	200元	65%	70%	1.2万元
一级及以下	200元	70%	75%	1.2万元

参保人签约家庭医生，并在签约医疗机构就诊的，职工医保统筹基金支付比例提高10个百分点。

来源：《沈阳市城镇职工基本医疗保险参保就医指南》

已经认定并享受慢性病待遇的参保人，门诊慢性病之外的门诊费用按普通门诊就医、结算，门诊统筹年度最高支付限额为7800元。

职工门诊统筹支付费用计入基本医保统筹基金年度最高支付限额。超过职工基本医保统筹基金年度最高支付限额，但仍在职工门诊统筹支付限额及职工大额医疗费用补助保险最高支付限额内的费用，由职工大额医疗费用补助保险按职工门诊统筹政策执行。

参保人住院治疗期间，不同时享受职工门诊统筹待遇。

2.住院

（1）起付标准

表 5-2

定点医疗机构等级	起付标准
一级	200元
区属二级	300元
市属二级	300元
三级	600元
特大型三级	1200元

来源：《沈阳市城镇职工基本医疗保险参保就医指南》

（2）报销比例

表 5-3

定点医疗机构等级	报销比例	
	在职职工	退休职工
一级	94%	97%
区属二级	93%	96%
市属二级	93%	96%
三级	88%	91%
特大型三级	86%	89%

来源：《沈阳市城镇职工基本医疗保险参保就医指南》

（二）本地医保报销流程

持沈阳市社保卡就医直接报销，不涉及手动报销。

（三）异地就医医保报销流程

1. 异地就医备案办理流程

职工下载沈阳智慧医保APP—绑定个人信息—异地就医，选择"长期异地"或"临时外出"—仔细阅读告知内容—按流程填写备案原因、备案城市、开始时间、联系人、联系电话—申请。

2. 临时外出

（1）适用范围：沈阳市基本医疗保险参保人员在临时异地出行期间因疾病治疗需要，可办理临时外出备案。

（2）生效时间：申请提交后当日生效（网络传输时长约1个小时），有效期2个月，超期可接续申请。

（3）就医医院：备案地开通的直接结算医院均可使用，查询地址：http://fuwu.nhsa.gov.cn。

（4）就医结算：持本人开通医保功能的社会保障卡办理入院登记和出院结算。出院结算前完成的登记备案，均为有效备案。

（5）就医待遇：

① 基本医疗保险统筹基金，以我市同级别定点医疗机构待遇标准为基准，起付线上调至2.5倍，报销比例下调10个百分点。职工大额医疗保险按我市基本医疗保险统筹基金待遇标准执行。

② 临时外出人员（含异地长期居住人员在备案地以外）发生的急危重病门（急）诊抢救医疗费用，按照我市急危重症门（急）诊抢救报销比例（包括基本医疗保险统筹基金、职工大额医疗保险补偿比例）下调10个百分点；上述情况发生的急危重病住院费用，基本医疗保险统筹基金以我市同级别定点医疗机构待遇标准为基准，起付线上调2倍，报销比例不变；职工大额医疗保险补偿比例，按照我市标准执行；起付标准不享受减免待遇。

3. 长期异地

（1）适用范围：沈阳市基本医疗保险的异地安置退休人员（指退休后户籍迁入定居地）、异地长期居住人员（具体包括异地定居、异地就学、异地养老、异地投奔等）、常驻异地工作人员，以上人员须满足在备案地居住6个月以上，且本人有异地长期居住要件（异地长期居住要件是指：户口、房产证、居住证，提供其中任意一种备案材料即可）。

（2）申请方式：承诺制申请，自助开通。

（3）生效时间：申请后当日生效，长期有效。备案结果可在备案查询和取消功能下查询。

（4）就医医院：备案地开通的直接结算医院均可使用，查询地址：http://fuwu.nhsa.gov.cn。

（5）就医结算：持本人开通医保功能的社会保障卡办理入院登记和出院结算。

（6）就医待遇：

① 异地长期居住人员备案到北京市、上海市时，需提供异地长期居住要件，给予保留沈阳市定点医疗机构住院就医本地医保待遇，否则，将沈阳市定点医疗机构住院就医报销比例（包括基本医疗保险统筹基金、职工大额医疗保险补偿比例）下调10个百分点；可实行要件容缺管理，事后补齐要件即予以认可，原则上补齐要件5个工作日后，恢复沈阳市定点医疗机构住院就医本地医保待遇。

② 异地长期居住人员（除备案到北京市、上海市外），备案成功后，同时保留沈阳市定点医疗机构住院就医本地医保待遇。

③ 异地住院就医，起付标准不享受减免待遇。沈阳市住院就医享受减免起付标准的，累加异地住院就医次数。

④ 异地长期居住人员在备案地发生的急危重病门（急）诊抢救医疗费用，按照沈阳市急危重症门（急）诊抢救报销比例执行；在备案地发生的急危重病住院费用，基本医疗保险待遇按照沈阳市相应参保人员类别、相应医院等级规定执行。

4.异地住院医疗费用报销

（1）适用情况：

①已备案，无法直接联网结算住院医疗费；

②未备案直接住院治疗。

（2）办理材料：发票费用收据、费用清单、住院病案、身份证原件及复印件、社保卡原件及复印件，经办人身份证原件及复印件。

（3）办理方式：医保中心窗口手工报销。

（4）经办人员：单位及个人均可。

（5）地址：沈阳市沈河区政务服务中心二楼医保窗口（沈阳市沈河区先农坛路13甲1号公园雅筑）。

（6）办理时限：材料无误当场收件录入系统，材料须由医保中心上报市局，审核无误后3—6个月内费用支付到参保人提供的社保卡对应的金融账户中。

三、生育

（一）生育待遇包含的项目

1.女职工：女职工妊娠分娩生育津贴、女职工流产引产生育津贴。

2.男职工：男职工护理假工资、男职工未就业配偶医疗费补贴。

（二）手工报销项目

职工持沈阳市社保卡住院生产，出院直接结算医疗费，按照沈阳市就医医疗费用标准报销，不涉及手工报销。

异地就医无法联网结算医疗费，出院结算后可手工报销，医疗费手工报销方式见"异地就医医保报销流程"。

（三）生育津贴申领

1. 女职工沈阳本地生育、流引产：登录沈阳政务服务网（https://zwfw.shenyang.gov.cn/syzwdt/epointzwmhwz/pages/default/index）线上申报

（1）电子版《出生医学证明》。

（2）电子版生育登记单。

（3）就医电子图片材料：生育提供手术记录或分娩记录页、出院记录或出院小结页；流产门诊就医提供手术记录单或药流记录单页。

2. 女职工异地生育：经办员持材料现场申报

（1）《出生医学证明》；

（2）生育登记单；

（3）医疗费收据原件及对应费用清单；

（4）整本住院病案（包含病历首页、入院记录、医嘱单、麻醉记录、手术记录单或分娩记录单、出院小结）；

（5）经办员身份证复印件。

3. 男职工护理假工资：登录单位医保网厅线上申报

（1）《出生医学证明》；

（2）生育登记单。

4. 男职工未就业配偶生育医疗费：经办员持材料现场申报

（1）《出生医学证明》；

（2）生育登记单；

（3）医疗费收据原件；

（4）整本住院病案（包含病历首页、入院记录、医嘱单、麻醉记录、手术记录单或分娩记录单、出院小结）；

（5）经办员身份证复印件；

（6）承诺书（经办员现场书写）。

(四)到账时间

生育津贴及男职工护理假工资审批后1个月内打款到单位账户中。

女职工异地生育医疗费及男职工未就业配偶医疗费补贴预计6个月到账。

四、工伤

(一)工伤定点医院

查询网址：沈阳市社会保险事业服务中心 http://sbzx.shenyang.gov.cn/zwgk/gzxx/202208/t20220809_3870943.html。

(二)工伤待遇

表5-4 工伤保险待遇享受明细

支付项目		内容或标准
工伤保险基金支付的各项待遇	1.工伤医疗费	治疗工伤所需费用符合工伤保险诊疗项目目录、工伤保险药品目录、工伤保险住院服务标准的，从工伤保险基金中支付
	2.康复性治疗费	经分中心工伤科开具资格确认书后方可享受
	3.一次性伤残补助金	一级伤残：本人工资×27个月
		二级伤残：本人工资×25个月
		三级伤残：本人工资×23个月
		四级伤残：本人工资×21个月
		五级伤残：本人工资×18个月
		六级伤残：本人工资×16个月
		七级伤残：本人工资×13个月
		八级伤残：本人工资×11个月
		九级伤残：本人工资×9个月
		十级伤残：本人工资×7个月

续表

支付项目	内容或标准
4.一级至四级伤残职工的伤残津贴	一级伤残：本人工资×90% 二级伤残：本人工资×85% 三级伤残：本人工资×80% 四级伤残：本人工资×75%
5.生活护理费	生活完全不能自理：本市上年度月平均工资×50% 生活大部分不能自理：本市上年度月平均工资×40% 生活部分不能自理：本市上年度月平均工资×30%
6.供养直系亲属抚恤金	按照工亡职工本人工资，配偶40%，其他亲属30%，孤寡老人或孤儿在此标准上增发10%，各供养亲属抚恤金之和不大于本人工资
7.丧葬补助金	本市上年职工月平均工资×6个月
8.一次性工亡补助金	上年度全国城镇居民人均可支配收入×20倍
9.一次性工伤医疗补助金	五级伤残：统筹地区上年度职工月平均工资×18个月 六级伤残：统筹地区上年度职工月平均工资×16个月 七级伤残：统筹地区上年度职工月平均工资×13个月 八级伤残：统筹地区上年度职工月平均工资×11个月 九级伤残：统筹地区上年度职工月平均工资×9个月 十级伤残：统筹地区上年度职工月平均工资×7个月
10.辅助器具配置费	经劳动能力鉴定后到分中心开具限额通知书后方可享受
11.住院伙食补助费	按照统筹地区上年度社会日平均工资的10%计算，最高不超过上年度省城镇居民日人均消费支出额的40%，最低不少于15元

（左侧纵向表头：工伤保险基金支付的各项待遇）

续表

支付项目		内容或标准
工伤保险基金支付的各项待遇	12.劳动能力鉴定费	凭票报销
	13.经批准的外地就医的交通费、食宿费	可以乘坐火车（硬座、硬卧）、动车（二等座）、高铁（二等座）、轮船（三等舱）及客运汽车，每次就医报销第一次往返交通费；按照住院前的实际天数报销食宿费，但最多不得超过3天，每日不得超过180元 超出前款规定的交通工具标准的，按照该项规定的同类交通工具标准报销；乘坐飞机的，按照同路程火车标准报销；机票费用低于火车费用的，按照机票实际费用报销
用人单位支付待遇	1.停工留薪期的工资福利待遇	不变，单位按月支付
	2.停工留薪期的生活护理费	生活护理费按照生活完全不能自理、生活大部分不能自理、生活部分不能自理3个不同等级支付，其标准分别为统筹地区上年度职工月平均工资的50%、40%、30%
	3.五级、六级伤残职工的伤残津贴	五级伤残：本人工资×70% 六级伤残：本人工资×60%
	4.一次性伤残就业补助金	五级伤残：本人月平均工资×28个月 六级伤残：本人月平均工资×24个月 七级伤残：本人月平均工资×20个月 八级伤残：本人月平均工资×16个月 九级伤残：本人月平均工资×12个月 十级伤残：本人月平均工资×8个月

来源：《工伤保险条例》《辽宁省工伤保险实施办法》

（三）申报工伤认定材料

1. 职工死亡的，提交死亡证明；

2. 在工作时间和工作场所内，因履行工作职责受到暴力等意外伤害的，提交公安部门的证明或者其他相关证明；

3. 因工外出期间，由于工作原因受到伤害或者发生事故下落不明的，提交公安部门或者相关部门的证明；

4. 在上下班途中，受到非本人主要责任的交通事故或者城市轨道交通、客运轮渡、火车事故伤害的，提交公安、交通管理部门或者其他相关部门的证明；

5. 在工作时间和工作岗位，突发疾病死亡或者在48小时之内经抢救无效死亡的，提交医疗机构的抢救证明或者其他相关证明；

6. 在抢险救灾等维护国家利益、公共利益活动中受到伤害的，提交民政部门或者其他相关部门的证明；

7. 在服役期间因战、因公致残的军人，退出现役到用人单位后旧伤复发的，提交《中华人民共和国残疾军人证》；

8. 根据实际情况需提供的其他相关材料。

五、失业

（一）失业金申领条件

1. 失业前用人单位和本人已经缴纳失业保险费满1年；

2. 非因本人意愿中断就业的；

3. 原参保单位已为失业人员办理了停保手续。

（二）失业金申领流程

1. 单位在最后缴费月的次月 15 日前办理停保。
2. 职工登记申领失业金无期限限制，登记成功次月底失业金划款入账。
3. 失业金登记方式：

线上：职工下载掌上 12333APP—服务—失业保险—失业保险金网上申领—填写信息提交。

线下：职工持身份证及社保卡原件至失业保险窗口登记。

（三）失业金发放标准

表 5-5

累计缴费时间	失业金发放月数	失业金金额
满1年不足2年	3个月	沈阳市最低工资标准×85%
满2年不足3年	6个月	
满3年不足4年	9个月	
满4年不足5年	12个月	
满5年不足6年	13个月	
满6年不足7年	14个月	
满7年不足8年	15个月	
满8年不足9年	16个月	
满9年不足10年	18个月	
满10年及以上	24个月	沈阳市最低工资标准×90%

来源：沈阳市沈河区政务服务中心失业保险窗口公示

六、退休

（一）退休审批条件

1. 在职职工达到法定正常退休年龄：男性，年满60周岁；女性，工人或非管理岗位年满50周岁，干部或管理岗位人员年满55周岁。

2. 个人参保人员达到法定正常退休年龄：男性，年满60周岁；女性，年满50周岁，2004年1月1日及其以后首次参加基本养老保险且无视同缴费年限的，年满55周岁。

3. 缴费年限（含视同缴费年限，不含折算工龄）累计满15年及其以上，其中实际缴费年限不得低于5年。

（二）办理材料

1. 身份证；
2. 户口本；
3. 个人档案；
4. 退休申请表；
5. 新办工商银行社保卡；
6. 劳动合同原件及复印件。

（三）办理流程

1. 职工本人向单位提出退休申请；
2. 用人单位将职工原始档案等材料上报参保社保经办机构；
3. 社保机构对材料进行审核，符合条件的，批准退休。

七、公积金

（一）公积金查询

关注"沈阳住房公积金管理中心"微信公众号—我的账户—我的公积金—账户明细。【仅查询】

登录沈阳政务服务网（http://zwfw.shenyang.gov.cn/syzwdt/epointzwmhwz/pages/default/index），右上角注册—自然人用户—自然人—填写信息—实名认证—注册成功—个人用户登录—站点切换—沈阳市—热门服务—公积金服务—我的—缴存证明打印。【含公积金中心章】

（二）公积金提取办事指南（扫码查看）

沈阳政务服务网关于公积金个人提取业务的说明，网址（http://zwfw.shenyang.gov.cn/syzwdt/epointzwmhwz/pages/eventdetail/wanttodo），点击个人办事—按部门—市公积金中心。

1. 购买自住住房提取住房公积金

2. 建造、翻建、大修自住住房提取公积金

3. 离休、退休提取住房公积金

4. 出境定居提取住房公积金

5. 偿还购房贷款本息提取住房公积金

（1）偿还购房贷款本息提取住房公积金

（2）偿还组合贷款商贷部分提取住房公积金

（3）委托按月偿还公积金贷款提取住房公积金

（4）提前偿还公积金贷款提取住房公积金

6. 无房职工租房自住提取住房公积金

7. 职工死亡或者被宣告死亡提取住房公积金

8. 集中封存提取住房公积金

9. 出境定居提取住房公积金

（三）公积金提取办理

登录沈阳政务服务网，右上角注册—自然人用户—自然人—填写信息—实名认证—注册成功—个人用户登录—站点切换—沈阳市—热门服务—公积金服务—提取业务。

（四）公积金异地转移

1. 申请条件

（1）外地账户封存满半年；

（2）沈阳账户开户满180天，稳定缴存6个月。

2. 办理流程

下载沈阳公积金APP—我的—系统外转入申请。

3. 结果查询

下载沈阳公积金APP—个人查询—业务办理进度查询。受理后一般15个工作日办结。

答疑解惑

Q1：如何查询自己的社保缴纳证明？

A1：沈阳市参保职工可登录沈阳政务服务网（http://zwfw.shenyang.gov.cn/syzwdt/epointzwmhwz/pages/default/index）查询全部养老保险及医疗保险参保缴费凭证，右上角注册—自然人用户—自然人—填写信息—实名认证—注册成功—个人用户登录—站点切换—沈阳市—热门服务—社保网上服务可查询养老信息/医保网上服务可查询医保信息。

Q2：如何将本市的社保转移至其他城市？

A2：线上养老保险：职工搜索"电子社保卡"微信小程序—人社办事—社会保障—养老保险关系转移—查看办事指南，按办事指南填写信息提交。跨区转移合并时间较长，如审批通过但长时间未合并入账，请咨询转入地社保。

线下：请职工咨询转入地社保，以转入地要求为准。如需沈阳市参保凭证，职工可持身份证、社保卡至沈阳市最后缴费区窗口打印转出参保凭证（养老保险、失业保险、医疗保险）。

Q3：社保和公积金每年几月开始调整基数？

A3：养老保险、失业保险、工伤保险：1月；医疗保险：7月；住房公积金：每年调整时间不固定，每年1次。

Q4：在异地产生住院费用如何报销？

A4：职工异地发生住院医疗费用，无法申请异地就医备案结算医疗费，可出院结算后提供材料按临时外出进行线下申请，所需材料如下：

1. 门（急）诊病历原件；
2. 医院收费票据原件及票据对应明细单；
3. 住院病案；
4. 诊断书及其他医院出具的材料；

5. 职工身份证原件及复印件；

6. 沈阳市社会保障卡原件，开通金融功能原件及复印件。

Q5：如何查询自己的公积金缴纳证明？

A5：登录沈阳政务服务网（http://zwfw.shenyang.gov.cn/syzwdt/epointzwmhwz/pages/default/index），右上角注册—自然人用户—自然人—填写信息—实名认证—注册成功—个人用户登录—站点切换—沈阳市—热门服务—公积金服务—我的—缴存证明打印。

Q6：如何查询自己的公积金个人账号？

A6：下载沈阳公积金 APP—右上角查看详情。

Q7：离开本市至外地的缴存职工，能否取出住房公积金？

A7：沈阳市公积金常用九类提取方式，符合条件即可申请，与职工是否离开沈阳市无关。

Q8：个人可贷额度如何计算？公积金贷款最高可贷额度是多少？

A8：公积金贷款额度计算公式为：在贷款比例限额、还贷能力限额、账户余额倍数限额中取最低值，减去家庭债务的合计金额，再与贷款最高限额相比取最低值，乘以资金流动性系数，等于公积金贷款额度。

1. 贷款比例限额

购买首套商品房，贷款比例限额为商品房成交价的 80%。

购买第二套商品房，首套房住房贷款已结清的，贷款比例限额为商品房成交价的 80%；购买第二套商品房，首套房住房贷款（仅限商贷）未结清的，贷款比例限额为商品房成交价的 70%。

2. 还贷能力限额 = 借款申请人及共同申请人缴存公积金的月工资基数（借款申请人及共同申请人近 6 个月的最低月缴存工资基数之和）× 还贷系数（0.5）× 12 个月 × 贷款期限。

3. 账户余额倍数限额 = 借款申请人及共同申请人公积金账户缴存余额的 22 倍（公积金账户缴存余额不足 2 万元的，按 2 万元计算）。

4. 家庭债务的合计金额，是指借款申请人及共同申请人信用记录中存在尚未还清的个人住房商业贷款（最多有1笔）、车贷、消费贷等其他种类贷款余额、信用卡已透支额度、替他人担保贷款余额等各类家庭负债的总和。

5. 商品房公积金贷款的最低期限为1年，最高期限为30年。

贷款期限计算公式：在借款申请人或共同申请人贷款偿还期限（男65周岁、女60周岁减实际年龄）、最高贷款期限（30年）中取最低值。

个人贷款额度上限为60万元，夫妻双方贷款额度上限为80万元，乘以个人住房贷款流动性调节系数（当前按1.2执行），因此当前个人贷款额度上限为72万元，夫妻双方贷款额度上限为96万元。

个人可贷具体额度需持身份证原件到公积金窗口查询。

Q9：如何将本市的公积金转移至其他城市？

A9：搜索"全国住房公积金"微信小程序，选择转移接续申请。

哈尔滨

一、社会保障

社会保障卡办理流程

1. 线上办理

条件：参保生效后即可办理。

办理材料：本人正反面身份证照片、制卡相片、收入证明。

周期：15个工作日办结（3个月内不能办理第二张社保卡）。

流程步骤：

方法一：支付宝—"市民中心"—"社保"—"社保卡线上服务"—"黑龙江一卡通"—"社保卡申领"—"本人操作/帮人代办"—"人脸认证"—按要求填写、提交即可。

方法二：搜索"电子社保卡"微信小程序—"人社办事"—"社会保障卡"—"社保卡申领"—阅读同意后—点击"开始办理"—按要求填写、上传材料—"人脸识别"—完成申领资格预校验后提交即可。

送达：以邮寄方式送达，邮件派送前会通过短信或电话告知密码，必须由本人凭密码签收。因本人拒收、无法联系到本人等个人原因导致邮件未妥投，则社保卡将退回寄件网点代为保管，6个月内可以再次申请邮寄，如超期卡片将作销毁处理。

收费及标准：不收取工本费用，邮寄费用根据寄件地址和收件地址计算邮费。

2. 线下办理

条件：参保生效后即可选择就近制卡网点办理。

办理材料：本人身份证原件。

周期：现场办理，现办现取。

流程步骤：职工本人持身份证原件前往合作银行网点办理。

合作银行网点查询路径：搜索"哈尔滨市人社"微信公众号—"掌上人

社"—"便民查询"—"制卡网点查询"—选择对应区域和银行类别即可。

3. 查询账户余额、刷卡明细

方法一：网上查询。

注册登录黑龙江医保服务平台（https://ggfw.hljybj.org.cn/hallSt/web/hallEnter/#/personLogin），选择"医疗个人信息"—"参保信息查询"或"医疗消费信息查询"查询账户余额或刷卡明细。

方法二：手机APP查询。

下载国家医保服务平台APP—实名认证—进入首页查看医保个人账户余额，进入"医保消费记录"可查看刷卡明细。

方法三：微信公众号查询。

关注"龙江医保"或"哈尔滨医保"微信公众号—进入服务大厅首页查看医保个人账户余额，进入"服务"—"消费信息"可查看刷卡明细。

4. 社会保障卡挂失、解挂

（1）挂失、解挂

方法一：拨打0451-12333医保咨询电话进行挂失、解挂。

方法二：搜索"电子社保卡"微信小程序—"人社办事"—"社会保障卡"—"社保卡临时挂失"即可。

方法三：支付宝—"市民中心"—"社保"—"社保卡线上服务"—进入"黑龙江一卡通"页面—"社保卡挂失/社保卡解挂"—"人脸认证"—提交即可。

方法四：掌上12333APP进入"服务"页面—选择"社会保障卡临时挂失"即可办理。

方法五：下载龙江人社APP—进入"服务"页面—选择"卡挂失/卡解挂"即可办理。

方法六：下载哈尔滨智慧人社APP—进入"办事"页面—"社保卡"—"社保卡挂失/社保卡解挂"—提交即可。

（2）补卡

方法一：前往制卡时所选择的银行网点办理补卡即可，办理地址同制卡地址。

方法二：支付宝—"市民中心"—"社保"—"社保卡线上服务"—"黑龙江一卡通"—"社保卡补换"—"人脸认证"—按要求进行"信息采集"—提交等待审核即可（办卡周期及邮寄时间同首次制卡）。

方法三：搜索"电子社保卡"微信小程序—"人社办事"—"社会保障卡"—"社保卡补换"即可。

5. 修改和重置密码

关注"国家医保服务平台"微信公众号—点击下方中间按钮进入"医保电子凭证"页面—点击修改密码—"人脸识别"后输入新密码即可修改。

6. 注销（职工去省内其他市县办理社保卡网上注销通道）

方法一：下载哈尔滨智慧人社APP—点击"办事"—"社保卡"—"社保卡注销"—"人脸识别验证"—即可办理。

方法二：下载龙江人社APP—点击下方"服务"—选择"社保卡服务"—"卡注销"—"人脸认证"后提交审核即可。

7. 电子社保卡

登录"电子社保卡"微信小程序，或下载哈尔滨智慧人社、龙江人社、掌上12333、国家政务服务平台APP即可进入电子社保卡页面。

二、医疗

（一）医保费用起付标准及报销比例

1.门诊

（1）起付标准：医保范围内，普通门诊统筹年度累计起付标准为400元，统筹基金年度最高支付限额为3000元。

（2）报销比例：

表 6-1

类别	医院机构等级	报销比例
在职职工	三级	50%
	二级	60%
	一级及以下	70%
退休职工	三级	55%
	二级	65%
	一级及以下	75%

2. 住院

表6-2 哈尔滨市城镇职工住院医保支付标准及比例

城镇职工就医类别		住院起付标准	起付线—15万元（统筹基金支付）		15万—50万元（大额基金支付）	
			在职	退休	在职	退休
哈市定点医院就医	无等级医院	200元	90%	93%	90%	93%
	一级定点医院	240元				
	二级定点医院	480元				
	三级定点医院	720元				
	精神病患者在精神病专科定点医院	0元	90%		90%	
	传染病患者在传染病专科定点医院	0元	95%	98%	95%	98%
异地转诊	无等级医院	200元	85%	88%	85%	88%
	一级定点医院	240元				
	二级定点医院	480元				
	三级定点医院	720元				
异地急诊、自由转诊	无等级医院	200元	80%	83%	80%	83%
	一级定点医院	240元				
	二级定点医院	480元				
	三级定点医院	720元				
备注	（1）住院个人负担费用包括：起付标准部分、先行自付部分、超限价部分、自费部分及统筹范围内的自付部分。 （2）参保职工一个自然年度内第二次住院起付标准降低15%，多次住院的执行第二次住院起付标准。					

来源：哈尔滨医保官方微信公众号

（二）本地医保报销流程

1. 急、门诊：符合医保报销范围内的医疗费用达到起付线后方可享受医疗门诊报销待遇，参保人员出院时持身份证及社保卡直接联网结算。

2. 住院：选择定点医院住院，出院时刷社保卡实时结算。

（三）异地医保报销流程

参保人员异地就医前，可通过国家医保服务平台APP，"国家异地就医备案""国务院客户端"微信小程序，"龙江医保""哈尔滨医保"微信公众号或参保地经办机构窗口等线上、线下途径办理异地就医备案手续。

1. 适用人群

适用于异地长期居住或临时外出就医的参保人员。

（1）异地长期居住人员：包括异地安置退休人员、异地长期居住人员、常驻异地工作人员等长期在参保地以外工作、居住、生活的人员。

（2）临时外出就医人员：包括异地转诊就医人员，因工作、旅游等原因异地急诊抢救人员以及其他跨统筹区临时外出就医人员。

2. 异地就医备案办理流程

（1）关注"龙江医保"微信公众号—"服务大厅"—"异地快速备案"—实名认证—"为自己备案/为他人备案"—"阅读同意备案告知书"—按要求"填写确认信息"—"个人承诺书电子签名"—"提交申报"—等待审核即可。

（2）下载国家医保服务平台APP，实名注册登录—选择"异地备案"—选择"异地就医备案申请"—选择"为自己备案/为他人备案"—根据实际情况选择参保地、就医地以及备案类型，填写并上传材料—提交—在"备案记录查询"模块查询申请结果或自行取消备案。

3. 异地就医备案有效期限

异地长期居住人员办理登记备案后，备案长期有效；参保地变更或取消备案的时限不得超过6个月。临时外出就医人员备案有效期不得少于6个月，有效期内可在就医地多次就诊并享受异地就医直接结算服务。

4. 报销比例

（1）长期居住人员在备案地按参保地报销比例执行；支持异地长期居住人员在备案地和参保地双向享受医保待遇。异地长期居住人员在备案地就医结算时，原则上执行参保地规定的本地就医时的标准；备案有效期内确需回参保地就医的，按照本地基本医疗保险基金的起付标准、支付比例、最高支付限额，不降低报销比例，在参保地享受直接结算服务。

（2）临时外出就医人员：在异地医保定点医院发生的医疗费用可申请报销，报销比例下调10个百分点。

5. 结算方式

已办理异地就医备案且支持联网结算的，持身份证及社保卡直接结算。

不支持联网结算的携带社保卡原件（未办理社保卡提供身份证原件）、医疗费票据、费用清单、病历、诊断书、哈尔滨银行Ⅰ类卡复印件等材料回参保地各级经办机构（人寿保险公司指定窗口）报销。

6. 报销地点

哈尔滨市辖九区中国人寿保险公司各区服务网点地址：

（1）哈尔滨市道里区西六道街24号；

（2）哈尔滨市南岗区花园街281号；

（3）哈尔滨市道外区东直路150号；

（4）哈尔滨市香坊区公滨路393号；

（5）哈尔滨市平房区青年街35号；

（6）哈尔滨市呼兰镇南大街307号；

（7）哈尔滨市阿城区延川大街427号；

（8）哈尔滨市阿城区金龙路7号；

（9）哈尔滨市松北区世茂大道265号；

（10）哈尔滨市双城区花园街100号；

（11）哈尔滨市双城区新兴大街99号。

三、生育

（一）生育待遇包含的项目

1. 女职工：生育医疗费、产检费、生育津贴。
2. 男职工：生育医疗费、产检费。

（二）实时结算及手工报销项目

1. 哈尔滨本地就医：女职工持社保卡（生育还需持母子健康手册）到哈尔滨市范围内所有生育保险定点医疗机构就诊，出院持社保卡实时结算。

2. 异地生育，可以刷社保卡结算的直接结算；异地无法刷卡结算的，持社保卡（没开通金融功能再提供1张哈尔滨银行Ⅰ类卡）、医院收费票据、费用清单、病例材料、出生证明回哈尔滨市经办机构（人寿保险公司指定窗口）报销。

温馨提示：本市参保男职工，配偶未就业的须先登录黑龙江政务服务网，选择"哈尔滨市"—医疗保障局—"生育登记"页面—办理生育登记并打印《生育登记单》—男职工配偶需持男职工的社会保障卡和《生育登记单》（生育还需持母子健康手册）到哈尔滨市范围内所有生育定点医疗机构就诊，并按政策享受相应生育医疗费待遇。

（三）生育医疗费支付标准

表6-3　生育医疗费最高支付限额标准

生育医疗费支付项目	医院等级	最高支付限额标准（元）
产前检查		500
顺产（含28周以上引产）	三级	2800
	二级	2300
	一级	2000

续表

生育医疗费支付项目	医院等级	最高支付限额标准（元）
难产	三级	3400
	二级	2700
	一级	2300
剖宫产	三级	4600
	二级	3800
	一级	3300
剖宫产合并手术	三级	4900
	二级	4100
	一级	3600
多胞胎生育		每增加一胎增加300元
怀孕未满16周流产	三级	770
	二级	660
	一级	540
怀孕满16周流产	三级	2400
	二级	2000
	一级	1800
放置宫内节育器	三级	450
	二级	400
	一级	360
取出宫内节育器	三级	360
	二级	350
	一级	340
宫腔镜取环术		1200
输卵（精）管结扎术		实际费用结算

来源：哈尔滨医保官方微信公众号

（四）生育津贴申领

1. 申领条件

（1）按政策规定生育或实行计划生育的用人单位女职工；

（2）用人单位女职工参加生育保险且生育或实行计划生育手术时，已连续缴费满12个月的，可享受生育津贴待遇。

2. 领取流程

参保女职工持社会保障卡和母子健康手册（计划生育不需要）到生育保险定点医疗机构就医，并按规定结算生育医疗费用，符合领取生育津贴条件的，由女职工所在单位登录黑龙江政务服务网，选择哈尔滨市—医疗保障局—生育津贴申领，在线为参保女职工申领生育津贴待遇，审核通过后，医保中心会将津贴拨入单位收款账户中。

（五）享受生育津贴天数规定

表6-4

参保职工	医疗类别	生育津贴标准
女职工	怀孕未满16周流产	15天
	怀孕满16周流产	42天
	顺产	98天
	难产	98天+15天
	多胎	每多生育一个婴儿在98天基础上增加15天
男职工（未就业配偶怀孕）	符合计划生育政策规定生育	享受生育医疗费待遇，不享受生育津贴待遇

来源：《女职工劳动保护特别规定》《黑龙江省女职工劳动保护条例》

四、工伤

（一）工伤定点医院

表 6–5

序号	定点医院	地址
1	哈尔滨市第二医院	道外区卫星路38号
2	哈尔滨市二四二医院	平房区卫健街3号
3	哈尔滨市第四医院	道外区靖宇街119号
4	哈尔滨市第五医院	动力区健康路27号
5	哈尔滨市中医医院	道里区建国街270号
6	哈尔滨市骨伤科医院	南岗区西大直街214号
7	黑龙江中德骨科医院	南岗区文昌街116号
8	黑龙江省医院（香坊）	南岗区中山路82号
9	黑龙江省第二医院（南岗分院） 黑龙江省第二医院（江北）	南岗区燎原街50号 松北区江都街209号
10	爱尔眼科医院	道里区哈药路349号
11	哈尔滨高新医院	道里区机场路副212号
12	哈尔滨精神专科白渔泡医院	道外区巨源镇前进村101省道白渔泡湿地公园旁
13	呼兰区中医医院	呼兰区北大街54号
14	阿城区人民医院	阿城区牌路大街47号
15	双城市人民医院	双城市东南隅

来源：哈尔滨社保官方微信公众号

（二）工伤待遇

表6-6　工伤保险待遇享受明细

支付项目		内容或标准
工伤保险基金支付的各项待遇	1.工伤医疗费	治疗工伤所需费用符合工伤保险诊疗项目目录、工伤保险药品目录、工伤保险住院服务标准的，从工伤保险基金中支付
	2.辅助器具配置费	经劳动能力鉴定委员会确认，开具辅助器具配置单后，到指定地点配置假肢、矫形器、假眼、假牙和轮椅等辅助器具
	3.一次性伤残补助金	一级伤残：本人工资×27个月 二级伤残：本人工资×25个月 三级伤残：本人工资×23个月 四级伤残：本人工资×21个月 五级伤残：本人工资×18个月 六级伤残：本人工资×16个月 七级伤残：本人工资×13个月 八级伤残：本人工资×11个月 九级伤残：本人工资×9个月 十级伤残：本人工资×7个月
	4.住院伙食补助费	职工住院治疗工伤的伙食补助费标准为每人每日20元
	5.统筹地区外就医交通、食宿费	交通费标准：工伤职工乘坐火车硬座、硬卧、全列软席列车二等软座，轮船三等舱，凭票据报销。凭票据报销的交通费除火车票、轮船票的票面额度外，还包括订票费、退票费以及行李托运费和寄存费 住宿标准：到统筹地区外就医的工伤职工可凭票据报销三日以内的住宿费，标准为每人每日150元限额，凭票据报销（工伤职工到统筹地区外就医的住宿标准的调整，由市人力资源和社会保障行政部门确定）
	6.一次性工伤医疗补助金	五级伤残：离岗前本人工资×30个月 六级伤残：离岗前本人工资×25个月 七级伤残：离岗前本人工资×20个月 八级伤残：离岗前本人工资×15个月 九级伤残：离岗前本人工资×10个月 十级伤残：离岗前本人工资×5个月

续表

支付项目	内容或标准	
工伤保险基金支付的各项待遇	7.一级至四级伤残津贴	一级伤残：本人工资×90% 二级伤残：本人工资×85% 三级伤残：本人工资×80% 四级伤残：本人工资×75%	工伤职工达到退休年龄并办理退休手续后，停发伤残津贴，享受基本养老保险待遇。基本养老保险待遇低于伤残津贴的，由工伤保险基金补足差额
	8.生活护理费	生活完全不能自理：本市上年度月平均工资×50% 生活大部分不能自理：本市上年度月平均工资×40% 生活部分不能自理：本市上年度月平均工资×30%	
	9.一次性工亡补助金	上年度全国城镇居民人均可支配收入×20倍	
	10.因工死亡丧葬补助金	统筹地区上年度职工月平均工资×6个月	
	11.供养直系亲属抚恤金	以本人工资为标准，配偶每月40%，其他亲属每人每月30%，孤寡老人或孤儿每人每月在此标准基础上增加10%，核定的各供养亲属抚恤金之和不应高于因工死亡职工生前的工资	
	12.劳动能力鉴定费	凭票报销	
用人单位支付待遇	1.停工留薪期的工资福利待遇	工伤职工在停工留薪期内，原工资福利待遇不变，由所在单位支付	
	2.五级、六级伤残职工的伤残津贴	五级伤残：本人工资×70% 六级伤残：本人工资×60%	
	3.一次性伤残就业补助金	五级伤残：离岗前本人工资×16个月 六级伤残：离岗前本人工资×14个月 七级伤残：离岗前本人工资×12个月 八级伤残：离岗前本人工资×10个月 九级伤残：离岗前本人工资×8个月 十级伤残：离岗前本人工资×6个月	

来源：《工伤保险条例》《黑龙江省贯彻〈工伤保险条例〉实施办法》《哈尔滨市贯彻落实〈工伤保险条例〉的实施意见》

（三）申报工伤认定材料

1. 职工死亡的，提交死亡证明；

2. 在工作时间和工作场所内，因履行工作职责受到暴力等意外伤害的，提交公安部门的证明或者其他相关证明；

3. 因工外出期间，由于工作原因受到伤害或者发生事故下落不明的，提交公安部门或者相关部门的证明；

4. 在上下班途中，受到非本人主要责任的交通事故或者城市轨道交通、客运轮渡、火车事故伤害的，提交公安、交通管理部门或者其他相关部门的证明；

5. 在工作时间和工作岗位，突发疾病死亡或者在48小时之内经抢救无效死亡的，提交医疗机构的抢救证明或者其他相关证明；

6. 在抢险救灾等维护国家利益、公共利益活动中受到伤害的，提交民政部门或者其他相关部门的证明；

7. 在服役期间因战、因公致残的军人，退出现役到用人单位后旧伤复发的，提交《中华人民共和国残疾军人证》；

8. 根据实际情况需提供的其他相关材料。

（四）停工留薪期

停工留薪期是指职工因工作遭受事故伤害或者患职业病后，需要暂停工作接受工伤治疗，继续享受原工资福利待遇的期限。停工留薪期包括工伤医疗、康复治疗和恢复期的期限。工伤职工停工留薪期一般不超过12个月，伤情严重或者情况特殊，经设区的市级劳动能力鉴定委员会确认，可以适当延长，但延长时间不得超过12个月。

工伤职工应及时将工伤医疗机构出具的诊断证明或者休假证明报送用人单位，由用人单位根据工伤医疗机构的诊断证明，按照《黑龙江省工伤职工停工留薪期分类目录》，确定工伤职工的停工留薪期，并书面通知工伤职工本人。具体规定详见《黑龙江省工伤职工停工留薪期管理办法》。

五、失业

（一）失业金申领时间及周期

申领时间：目前无办理时间限制；

周期：按月发放。

（二）失业金发放标准

标准：1674元/月，最高不超过24个月。

（三）失业金申领条件

1. 失业前用人单位和本人已经缴纳失业保险费满1年的；
2. 非因本人意愿中断就业的。

（四）失业金申领标准

表6-7

累计缴费年限	享受待遇期限	累计缴费年限	享受待遇期限
1年	3个月	7年	16个月
2年	6个月	8年	17个月
3年	9个月	9年	18个月
4年	12个月	10年	20个月
5年	14个月	11年	22个月
6年	15个月	12年	24个月

来源：哈尔滨社保官方微信公众号

六、退休

（一）退休办理材料

1.《黑龙江省参加基本养老保险人员正常退休网上审批申报名册》；

2. 退休人员档案材料（无档案提供劳动合同信息备案册及劳动合同书原件）；

3. 职工养老保险缴费明细；

4. 用人单位或档案管理部门申报工作人员业务联系卡。

温馨提示：以上材料需加盖申报单位公章，相关佐证材料前往区人社局办理。

（二）退休流程

单位经办人在职工达到国家法定退休年龄前1个月携带规定材料前往社保机构办理退休手续即可。

经审核不符合退休条件的，参保人员档案及申报材料一并退还用人单位并说明原因。

七、公积金

（一）公积金查询

查询时间：参保缴费当月最后一个工作日后。

1. 线上查询打印

（1）哈尔滨住房公积金管理中心（https://bh.hrbgjj.org.cn:47598/hrbwsyyt）。

查询步骤：注册登录哈尔滨住房公积金管理中心网站—进入"个人用户

登录"—选择"信息查询"—"个人账户明细查询"即可。

（2）"哈尔滨住房公积金管理中心"微信公众号。

查询步骤：进入"哈尔滨住房公积金管理中心"微信公众号—快速查—个人账户信息—职工缴存情况查询。

温馨提示：首次登录需进行账户绑定，输入银行卡号、手机号等进行验证。

2. 线下查询打印

携带有效身份证原件到哈尔滨市所属区住房公积金管理中心申请打印。

（二）公积金提取

1. 常见提取类型

租房提取、购房提取、还贷提取、销户提取。

2. 提取方式

（1）柜面办理：拨打官方咨询电话：0451-12329 或关注"哈尔滨住房公积金管理中心"微信公众号预约办理时间后，携带缴存人身份证原件及业务办理所需材料前往预约公积金管理中心办理。

（2）网上办理：本人关注"哈尔滨住房公积金管理中心"微信公众号，绑定个人信息后—点击"立即办"—"个人业务"，查看是否符合提取条件并选择对应提取方式提交审核即可。

3. 提取类型

（1）租房提取

①申请条件：

A. 提取职工个人账户与银行卡关联后方可办理；

B. 本人及配偶授权到哈尔滨住房公积金管理中心使用民政共享数据查询实时婚姻关系配偶信息，使用房产共享数据查询本人及配偶房产套数；

C. 职工连续足额缴存住房公积金满 3 个月；

D. 租赁自住住房的，职工家庭在我市无自有住房；

E. 租赁公共租赁住房的，职工家庭获得公共租赁住房配租资格的。

② 提取额度：市区（含呼兰、阿城、双城）职工及配偶租住商品住房的，提取住房公积金限额为 26400 元 / 年，县（市）19200 元 / 年。

③ 提取次数：租住商品房的，线上线下一个月内提取次数不超过 2 次，每次金额不限，全年累计提取金额不超过 21600 元；租住公共租赁住房的，一年提取一次。

④ 提取对象：

租赁自住住房的，为职工及其配偶。

租赁公共租赁住房的，为职工本人和公共租赁住房共同申请人。

⑤ 办理材料：

A.《提取住房公积金个人授权承诺书》。

B. 身份证明。

C. 关联卡。

D. 按情形不同分别提供以下材料：

租赁商品住房：

a. 职工家庭无房产证明（道里区、道外区、南岗区、香坊区、平房区、松北区可通过住建和不动产部门联网系统查询信息的，免予提供）；

b. 配偶提取的还需提供婚姻关系证明。

租赁廉租住房、公共住房：

a. 申请人身份证明；

b. 联机备案租赁合同、租金缴纳凭证。

（2）购房提取

① 提取条件：非贷款购买具有所有权的商品住房、经济适用住房、公有住房以及拆迁安置住房等自住住房，不包括：A. 购买写字楼、商住楼、办公、商铺、车库等非自住住房的；B. 以赠与、继承等方式无偿取得住房所有权的。

② 提取额度：购买自住住房的，提取金额不应大于实际支付的购房款（共同购买住房的，不应大于共有权人实际占有份额）。

③ 提取次数：每个职工家庭、每套住房可提取一次。购买本地商品房（经济适用房）以《商品房买卖合同》签订之日起 2 年内为办理住房公积金提

取业务有效时限，且房款未付清的，逾期不再追溯办理，所购住房可提取一次住房公积金用以支付房款。

④ 提取对象：职工家庭。

⑤ 办理材料：

A.《提取住房公积金个人授权承诺书》。

B. 身份证明。

C. 配偶提取的还需提供婚姻关系证明。

D. 关联卡。

E. 按房屋性质不同分别提供以下材料：

a. 购买新建自住住房的，应提供登记备案的商品房买卖合同或不动产权（房屋所有权证）、购房款发票或契税完税证明；

b. 购买再交易自住住房的，应提供交易过户后的不动产权证书（房屋所有权证）、契税或增值税发票；

c. 购买保障性住房的，应提供准购证明文件购房合同（协议）或不动产权证、购房款发票；

d. 购买拆迁安置住房的，应提供拆迁补偿安置合同（协议）或不动产权证书、购房款发票；

e. 购买公有住房的，应提供公有住房出售合同（协议）或不动产产权证书、购房款发票；

f. 购买拍卖住房的，应提供房屋拍卖成交确认书、不动产产权证书、购房款发票；

g. 购买异地自住住房的，应提供登记备案的商品买卖合同或不动产权证书（房屋所有权证）、购房款发票或契税完税证明。

（3）还贷提取

① 提取条件：有商业银行住房贷款或异地公积金中心贷款且尚未结清。

② 提取额度：累计提取金额不应大于贷款本息总额。

③ 提取时限：3个工作日。

④ 提取对象：借款人及其配偶（共同还款人）。

⑤办理材料：

A.《提取住房公积金个人授权承诺书》。

B. 身份证明。

C. 配偶提取的还需提供婚姻关系证明。

D.《借款合同》。

E. 个人征信报告（需借款人现场授权查询）；征信报告无法查到相关借款信息的，须提供近期还款凭证。

F. 关联卡。

（4）销户提取

① 提取条件：

因离职办理销户提取：与单位终止（解除）劳动关系未再就业且封存满6个月。

因离、退休办理销户提取：职工已办理离休、退休的。

因死亡办理销户提取：死亡或者被宣告死亡。

② 提取对象：职工本人。

③ 办理材料：

因离职办理销户提取:《提取住房公积金个人授权承诺书》；身份证明；解除劳动关系备案登记手续（社保共享数据验证职工终止劳动关系或养老保险转为个人缴交的，职工所在单位因撤销、解散、企业破产等原因转入托管或因弃管、注销等其他原因转入调查代管的，免予提供解除劳动关系证明）；关联卡。

因离、退休办理销户提取:《提取住房公积金个人授权承诺书》；身份证明；退休证或退休审批表［退休信息与社保联网信息相符或提取人达到法定退休年龄（男60周岁、女55周岁）且个人公积金账户已封存的，免予提供退休证或退休审批表］；关联卡。

因死亡或者被宣告死亡提取：第一顺序继承人持本人身份证明、相关关系证明以及下列材料：

A.《提取住房公积金个人授权承诺书》；

B.死亡证明或宣告死亡证明（医疗机构出具的死亡证明，或公安部门出具的注明死亡日期的户籍注销证明，或人民法院宣告死亡的判决书等）；

C.关联卡：提取申请人无职工关联卡或银行储蓄卡的，应提供继承权或者受遗赠权的公证书或者法院判决书、裁定书、调解书（职工公积金账户余额不超过3万元的免予提供），以及继承人或受遗赠人本市银行I类储蓄卡。

（三）公积金异地转移

1. 申请条件

截至办理前已连续缴纳哈尔滨住房公积金满半年，在异地封存满半年。

2. 申请材料

无须上传材料，选择转出中心并输入原个人账号及原单位名称及手机号后提交即可。

3. 办理场所

线上："哈尔滨住房公积金管理中心"微信公众号。

线下：哈尔滨市南岗区三姓街68号。

4. 办理时间

工作日8：30—16：30。

5. 办理流程

关注"哈尔滨住房公积金管理中心"微信公众号—绑定账户—返回立即办—其他—异地转移申请，按要求填写后提交等待审核即可。

6. 收费标准

不收费。

7. 咨询方式

关注"哈尔滨住房公积金管理中心"微信公众号留言咨询，或拨打哈尔滨市住房公积金管理中心电话咨询：0451-12329。

答疑解惑

Q1：如何查询自己的社保缴纳证明？

A1：【养老保险】

注册登录国家社会保险公共服务平台（http://si.12333.gov.cn/index.jhtml）—选择"个人登录"—进入"在线服务"—点击"社会保障"—点击"个人社保参保证明查询打印"—选择"黑龙江省—哈尔滨市—南岗区"—点击"查询"—"下载查询结果"即可。

【医疗保险】

注册登录黑龙江医保服务平台网上服务大厅（http://112.103.232.225:8890/hallSt/web/hallEnter/#/Index）—选择"医疗个人信息"—参保缴费信息查询—选择"职工缴费"—选择"年度"—查询打印即可。

Q2：如何将本市的养老保险转移至其他城市？

A2：跨省转移：登录"电子社保卡"微信小程序—"养老保险关系转移申请"—"我要申请"—"企业职工基本养老保险关系转移申请"—"我要申请"—按要求填报后提交即可。

备注：职工须在新就业地（转入地）办理参保手续后，才可申请转移。点击"进度查询"可查询办理进度。

省内转移：企业职工养老保险跨机构迁移业务办理在原参保地区停保后，新参保地单位或个人登录黑龙江省人力资源和社会保障公共服务平台操作。参保单位点击"跨机构企业职工恢复缴费办理"进行申办；个人点击"跨机构以灵活就业人员身份续保办理"进行申办。

备注：可通过"用户中心"查询办理进度和审核结果，审核通过后即实现个人账户跨机构迁移。

Q3：电子社保卡与实体卡有区别吗？

A3：电子社保卡与实体社保卡一一对应、功能相通。持卡人可根据应用场景和个人偏好选择使用实体卡或电子卡。实体社保卡需携带并通过社保卡读写终端使用。电子社保卡已加载至手机中，可以结合扫码终端，通过主扫（使用电子社保卡的"扫一扫"）、被扫（出示电子社保卡二维码）使用，也可以仅在手机上进行线上业务操作使用。

Q4：在异地产生住院费用如何报销？

A4：哈尔滨市统筹区域范围内定点医疗机构就医需持卡直接结算。未在定点医疗机构就诊的医疗费用，医保基金不予支付（急诊抢救除外）。异地就医需先办理异地就医备案后选择定点医院就诊，出院时持卡结算，无法联网结算的可留存医院相关票据回本市中国人寿保险公司各分公司经办窗口报销。

Q5：如何计算门诊报销费用？

A5：医保范围内，普通门诊统筹年度累计起付标准为400元，起付标准以上部分，一级及以下基层定点医疗机构支付比例为70%，二级定点医疗机构支付比例为60%，三级定点医疗机构支付比例为50%，退休人员按定点医疗机构级别相应提高5个百分点，统筹基金年度最高支付限额为3000元。

Q6：如何查询自己的公积金缴纳证明？

A6：公积金缴纳证明需线下开具，线上仅可查询缴费明细。

Q7：如何查询自己的公积金个人账号？

A7：关注"哈尔滨住房公积金管理中心"微信公众号，绑定个人账户后，选择在线查询，点击"个人账户基本信息查询"可得知上家单位信息及个人信息。

Q8：离开本市至外地的缴存职工，能否取出住房公积金？

A8：可以，与单位终止（解除）劳动关系未再就业且封存满6个月的可以提取，操作步骤：关注"哈尔滨住房公积金管理中心"微信公众号—"立即办"—"个人业务"—"与单位终止劳动关系封存满半年未再就业"—按要求填写提交即可。如特殊情况或线上不支持的需移至柜面办理。

Q9：职工个人账户在异地如何使用？

A9：自2023年1月1日起，职工个人账户实行异地免备案，即未申请异地备案的人员在异地可直接结算定点医药机构均可直接使用个人账户。长期异地备案人员也可选择提取个人账户。本人或代办人到各级经办窗口进行银行账户信息维护即可。

Q10：异地门诊共济如何结算？

A10：已办理异地备案的参保人可在就医地已开通普通门诊直接结算服务的医疗机构就医，符合医保范围内的就诊费用按参保地正常直接结算。

备注：未在异地联网医疗机构直接结算的门诊费用，回参保地不予支付。

上　海

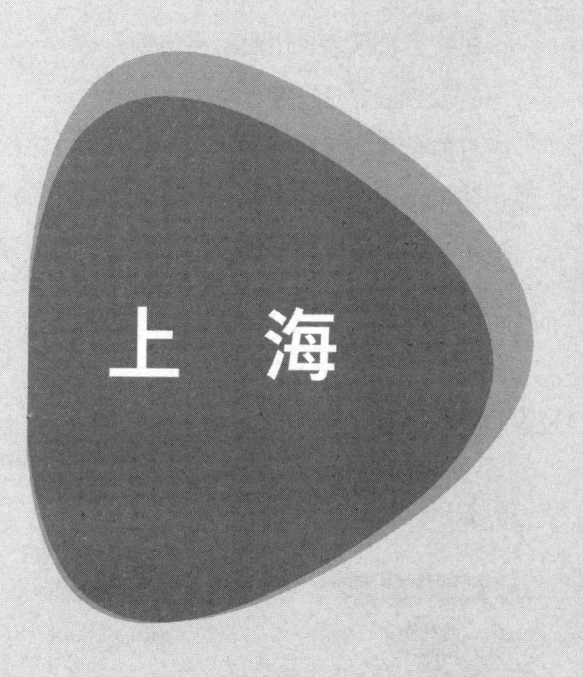

一、社会保障

（一）社会保障卡办理、申领流程

1. 就近社区事务中心网点申领

2. 就近服务银行网点申领

目前参与新版社保卡申领的银行有 11 家，包括：中国工商银行、中国农业银行、中国建设银行、中国邮政储蓄银行、交通银行、中国银行、招商银行、中国光大银行、上海银行、上海浦东发展银行、上海农村商业银行。

3. 网上自助申领

（1）登录支付宝 APP，将左上角城市定位到上海，搜索框输入"社保卡"，选择并进入"新版社保卡"小程序，点击申领，按照提示操作。

（2）登录"上海市民信息服务网"（https://www.962222.net/），首页搜索"新版社保卡"，按照提示操作。

（3）下载随申办市民云 APP，在搜索框搜索"新版社保卡"，按照提示操作。

随申办市民云 APP

温馨提示：

（1）职工参保次月可申请制卡，制卡期间职工社保状态须保持正常；制卡申请信息内手机号码必须是真实有效的。

（2）本市户籍可以旧版社保卡换发新版社保卡，可在就近服务银行网点、社区事务受理中心即时换领。

（3）市信息服务中心会在核验通过之日起30日内，完成社会保障卡的制作和发放。

（4）社保卡线下受理网点可登录"上海市民信息服务网"或关注"上海社保卡"微信公众号进行查询。

（二）社会保障卡发卡进度查询方式

1. 关注"上海社保卡"微信公众号，查询制卡进度。

"上海社保卡"微信公众号

2. 登录"上海市民信息服务网"，首页点击"社保卡"—"办理进度"，查询制卡进度。

（三）社会保障卡补办方式

本人携带有效身份证件至社区网点、指定银行网点即时补换。

温馨提示：

（1）全市社区网点、指定银行网点均可受理即时补换，立等可取。

网上服务平台可受理补换申请，由市制卡中心制发卡。

（2）持卡人变更姓名、社会保障号码、照片、服务银行信息，须先到原服务银行办理注销手续，再重新办理申领手续。

（3）全市社区网点、指定银行网点可使用"上海社保卡"微信公众号查询。

二、医疗

（一）医保费用报销比例

1. 门诊

表7-1　企业在职人员门诊报销比例

人群分类	账户段	自负标准（起付线）	共付段报销比例		
^	^	^	一级医院	二级医院	三级医院
44岁及以下	使用当年个人账户资金	1500元	65%	60%	50%
45岁至退休	^	^	75%	70%	60%

备注：门急诊自付段以及共付段医疗费用由医保基金支付后，其余部分的医疗费用，如个人医疗账户有历年结余资金的，先由历年结余资金支付，不足部分由参保人员自付。

来源：《上海市医疗保障局关于本市基本医疗保险2023医保年度转换有关事项的通知》

2. 住院

起付标准为1500元，超过起付标准的费用可以由医疗保险按比例支付，比例如下：

表 7-2

起付标准	最高支付限额	支付标准	支付比例
1500元	59万元	起付标准以下	由个人医疗账户历年结余资金支付（不足部分由职工自付）
		起付标准以上，最高支付限额以下	统筹基金支付85%，统筹基金支付后，其余部分的医疗费用，由个人医疗账户历年结余资金支付，仍不足支付的，由在职职工自付
		最高支付限额以上	附加基金支付80% + 个人自付20%

来源：《上海市医疗保障局关于本市基本医疗保险2023医保年度转换有关事项的通知》

（二）本地医保报销方式

1.持卡就医即时报销；

2.未持卡就医，除急诊外无法报销；

3.异地就医，职工办理了就医关系转移（异地安置），发生的医疗费用可以回上海进行手工报销，部分地区支持异地刷卡结算；

4.异地就医，职工未办理就医关系转移，在异地发生的医疗费用，仅急诊（含急诊住院）可进行手工报销，普通门诊住院费用不可享受医疗待遇。【7-1】

（三）本地医保报销流程

1.门急诊医疗费报销

申请门急诊医疗费报销，参保人应携带有效证件（身份证、户口簿等）、社保卡或医保卡、门诊医疗费专用收据、急诊医疗费专用收据、相关病史材料及复印件、《门急诊就医记录册》急诊附页及复印件（就医关系为本市的人员在本市医保定点医疗机构发生的医疗费）。如医保卡报损，还需提供《医疗保险卡损坏告知单》。

2. 留院观察费用报销

申请住院及急诊观察室留院观察费用报销，参保人应提供医疗费专用收据、住院期间的医疗费用清单（急诊观察室留院观察医疗费清单）及复印件、出院小结及复印件。

3. 门诊大病医疗费零星报销

申请办理门诊大病医疗费零星报销，参保人应提供门诊医疗费专用收据、疾病诊断证明书及复印件，相关检查报告及复印件。

（四）异地医保报销流程

1. 长期居住外省市的参保人员，应携带本人身份证（委托他人代办的，还需提供代办人、委托人身份证）、社保卡或医保卡、定居外地的证明（如外地户主户籍证明复印件等），中小学生和婴幼儿还需提供外省市就读学校证明，到邻近区县医保事务中心或街道（乡镇）医保服务点办理就医关系转外省市手续。

2. 本市参保在职人员在外地出差期间，在当地医保定点医院或卫生行政部门批准成立的乡卫生院以上的医院就医，发生的符合基本医保规定的急诊（包括急诊住院）医疗费用可由参保人现金垫付，事后可到邻近区县医保事务中心或街道医保服务点（代办）申请报销（在医院开具医疗费收据之日起6个月内提出申请）。报销时，应当携带本人身份证（委托他人代办的，还需提供代办人有效证件）、社保卡或医保卡、医疗费原始收据、相关病史材料及复印件（住院需要出院小结及复印件和医疗费清单及复印件）。市直属单位的参保人员，应到市医保事务中心申请零星报销。

3. 有4类人群可以办理医保异地就医直接结算，分别为异地安置退休人员，退休后在异地定居并且户籍迁入定居地的人员；异地长期居住人员，在异地居住生活且符合参保地规定的人员；常驻异地工作人员，在异地居住生活，且符合参保地规定的人员；异地转诊人员，当地医院无法治疗或未治愈，需要异地就医且当地医院开具了转诊证的患者。

办理医保异地就医直接结算需符合：

（1）参保人员已按参保地相关规定，办理跨省异地就医登记备案。

（2）住院就医的异地医院已开通全国异地就医直接结算。

（3）已办理过社会保障卡，信息完整可正常就医使用。

三、生育

（一）生育待遇包含的项目

1. 生育生活津贴；
2. 生育医疗费补贴。

（二）实时结算项目

不涉及。

（三）手工报销项目

生育生活津贴和生育医疗费补贴。

（四）生育保险报销

1. 上海生育保险报销标准

生育津贴＝生育生活津贴＋生育医疗费补贴（4200元）

生育生活津贴＝单位上年度月平均工资÷30（天）×产假天数（158天）

生育医疗费补贴为：

（1）妊娠7个月（含7个月）以上生产或者妊娠不满7个月早产的，生育医疗费补贴为4200元，其中危重孕产妇生育医疗费补贴按8000元计发；

（2）妊娠4个月（含4个月）以上7个月以下自然流产的，生育医疗费补贴为700元；

（3）妊娠4个月以下自然流产或者患子宫外孕的，生育医疗费补贴为500元。

2. 上海生育保险报销材料

（1）身份证件：本人有效身份证明原件、双方结婚证、户口本原件。

（2）计划生育材料：本人签署的符合计划生育政策规定的承诺。

（3）生育医学材料：在本市生育的，需携带医疗机构出具的《生育医学证明》原件和注明产妇生育情况的出院小结或住院病历；在外省市生育的，需携带有资质的医疗机构出具注明产妇生育情况（难产、顺产或流产）的出院小结（或者病历）和婴儿《出生医学证明》复印件；在国外或我国香港、澳门、台湾地区生育的，须携带当地医疗机构出具的注明产妇生育情况（难产、顺产或流产）的病历等材料复印件。

（4）银行账户材料：有效的本人实名制银行借记卡。

3. 其他相关材料说明

（1）委托书和被委托人身份证（他人代办）；

（2）《士兵证》或《军官证》（男方为军人）；

（3）医院出具的注明产妇生育情况（难产、顺产或流产）的出院小结和婴儿《出生医学证明》；

（4）计划内生育，本市户籍需提供《再生育子女告知书》及《再生育子女补办证明》，外省市户籍需提供《上海市流动人口一孩生育服务登记证明》或户籍地乡（镇）人民政府、街道办事处计划生育行政部门出具的允许生育的证明；

（5）《生育保险待遇申领表（农保）》（本市农村妇女）；

（6）《外商投资企业从业人员缴费基数明细表》（外商投资企业中生育妇女）。

4. 上海生育保险报销流程

（1）线下

符合政策规定条件的生育妇女，可自行前往全市各街镇社区事务受理服务中心、各区医疗保险事务中心，办理生育保险待遇申领手续（携带上述文中所述材料）。

（2）线上

下载登录随申办市民云 APP，进行网上自助申请。

随申办市民云 APP

① 2016 年 7 月 1 日后生（流）产的孕产妇本人通过随申办市民云 APP 系统认证后，登录 APP 申领。

② 申请人登录系统完成身份认证后，系统根据预留的身份证号、姓名进行预填。

③ 申请人根据生（流）产情形和生（流）产地点选择，并进入下一步操作。

④ 申请人填写联系电话、联系地址、邮编等信息，并填入生（流）产医疗机构名称、分娩或流产方式、孕期的信息或通过系统成功获取的生育证明电子证照，根据照面由系统填入。

⑤ 申请人根据系统提供的 15 家银行选择本人持有的实名制银行借记卡，填写银行开户行和账号信息。

⑥ 阅读完成个人承诺书后，签字确认。

⑦ 根据生（流）产情形和地点拍照上传对应材料，有电子证照的材料可直接调用。

⑧ 完成信息填报并上传材料后，线上申请完成。

四、工伤

（一）工伤定点医院

查询网址：上海一网通办（https://ywtb.sh.gov.cn/ac-product-net/YBYYQuery/index.do）。

（二）工伤待遇

表 7-3　工伤保险待遇享受明细

序号	项目	计算标准	支付单位
1	医疗费	凭票据据实结算	工伤保险基金
2	住院伙食补助费	每人每天30元左右	工伤保险基金
3	交通费、食宿费（统筹地区外就医）	食宿费：每人每天150元左右；交通费：实报实销	工伤保险基金
4	康复治疗费	凭票据据实结算	工伤保险基金
5	辅助器具费	由社保经办机构与器具配置机构结算	工伤保险基金
6	工伤复发待遇	工伤复发享受工伤医疗费、辅助器具费、停工留薪待遇	工伤保险基金/用人单位
7	停工留薪工资、社保等待遇	原工资福利待遇不变（用人单位应照常发工资、缴纳社保等）停工留薪期内工资=原工资水平×停工留薪期（一般为12个月，特殊情况最长不超过24个月）	用人单位
8	护理费（停工留薪期内）	用人单位负责护理，用人单位未安排护理的，应支付护理费	用人单位

上 海

续表

序号	项目	计算标准	支付单位
9	劳动能力鉴定费	鉴定费350元，检查费以票据为准	工伤保险基金
10	每月伤残津贴（一级至四级伤残）	每月伤残津贴=本人月工资水平×发放比例（一级伤残发放比例为90%，二级伤残发放比例为85%，三级伤残发放比例为80%，四级伤残发放比例为75%）	工伤保险基金
11	每月伤残津贴（五级至六级伤残）	每月伤残津贴=本人月工资水平×发放比例（五级伤残且无法安排新工作发放比例为70%，六级伤残且无法安排新工作发放比例为60%）	用人单位
12	每月生活护理费（停工留薪期后）	护理费=上海市上年度全市职工月平均工资×发放比例（完全不能自理发放比例为50%，大部分不能自理发放比例为40%，部分不能自理发放比例为30%）	工伤保险基金
13	一次性伤残补助金	一次性伤残补助金=本人工资×发放月数（一级伤残发放27个月，二级伤残发放25个月，三级伤残发放23个月，四级伤残发放21个月，五级伤残发放18个月，六级伤残发放16个月，七级伤残发放13个月，八级伤残发放11个月，九级伤残发放9个月，十级伤残发放7个月）	工伤保险基金
14	一次性工伤医疗补助金	一次性工伤医疗补助金=上海市上年度全市职工月平均工资×发放月数（劳动关系终止时发放，其中，五级伤残发放18个月，六级伤残发放15个月，七级伤残发放12个月，八级伤残发放9个月，九级伤残发放6个月，十级伤残发放3个月）	工伤保险基金
15	一次性伤残就业补助金	一次性伤残就业补助金=上海市上年度全市职工月平均工资×月数（劳动关系终止时发放，其中，五级伤残发放18个月，六级伤残发放15个月，七级伤残发放12个月，八级伤残发放9个月，九级伤残发放6个月，十级伤残发放3个月）	用人单位
16	丧葬补助金	丧葬补助金=上海市上年度全市职工月平均工资×6	工伤保险基金
17	一次性工亡补助金	一次性工亡补助金=上年度全国城镇居民人均可支配收入×20	工伤保险基金

续表

序号	项目	计算标准	支付单位
18	每月供养亲属抚恤金	配偶：工亡职工本人月工资×40% 其他亲属：工亡职工本人月工资×30%，孤寡老人或者孤儿：前述标准基础上增加10% 备注：核定的各供养亲属的抚恤金之和不应高于工亡职工生前的工资	工伤保险基金

来源：《上海市工伤保险实施办法》[7-2]

（三）申报工伤认定材料

1. 职工死亡的，提交死亡证明；

2. 在工作时间和工作场所内，因履行工作职责受到暴力等意外伤害的，提交公安部门的证明或者其他相关证明；

3. 因工外出期间，由于工作原因受到伤害或者发生事故下落不明的，提交公安部门或者相关部门的证明；

4. 在上下班途中，受到非本人主要责任的交通事故或者城市轨道交通、客运轮渡、火车事故伤害的，提交公安、交通管理部门或者其他相关部门的证明；

5. 在工作时间和工作岗位，突发疾病死亡或者在48小时之内经抢救无效死亡的，提交医疗机构的抢救证明或者其他相关证明；

6. 在抢险救灾等维护国家利益、公共利益活动中受到伤害的，提交民政部门或者其他相关部门的证明；

7. 在服役期间因战、因公致残的军人，退出现役到用人单位后旧伤复发的，提交《中华人民共和国残疾军人证》；

8. 根据实际情况需提供的其他相关材料。

（四）停工留薪期

1. 从业人员需要暂停工作接受工伤治疗的，自其停止工作至重返岗位或者劳动能力鉴定结论作出期间为停工留薪期。

2.在停工留薪期内，原工资福利待遇不变，由所在单位按月支付。工伤职工评定伤残等级后，停发原待遇，按照《工伤保险条例》的有关规定享受伤残待遇。

3.停工留薪期的期限一般不超过12个月，伤情严重或情况特殊，经设区的市级劳动能力鉴定委员会确认，可以适当延长，但延长不得超过12个月，即停工留薪期最长不超过24个月。

温馨提示：这里的期限仅指单次工伤所享有的，并非累计时长。如果职工再次受伤或者工伤复发，可以按照《工伤保险条例》的规定，重新享受停工留薪期待遇。

五、失业

（一）失业金申领时间及周期

终止或解除劳动关系之日起30日内办理。

（二）失业金发放标准

表7-4

领取时间	发放标准
第1—12个月领取失业保险金的失业人员	失业保险金发放标准为2175元/月
第13—24个月领取失业保险金的失业人员	失业保险金发放标准为1740元/月
延长领取失业保险金的失业人员	失业保险金发放标准为1510元/月

来源：《上海市人力资源和社会保障局关于调整本市失业保险金支付标准的通知》

（三）失业金申领

1. 人员范围

年满 16 周岁（含）依法享受基本养老保险待遇（含城乡居民养老保险待遇）。

就业地或参保地在本市指劳动者无业前在本市办理过就业登记或参加过社会保险，可在本市办理失业登记。我国香港特别行政区、澳门特别行政区居民和台湾地区居民（以下简称港澳台居民）参照执行。

2. 失业登记的渠道

（1）线下渠道为街道（乡镇）基层公共就业服务机构，以及受区人力资源和社会保障部门委托承担残疾劳动者失业登记工作的残疾人就业服务机构。

（2）线上渠道为本市办理失业登记的网站、手机客户端、微信等应用平台，以及人力资源社会保障部开设的失业登记全国统一服务入口等，目前主要渠道如下：

① 下载上海人社 APP：选择"业务经办"—"就业创业"—"就业失业登记"；

② "上海发布"微信公众号、"随申办"微信小程序、随申办 APP 及"随申办"支付宝小程序；

③ 全国人力资源和社会保障政务服务平台（https://www.12333.gov.cn）或掌上 12333APP。

3. 失业登记材料

（1）线下渠道办理失业登记的劳动者应提供本人有效身份证件，填写《失业人员登记表》，提供个人基本信息和失业原因，并由本人对所填写信息的真实性作出承诺。

（2）线上渠道办理失业登记的劳动者应提供本人有效身份证件信息，填写《失业人员登记表》相关信息，提供个人基本信息和失业原因，并由本人对填写信息的真实性作出承诺。其中，内地（大陆）居民的有效身份证件指劳动者的居民身份证或社会保障卡（实体证件或电子证照）；港澳台居民的有效身份证件是指港澳台居民居住证或社会保障卡、港澳居民来往内地通行证。

六、退休

非本市户籍的一般账户人员在满足退休的基本条件下，最后缴纳地为上海且缴费满10年，可以在上海申领养老金（曾在其他省份缴纳的社保需转移至上海）。

女性40周岁前、男性50周岁前在上海可建立一般账户，其他情形为临时账户。【7-3】

七、公积金

（一）公积金提取条件

1. 租赁提取

职工租赁住房办理过网签备案，申请人在本市连续缴存住房公积金满3个月，本市无自有住房公积金贷款。

2. 购房提取

购买本市拥有所有权的自住住房，或房屋所在地为职工本人或配偶或直系血亲户籍地，无住房公积金贷款。

3. 离职提取

外省市户籍职工未在异地继续缴存公积金且与本市单位终止劳动关系，本市住房公积金账户连续封存、社会保险连续停缴满半年及以上，且无住房公积金贷款、无提取住房公积金归还住房贷款委托及其他生效中的提取业务的，可以申请提取本人住房公积金账户余额。

（二）公积金提取金额

1. 租赁提取

未经租赁平台办理网签备案的，每户家庭（含单身家庭）月提取金额不超过当月实际房租支出，最高月提取限额为 3000 元；经住房租赁公共服务平台办理网签备案的职工申请提取住房公积金支付房租的，每户家庭（含单身家庭）月提取金额不超过当月实际房租支出，最高月提取限额为 3000 元。

温馨提示：提取频次以季度为单位，即单次提取金额不超过 3 个月的提取限额。

2. 购房提取

购买所有权自住住房提取住房公积金额度为截止到房产证发证日当月个人的住房公积金账户余额，且不得大于购房款总额。

（三）公积金异地转移

职工在本市设立住房公积金账户并稳定缴存住房公积金半年以上的，可向上海市公积金管理中心申请通过全国住房公积金异地转移接续平台将在外省市缴存的住房公积金转移到本市。操作办法详见下图：

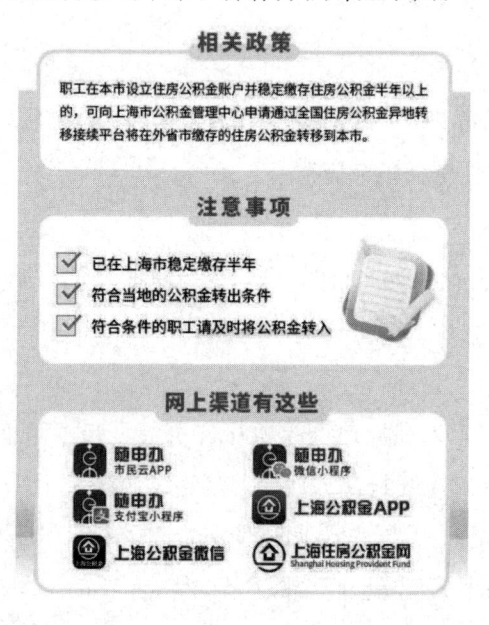

相关政策

职工在本市设立住房公积金账户并稳定缴存住房公积金半年以上的，可向上海市公积金管理中心申请通过全国住房公积金异地转移接续平台将在外省市缴存的住房公积金转移到本市。

注意事项

- ☑ 已在上海市稳定缴存半年
- ☑ 符合当地的公积金转出条件
- ☑ 符合条件的职工请及时将公积金转入

网上渠道有这些

- 随申办 市民云 APP
- 随申办 微信小程序
- 随申办 支付宝小程序
- 上海公积金 APP
- 上海公积金微信
- 上海住房公积金网 Shanghai Housing Provident Fund

答疑解惑

Q1：如何查询自己的社保缴纳证明？

A1：①关注"上海人力资源和社会保障"微信公众号。点击左下角"人社服务"—人社随申办—参保人员城镇职工基本养老保险缴费情况，查询即可拉取近60个月的缴费明细。

②下载上海人社APP，实名认证登录—业务经办—CA证书登录/电子社保卡登录—社会保险—城保缴费查询—养老保险缴费情况查询，可查询2011年以后的社保记录，不包含补缴。

Q2：社保和公积金每年几月开始调整基数？

A2：社保：每年4—6月申报工资基数（具体时间以官方公告为准），7月调整生效；

公积金：每年7月申报，当月调整生效。

Q3：在异地产生住院费用如何报销？

A3：未办理异地安置的职工在外省市发生的医疗费用仅急诊和急诊住院可报销，在发票开具之日起6个月内携带身份证、社保卡、银行卡、急诊观察室留院观察医疗费专用收据、出院小结、病历（病史材料）、费用明细至上海就近医疗事务中心办理零星报销。

Q4：如何查询自己的公积金个人账号及公积金缴纳证明？

A4：关注"上海公积金"微信公众号—点击"随申办"—账户查询—住房公积金账户信息/住房公积金账户明细查询。

Q5：离开本市至外地的缴存职工，能否取出住房公积金？

A5：职工在上海的社保及公积金均连续停缴满半年及以上同时在外省市也未缴费的，且在上海无公积金贷款及其他生效中提取业务的，可以申请提取本人公积金账户余额。

备注：由于全额提取条件较难满足，建议在外省市缴存公积金后直接办理跨省转移。

Q6：上海居住证积分申请条件是什么？

A6：①申请职工须持有《上海市居住证》，在上海市合法稳定居住；

②申请当月应处于就业及缴纳本市职工社会保险状态，且前12个月内累计缴纳本市职工社会保险费满6个月（不含补缴）；

③申请人通过上海市居住证积分管理信息系统进行网上模拟估分且满足标准分值。

参考内容

【7-1】《上海市医疗保障局关于印发〈上海市职工基本医疗保险办法实施细则〉的通知》（沪医保规〔2020〕9号）

【7-2】《上海市工伤保险实施办法》（上海市人民政府令93号）

【7-3】《国务院办公厅关于转发人力资源社会保障部财政部城镇企业职工基本养老保险关系转移接续暂行办法的通知》（国办发〔2009〕66号）

南 京

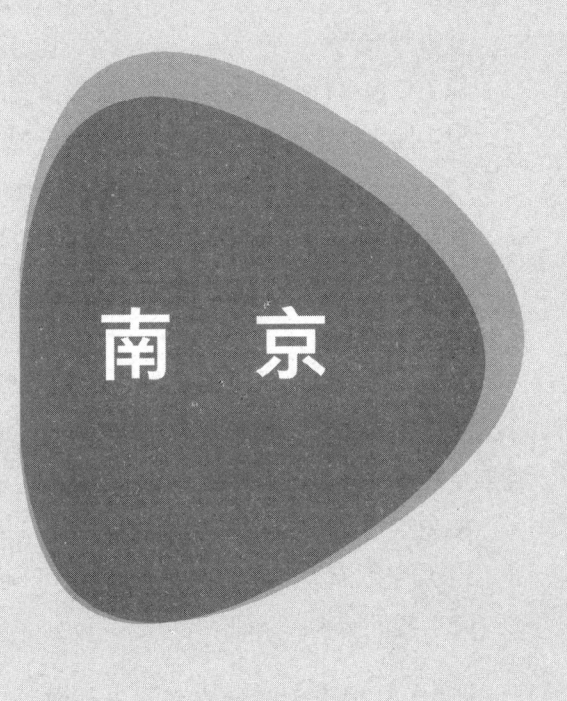

一、社会保障

（一）社保卡办理流程（仅适用于未有制卡记录的）

1. 办理方式

职工柜台自行办理或个人网上办理：

（1）网上办理：登录我的南京 APP—智慧人社—社会保障卡—首次申领。

（2）线下办理：职工自行前往就近的社保局或者制卡网点进行制卡。

制卡网点：https://jshrss.jiangsu.gov.cn/art/2024/8/5/art_74429_11315730.html。

2. 办理所需材料

（1）身份证；

（2）一张彩色电子照片 [照片尺寸为 358×441（宽 × 高）像素，照片大小为 15—100KB，照片格式为 .jpg 或 .png，照片必须为红、白、蓝纯色背景，近期免冠照片，清晰不模糊，不可以有白边]。

3. 南京社保卡制卡周期

（1）网上申请：一般为 35 天，可由 EMS 免费邮寄到家（南京市内）。

（2）线下制卡：立即下卡。

（二）社保卡金融账户激活（开通）

需职工携带社保卡去社保卡对应的银行开通金融账户。

（三）社保卡挂失及补办

1. 办理流程

线上：我的南京 APP—智慧人社—挂失—补卡；

线下：去就近的社保局进行补办。

2. 补办材料

本人身份证原件。

3. 办理时限

现场制卡当天下卡，网上制卡 35 日左右。

4. 办理费用

首次申请及补卡均无费用。

（四）社保卡的使用

1. 药店买药及门诊就医

职工可持社保卡直接在南京市定点零售药店和定点医疗机构刷取社保卡个人账户余额买药就医。

2. 住院就医报销

职工持身份证和社保卡可在南京市内任何一家定点医疗机构住院就医，出院时直接刷卡结算即可。

定点医疗机构查询：登录南京市医疗保障局官网（https://ybj.nanjing.gov.cn），进入首页右下角的"业务平台"板块，查询，输入您拟就医的医疗机构查询其是否为医保定点。

二、医疗

（一）医保费用报销比例

1. 门诊

在一个自然年度内，参保人员在定点机构门诊统筹发生的符合规定的医疗费用，由统筹基金和个人共同负担。其中，需个人先行支付的部分，由个人先按规定比例自付后，再按照规定的待遇政策执行。实行分段计算、累加支付。

表 8-1 门诊统筹待遇

按待遇政策执行的医保范围内的费用	就诊类别	医保基金支付比例			
^	^	在职	退休（职）		新中国成立前老工人
^	^	^	70岁以下	70岁（含以上）	^
0—1000元（含）	社区	50%	55%	60%	100%
^	非社区	40%	45%	50%	95%
1000（不含）—5000元（含）	社区	70%	80%	85%	100%
^	非社区	60%	70%	75%	95%
5000（不含）—15000万元（含）	社区	75%	85%	90%	100%
^	非社区	65%	75%	80%	95%

来源：《南京市职工基本医疗保险门诊共济保障机制实施办法》，个别文字有修改

例如：在职职工在非社区购买某药，药品单价13015.2元，医保支付标准12364.44元，自付比0.3。

按待遇政策执行的医保范围内费用：

12364.44×0.7≈8655.11元。8655.11元按门诊统筹待遇比例基金支付。

医保基金支付：

0—1000元（含）：1000×0.4=400元

1000（不含）—5000元（含）：4000×0.6=2400元

5000（不含）—15000元（含）：(8655.11-5000)×0.65≈2375.82元

医保基金累计支付：

400+2400+2375.82=5175.82元

个人支付：

13015.2-5175.82=7839.38元

门诊统筹实行以社区卫生服务机构为主的首诊、转诊制。参保人员可在城镇职工基本医疗保险定点社区卫生服务机构或参照社区管理的医疗机构进行首诊；专科医院可作为全体参保人员首诊医疗机构。参保人员需转诊的，由首诊医疗机构负责转诊，急诊、抢救不受此限制。

2.住院

参保人员发生的住院费用，一个自然年度内，基本医疗保险统筹基金最高支付60万元。起付标准和乙类药品、诊疗项目、服务设施个人按比例负担部分及基本医疗保险范围外的费用，先由个人自付，其余费用由统筹基金和个人共同分担。

表 8-2　住院待遇标准

医疗机构等级	费用段及个人分担比例			
^	起付标准	起付标准以上至统筹基金最高支付限额以下	
^	^	在职	退休（职）
一级	300元	3%	2%
二级	500元	5%	3%
三级	1000元	10%	7%
备注	一个自然年度内第二次住院的，起付标准降低50%；第三次及以上住院的，免除起付标准； 新中国成立前参加革命工作的退休老工人分担比例为在职职工的10%； 因门诊特殊病病种住院的，不设住院起付标准			

来源：南京市医疗保障局《住院医疗费用结算》，个别文字有修改

例如：某退休参保人员今年首次住三级医院，住院总费用16000元，其中住院费用明细清单右栏个人自理（自付）部分为950元（是指乙类药品、诊疗项目、服务设施个人按比例负担部分和基本医疗保险范围外的费用）。该参保人按医保政策个人应负担多少？

（1）住院费用明细清单右栏个人自理（自付）部分为950元需个人全部负担；

（2）首次住院，三级医院的起付标准为1000元；

（3）基本医疗保险范围内的费用个人需分担（16000-950-1000）×7%=983.5元。

综上，该参保人员此次住院个人负担950+1000+983.5=2933.5元。

（二）本地医保报销流程

1. 门诊报销时需携带的材料

（1）身份证或社会保障卡的原件。

（2）定点医疗机构专科医生开具的疾病诊断证明书原件。

（3）门诊病历、检查、检验结果报告单等就医材料原件。

（4）财政、税务统一医疗机构门诊收费收据原件。

（5）医院电脑打印的门诊费用明细清单或医生开具处方的付方原件。

（6）定点药店：税务商品销售统一发票及电脑打印清单原件。

（7）如果是代人办理则需要提供代办人身份证原件。

带齐以上材料到当地社保中心相关部门申请办理，经审核，材料齐全、符合条件的，就可以即时办理。申请人办理门诊医疗费用报销时，先扣除本社保年度内划入医疗保险个人账户的金额，再核定应报销金额。

2. 住院医保报销流程及注意事项

（1）入院或出院时都必须持医疗保险IC卡到各定点医疗机构医疗保险管理窗口办理出入院登记手续。住院时个人先预交医疗费押金，出院结账后多退少补。未办理住院登记手续前发生的医疗费不纳入基本医疗保险支付范围。因急诊住院未能及时办理住院登记手续的，应在入院后次日凭急诊证明到医疗保险管理窗口补办住院手续（如遇节假日顺延），超过时限的医疗费自付。

（2）参保人员因病情需要转诊或转院的，须经三级以上定点医疗机构副主任医师或科主任诊断后提出转诊（院）意见，由所在单位填报申请表，经定点医疗机构医疗保险管理部门审核同意，报市（区）社保机构批准后办理转诊（院）手续。

（3）在定点医疗机构出院时，各定点医疗机构会按照相关政策计算医保报销金额和个人应该自付的金额，其报销金额由定点医疗机构和市区社会保险经办机构结算，个人应该自付的金额由定点医疗机构和参保人员本人结算。

3. 城镇职工基本医疗保险零星报销经办流程

（1）申请人递交材料—社会保险经办机构受理—审核申请材料—打印《南京市城镇职工基本医疗保险零星报销费用交接单》—反馈申请人—完成报销。

（2）用人单位递交申请材料（灵活就业人员申请材料由区社会保险经办机构汇总）—填写《南京市城镇职工基本医疗保险零星报销费用交接单》—市社会保险经办机构审核确认后，将交接单第三联反馈用人单位（区社会保险经办机构）—完成报销。

4. 城乡居民基本医疗保险零星报销流程

（1）办理地点。符合零星报销的参保居民可到户籍或居住地的基层经办机构办理。

（2）办理时需携带的材料。南京市民卡、身份证以及医疗费票据原件，报销住院费用还需携带出院小结、医疗费用明细清单；报销门诊大病、门诊精神病、抢救费用还需携带门诊病历；转往外地医院治疗的还需携带《转外地就诊申请表回执》。

（三）异地医保报销流程

1. 适用人群

因异地安置退休、异地长期居住、常驻异地工作（学习）、异地转外就诊原因按规定办理异地就医备案手续的南京市基本医疗保险参保人（以下简称参保人）。

2. 享受范围

办理异地就医后，参保地和异地就医备案地定点医疗机构和药店均可使用。

3. 生效时间

医保费用到账后，异地就医备案成功后，次日开始享受医疗待遇。

4. 报销比例

（1）已办理异地就医备案的：按参保地报销比例执行。

（2）未办理异地就医备案的：在异地医保定点医院发生的医疗费用可申请报销，报销比例降低20%。

5. 办理所需材料

（1）异地长期居住、异地安置退休人员：户口本、房产证、居住证或其他有效异地居住证明(任选其一)。

(2)异地工作人员:工商营业执照、劳动合同、用人单位出具的劳动关系证明或其他能够证明有合法稳定异地就业的材料(任选其一)。

(3)异地学习人员:学生证或就读学校、培训机构出具的其他能够证明连续异地就读的材料(任选其一)。

(4)转外就诊人员(因病需转异地就诊的人员):南京市三级医院主任或副主任医生推荐,医院医保办确认盖章的《转外就医备案表》。

6.办理流程

(1)长期驻外人员

线上:参保人员:我的南京APP—城市—健康—医保服务—异地就医备案。也可通过国家医保服务平台APP、"国家异地就医备案"微信小程序为本人或家人办理异地就医备案手续。其中,我的南京APP可以办理省内和跨省异地就医备案,国家医保服务平台APP、"国家异地就医备案"微信小程序只能办理跨省异地就医备案。

参保单位:可通过南京市医疗保障局官网,登录后为本单位职工办理异地就医备案登记。

线下:参保人可至市、区、街道各级医保经办机构柜台办理备案。

(2)异地转诊人员

①南京市三级医院主任医师或副主任医师根据参保人员病情填写《南京市基本医疗保险转外就医备案表》,并由医院审核盖章确认。

②参保人员将《南京市基本医疗保险转外就医备案表》就近送至各级医保经办机构登记;也可通过我的南京APP、国家医保服务平台APP、"国家异地就医备案"微信小程序申请备案登记。

③转外就医备案期限为1年,在有效期内,参保人员可多次就诊,周期结束后参保人员因病情需延期或变更转诊信息的,凭异地医院诊断证明、出院小结等医疗文件到南京市异地就医各级经办窗口或线上方式办理延期或变更。

(3)办理地点

①职工医保可至市、区、街道各级医保经办窗口办理,居民医保可至各

区医保经办窗口办理；

②异地就医（长期驻外人员），单位可在医保网办大厅进行异地就医备案；

③转外就医单位代办需要携带职工身份证原件、医院开具的转诊证明、职工委托书，到社保柜台办理。

三、生育

（一）生育待遇申领流程

由用人单位或者职工本人在职工休完产假后，向社保局提交申请材料申请受理。

（二）是否需办理生育备案

不需要。

（三）生育保险可享受的待遇

1. 产前检查费

在异地发生或因其他特殊情况未能划卡结算产前检查费用且符合享受生育保险相关待遇的参加生育保险女职工、男职工未就业配偶可申请报销产前检查费。

2. 生育医疗费

在异地发生因其他特殊情况未能划卡结算生育医疗费用且符合享受生育保险相关待遇的参加生育保险女职工、男职工未就业配偶可申请报销生育医疗费。

3. 计划生育医疗费

在异地发生因其他特殊情况未能划卡结算计划生育医疗费用且符合享受生育保险相关待遇的参加生育保险女职工、参加生育保险的男职工可申请报销计划生育医疗费。

4. 一次性营养补助

参加生育保险的女职工、参加生育保险的女职工失业后在领取失业金期间生育的可申请领取一次性营养补助。

5. 生育津贴

计发标准：生育津贴＝职工生育时用人单位上年度月平均工资÷30日×规定的假期天数。

温馨提示：男职工、未参保的男职工配偶不享受生育津贴。

6. 享受生育津贴的产假天数

表8-3

事 项	条 件	假 期	待 遇
单胎顺产	满7个月生产	158天	缴纳生育保险且符合申领条件的生育妇女，可申请领取待遇（含生育生活津贴、生育医疗费补贴），未缴纳生育保险的，由单位支付
	不满7个月早产		
难产	生产方式为剖宫产、助娩产	增加15天	
多胎	每多生育一胎	增加15天	
生育假	符合法律法规规定生育的夫妻	女方增加60天	
陪产假		男方享受15天陪产假	按正常出勤工资发放
流产	未满2个月流产的	20天	发放原则与生产地支付规定相同
	妊娠满2个月不满3个月流产的	30天	
	妊娠满3个月不满7个月流（引）产的	42天	
	妊娠满7个月引产的	128天	

来源：南京市鼓楼区社保局窗口

7. 下列假期是否包含休息日、法定假日

表 8-4

事　项	休息日	法定假日
产假（顺产、难产、多胎、流产）	包含	包含
生育假	包含	不包含，需顺延
陪产假	包含	不包含，需顺延

（四）享受生育保险待遇的条件

1. 符合国家、省、市生育政策规定；

2. 职工按时足额缴纳生育保险费；

3. 职工需连续不间断缴满生育保险 10 个月（补缴也算），满足条件者最好在休完产假的 3 个月内进行申请，如生育当月未缴满 10 个月，可等职工缴满 10 个月后再申请生育津贴和一次性营养补助（职工分娩 1 年内均可申请）如女方失业，则男方需满足上述条件进行生育津贴申请。

（五）生育待遇申领所需材料

1. 门诊病历、出院小结、医院收费票据、费用清单、计划生育手术记录等原始材料；

2. 结婚证；

3. 《南京市生育保险待遇社保表》；

4. 多胎需提供全部的出生医学证明；

5. 女方未就业无社保，女方户籍地街道或乡镇出具的无业和无保险证明（或就业失业登记证原件和复印件）。

四、工伤

（一）工伤定点医院

查询网址：南京市人力资源和社会保障局（https://rsj.nanjing.gov.cn/）。

（二）工伤待遇

表 8-5　工伤保险待遇享受明细

	支付项目	内容或标准
工伤保险基金支付的各项待遇	1.工伤医疗费	治疗工伤所需费用符合工伤保险诊疗项目目录、工伤保险药品目录、工伤保险住院服务标准的，从工伤保险基金中支付
	2.康复性治疗费	经分中心工伤科开具资格确认书后方可享受
	3.一次性伤残补助金	一级伤残：本人工资×27个月 二级伤残：本人工资×25个月 三级伤残：本人工资×23个月 四级伤残：本人工资×21个月 五级伤残：本人工资×18个月 六级伤残：本人工资×16个月 七级伤残：本人工资×13个月 八级伤残：本人工资×11个月 九级伤残：本人工资×9个月 十级伤残：本人工资×7个月
	4.一级至四级伤残职工的伤残津贴	一级伤残：本人工资×90% 二级伤残：本人工资×85% 三级伤残：本人工资×80% 四级伤残：本人工资×75%
	5.生活护理费	生活完全不能自理：本市上年度职工月平均工资×50% 生活大部分不能自理：本市上年度职工月平均工资×40% 生活部分不能自理：本市上年度职工月平均工资×30%

续表

支付项目	内容或标准
工伤保险基金支付的各项待遇 / 6.供养直系亲属抚恤金	按照工亡职工本人工资,配偶40%,其他亲属30%,孤寡老人或孤儿在此标准上增发10%,核定的各供养亲属抚恤金之和不大于本人工资
7.丧葬补助金	本市上年度职工月平均工资×6个月
8.一次性工亡补助金	上年度全国城镇居民人均可支配收入×20倍
9.一次性工伤医疗补助金	五级伤残:20万元 六级伤残:16万元 七级伤残:12万元 八级伤残:8万元 九级伤残:5万元 十级伤残:3万元
10.辅助器具配置费	经劳动能力鉴定后到分中心开具限额通知书后方可享受
11.住院伙食补助费	每人30元/天
12.劳动能力鉴定费	凭票报销
用人单位支付待遇 / 1.停工留薪期的工资福利待遇	原工资福利待遇不变,由所在单位按月支付
2.停工留薪期的生活护理费	生活不能自理的工伤职工在停工留薪期需要护理的,由所在单位负责
3.五级、六级伤残职工的伤残津贴	五级伤残:本人工资×70% 六级伤残:本人工资×60%
4.一次性伤残就业补助金	五级伤残:9.5万元 六级伤残:8.5万元 七级伤残:4.5万元 八级伤残:3.5万元 九级伤残:2.5万元 十级伤残:1.5万元

来源:南京市鼓楼区社保局窗口

五、失业

（一）失业金申领时间及周期

1. 申领时间：自解除劳动合同之日起向失业保险业务机构办理申领手续。
2. 周期：次月发放。

（二）失业金发放标准

1. 根据《江苏省人资源和社会保障厅、江苏省财政厅关于调整我省失业保险金标准的通知》规定，自2018年12月起调整失业保险金计发比例：

缴费不满10年的，从按照失业人员失业前12个月月平均缴费基数的40%确定调整为45%；

缴费满10年不满20年的，从按照失业前12个月月平均缴费基数的45%确定调整为50%；

缴费20年以上的，从按照失业前12个月月平均缴费基数的50%确定调整为55%。

下限从不得低于当地城市居民最低生活保障标准的1.3倍调整为不得低于当地城市居民最低生活保障标准的1.5倍。调整失业保险金标准所需资金在失业保险基金中列支。

2. 根据《南京市人民政府办公厅关于贯彻江苏省失业保险规定有关事项的通知》（宁政办发〔2011〕94号）第一条规定，失业人员失业前用人单位和本人累计缴费满1年不足10年的，每满1年领取失业保险金的期限为2个月；累计缴费满10年以上的，领取失业保险金期限为24个月。

3. 失业金申领具体标准需经办机构核定参保人员实际缴费情况后方可确定。

（三）失业金申领材料清单／信息

1. 手机 APP 办理

登录江苏智慧人社 APP—搜索"失业登记"—"失业保险金申领"（注：非失业补助金）。

江苏智慧人社 APP

2. 线下办理

本地户籍携以下材料至户口所在地劳动保障所办理：

（1）单位解除劳动协议书；

（2）身份证原件；

（3）户口本原件；

（4）社保卡。

外地户籍携以下材料至居住所在地劳动保障所办理：

（1）单位解除劳动协议书；

（2）身份证原件；

（3）居住证；

（4）社保卡。

六、退休

（一）退休办理材料

1. 退休人员档案；
2. 《南京市参保人员申请基本养老保险待遇报审表》；
3. 参保人员户口簿及身份证；
4. 劳动能力鉴定书；
5. 本人退休申请报告（病退）。

温馨提示：档案记载出生年月与户口本不一致的提供加盖用人单位或档案托管机构公章的参保人员户口本及身份证复印件。

（二）退休流程

单位经办人在职工达到国家法定退休年龄前1个月携带规定材料前往社保机构办理退休手续即可。

经审核不符合退休条件的，参保人员档案及申报材料一并退还用人单位或档案托管部门，有关原因在《档案受理一次性告知书》中予以说明。

七、公积金

（一）公积金查询

可通过南京住房公积金管理中心网上办事大厅（https://www.njgjj.com/）进行查询，可查询个人或单位最近3年的住房公积金账户数据。

温馨提示：

1. 南京公积金个人网上查询和单位网上查询不在同一个页面，根据对象选择查询网址。

2. 个人初始密码为公积金账号后四位加00；单位初始密码为888888。

（二）公积金提取

1. 提取条件

（1）购买拥有产权的自住住房

①职工购买拥有产权的自住住房的，可以提取本人及其配偶的住房公积金；

②职工购买单位集资建房的，可以提取本人及其配偶的住房公积金；

③职工与父母（或子女）购买同一自住住房的，均可以提取住房公积金；

④职工与父母、子女以外人员购买同一自住住房的，仅其中一方可以提取住房公积金。

不能提取住房公积金的情况：

①职工仅购买住房部分产权且该住房剩余产权未变动的，不能提取住房公积金；

②在本市行政区域内有产权住房的职工，在本市行政辖区以外购房，其购房所在地不是职工（配偶）工作地或户籍地的，不得申请提取住房公积金（含提取偿还购房贷款本息）；

③职工购买第三套及以上住房，其本人因购房已提取过两次及以上住房公积金的，不得申请提取职工本人住房公积金（含提取偿还购房贷款本息）；其配偶因购房已提取过两次及以上住房公积金的，不得申请提取职工配偶住房公积金（含提取偿还购房贷款本息）。

（2）建造、翻建、大修拥有产权自住住房

职工建造、翻建、大修拥有产权自住住房，可以提取本人及其配偶的住房公积金。

（3）支付房屋租赁费用

职工连续足额缴存住房公积金满3个月，本人及配偶在本市行政区域内无自有住房且租赁住房的，可提取夫妻双方住房公积金，用于支付当年房屋租赁费用。

（4）离退休

离休、退休的职工，可以申请提取本人住房公积金账户内全部余额，账户销户处理。

（5）完全或部分丧失劳动能力

完全或部分丧失劳动能力并与单位终止劳动关系的，可以申请提取本人住房公积金账户内全部余额，账户作销户处理。

（6）非本市户籍职工劳动关系迁出

与单位终止劳动关系且户口迁出本市或者户口不在本市的，可以申请提取本人住房公积金账户内全部余额，账户销户处理。

（7）出境定居

出境定居的，可以申请提取本人住房公积金账户内全部余额，账户作销户处理。

（8）职工死亡（被宣告死亡）

职工死亡或者被宣告死亡后，其合法的继承人、受遗赠人，可以申请提取其住房公积金账户内全部余额，账户作销户处理。

（9）家庭生活困难

①享受城乡居民最低生活保障或被市总工会认定为特困职工的；

②本人、配偶、父母及其子女因重大疾病造成家庭生活特别困难的；

③连续失业2年以上，且男职工年满45周岁、女职工年满40周岁，家庭生活特别困难的；

④遇到其他突发事件造成家庭生活特别困难的。

以上4种情况可以申请提取本人住房公积金账户内的存储余额，用于支付房租、物业专项维修资金、物业服务费等。

2. 提取流程

职工提供要件材料—到单位填写《南京住房公积金提取申请单》（加盖预留印鉴）—到各服务网点办理。

（1）住房公积金账户在管理中心集中管理的职工，符合住房公积金提取条件的，携带相关证明材料到管理中心办理申请提取住房公积金；

（2）住房公积金账户在主城区各服务网点缴存的职工，符合住房公积金提取条件的，携带相关证明材料到相应服务网点申请提取住房公积金；

（3）住房公积金账户在分中心各服务网点缴存的职工，符合住房公积金提取条件的，携带相关证明材料到相应分中心申请提取住房公积金。

（三）公积金异地转入

1. 线上办理

（1）网上办事大厅

登录南京住房公积金管理中心网上办事大厅，登录方式有两种：

①通过人脸识别登录：

点击"人脸识别用户"，录入姓名和证件号码，点击"立即登录"，系统自动生成二维码；用支付宝扫描二维码并进行人脸识别操作，人脸识别通过即登录成功。

②通过个人密码登录：

点击"个人密码用户"，录入证件号码、密码和验证码即可登录。初始密码为个人住房公积金账号后四位数字加两个"0"（建议登录后修改初始密码）。

登录后，点击"异地转入申请"菜单，选择转出中心机构所在省（市）、转出中心机构名称，录入原个人住房公积金账号、原工作单位名称和职工手机号码后提交，系统提示流转结束即申请成功。

（2）南京公积金APP

登录南京公积金APP，点击"我的"—"身份认证"，用支付宝进行人脸识别操作，人脸识别通过后绑定手机号，获取并输入验证码提交即完成身份认证。点击"业务大厅"—转移业务（异地转移申请），选择转出中心机构所在省（市）、转出中心机构名称，录入原个人住房公积金账号、原工作单位名称，通过人脸识别验证或录入短信验证码后提交，系统提示流转结束即申请成功。

2. 线下申请

（1）本人办理

登录南京住房公积金管理中心网上办事大厅（https://www.njgjj.com/），下载并填写《住房公积金异地转移接续申请表》（一式两份），携带《住房公积金异地转移接续申请表》（一式两份）、本人身份证，在主城区缴存的单位，到公积金城中分中心办理；在江宁、浦口、江北、六合、溧水、高淳缴存的单位，到对应分中心办理。

（2）委托人办理

登录南京住房公积金管理中心下载并填写《住房公积金异地转移接续申请表》（一式两份）、《集中办理住房公积金异地转移接续申请委托书》，携带《住房公积金异地转移接续申请表》（一式两份）、《集中办理住房公积金异地转移接续申请委托书》、代理人和委托人身份证，在主城区缴存的单位，到公积金城中分中心办理；在江宁、浦口、江北、六合、溧水、高淳缴存的单位，到对应分中心办理。

答疑解惑

Q1：没有社保卡如何报销门诊、住院费用（在异地产生住院费用如何报销）？

A1：办理异地就医备案的参保人因未刷卡或其他特殊原因由参保人垫付的费用，回南京按规定申请零星报销，报销标准参照异地直接刷卡结算待遇执行。携带医疗费用材料（发票费用收据、费用清单、疾病诊断证明、出院小结或出院记录、病历）、身份证复印件至水西门大街61号1楼进行手工报销。

办理时限：收到材料齐全后60个工作日内进行打款，予以支付的转账至申请人指定的银行卡。

Q2：如何查询自己的社保缴纳证明？

A2：方法一：下载江苏智慧人社APP实名注册，登录查询三险—首页—个人权益单。

方法二：下载我的南京APP实名注册，登录查询医保—首页—医保服务—医保参保证明。

Q3：如何将本市的社保转移至其他城市？

A3：办理前提：参保状态为暂时中止要停保。

◆养老

省内已经联网，无须办理转移。

省外养老关系转出时，可以在掌上12333APP或者国家公共服务平台网站上自己操作，转出地选择：鼓楼区。如遇无法操作，可以让当地社保局发函至鼓楼区（320106）。

◆医疗

1.省内外医疗关系转出，在我的南京APP可以自行办理，打开我的南京APP—健康—医保服务—医疗保险关系转移—参保缴费凭证。

2.关于医保余额:开通南京医保卡的银联功能,我们在收到当地社保局的医疗联系函后会支付医保卡的余额。

Q4:南京市哪些类型医保卡可以实现联网刷卡结算?

A4:江苏省社会保障卡(简称"省卡")以及现行江苏(南京)一卡通(简称"三代卡")均可实现异地联网刷卡结算,南京本地刷卡不受影响。

备注:推荐注册使用国家医疗保障局监制发行的医保电子凭证,在全国定点医疗机构和零售药店展码进行医保结算。微信扫描即可注册医保电子凭证。注册成功后,进入微信—我的—卡包—票证,即可打开医保电子凭证,直接用手机展码进行医保结算。

Q5:职工医保参保人员欠费期间医疗费用如何报销?

A5:南京市用人单位、灵活就业人员参加职工医保后中断或未足额缴纳医疗保险费,流动就业人员(包括市内流动、异地转入)中断职工医保缴费时间在3个月内且一次性足额补缴的,自一次性足额补缴到账次日起享受医疗保险待遇,其间发生的医疗费用凭医保发票、住院的同时提供出院小结按规定办理报销。如超过三个月后一次性足额补缴的,自补缴到账次日起享受医疗保险待遇,补缴期间发生的医疗费用不予报销。

Q6:异地就医人员在申请医疗费用零星报销时,如已在就医地享受其他保险是否还可以报销?

A6:异地就医人员在申请医疗费用零星报销时,对已在就医地享受职工医保、居民医保、新农合待遇的医疗费用,将不再进行受理和补差报销。

Q7:在校研究生如何提取住房公积金?

A7:要求在南京无房,脱产就读,携带学校出具的当年住宿费发票或收据、婚姻状况证明和学生证、身份证、与就读学校签订的租房协议、本人公积金缴存银行借记卡(Ⅰ类)至缴存银行提取网点办理。

Q8：购买南京商品房如何提取公积金？

A8：提取时间自商品房合同备案登记之日起1年内，职工携带市房产交易管理部门登记的《商品房预售合同》正本、首付款发票、身份证、单身声明（单身声明由单身职工在柜面窗口签字）、已婚须携带结婚证及双方身份证、本人公积金缴存银行借记卡（I类）至缴存银行提取网点办理。也可在南京公积金APP、我的南京APP、江苏政务APP办理。提取额度不超过实际购房的支出。

苏　州

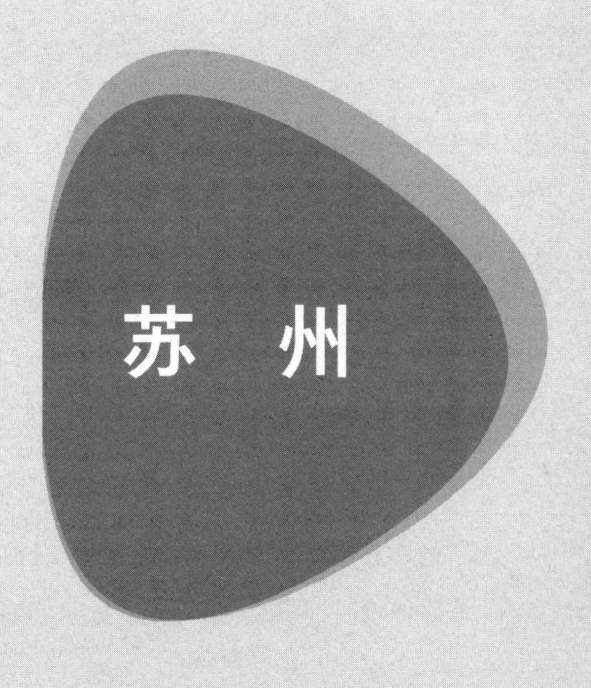

一、社会保障

（一）社会保障卡办理、申领流程

1. 单位制卡

（1）线上申请：登录苏州银行官方网站（http://www.suzhoubank.com/），进入社保卡单位申请，系统生成制卡人员二维码，将二维码发给职工扫码填写信息，填写完成后，统一信息申报。

（2）线下申请：单位经办人携带单位授权委托书、经办人身份证、制卡职工有效身份证原件［有效身份证件类型包括：二代居民身份证/社会保障卡/户口簿（仅限不满16周岁人员）/台湾居民来往大陆通行证/港澳居民来往内地通行证/港澳台居民居住证/外国人永久居留证/外国人护照］至社会保障卡合作银行服务网点申请办理。

2. 职工自行制卡

（1）线上申请：登录江苏智慧人社APP或微信小程序，进入"服务"，点击"社会保障卡"一栏，进行社会保障卡申领。

（2）线下申请：职工携带身份证、一张彩色电子照片［如现场制卡系统未能获取人员信息，需提供红、白、蓝纯色背景，尺寸为358×441（宽×高）像素，大小为15—100KB，格式为.jpg或.png，近期免冠，清晰照片］前往就近制卡网点进行制卡。

温馨提示：苏州银行社保卡服务网点链接：

http://hrss.suzhou.gov.cn/jsszhrss/gsgg/202105/4bd14607caf24ef7997e6f11848d7e2a.shtml。

（二）查询账户余额、刷卡明细

1. 账户余额

（1）下载江苏医保云APP注册登录后，首页即有医保个账余额查询；

（2）关注"苏州医保"微信公众号，进入掌上大厅，点击"综合查询"，点击"医保账户查询"。

2.刷卡明细

（1）下载江苏医保云 APP 注册登录后，点击"支付明细"即可查询；

（2）关注"苏州医保"微信公众号，进入掌上大厅，点击"综合查询"，点击"医保消费明细查询"。

（三）社会保障卡挂失、解挂

1.挂失

（1）登录江苏智慧人社 APP，进入"服务"页面，点击"社会保障卡正式挂失"；

（2）拨打 0512-12333 按语音提示依次输入 1132 临时挂失，临时挂失后再至原社保卡所制银行正式挂失；

（3）至原社保卡所制银行挂失。

2.解挂

（1）登录江苏智慧人社 APP，进入"服务"页面，点击"社会保障卡正式挂失解挂"；

（2）拨打 0512-12333 按语音提示依次输入 1133 解挂；

（3）至原社保卡所制银行解挂。

（四）修改和重置密码

线下携带身份证、社保卡至社保卡所在银行修改重置密码。

（五）注销（职工去省内其他市县办理社保卡网上注销通道）

江苏省各城市统一使用江苏省卡，职工去省内其他市县无须注销社保卡。

（六）电子社保卡

下载江苏医保云 APP 实名注册登录后，点击医保电子凭证，刷脸认证后即可领取电子社保卡。

二、医疗

（一）医保费用起付标准及报销比例

1. 门诊

（1）起付标准：在职职工600元，退休职工400元。

（2）报销比例

表9-1

医疗机构级别	在职职工	退休职工
符合条件的一级及基层医疗机构	80%	90%
符合条件的二级医疗机构	75%	85%
符合条件的三级医疗机构	60%	70%
符合条件的定点零售药店	60%	70%

来源：苏州市医疗保障局官网：http://ybj.suzhou.gov.cn/szybj/zgylbxdy/202301/7189828152564279ae07f7da1e1147f2.shtml

2. 住院

（1）起付标准

表9-2

起付标准		在职职工	退休职工
首次住院	一级医院	300元	200元
	二级医院	600元	400元
	三级医院	800元	600元
第二次住院		首次起付标准的50%	
第三次及以上住院		100元	

来源：苏州市医疗保障局官网：http://ybj.suzhou.gov.cn/szybj/zgylbxdy/202301/7189828152564279ae07f7da1e1147f2.shtml

（2）报销比例

① 4 万元以下：在职职工 90%，退休职工 95%。

② 4 万元以上：统一为 95%。

（二）本地医保报销流程

1. 急、门诊

（1）所需材料

① 参保人员有效身份证件或苏州市社会保障市民卡或医保电子凭证；

② 本人银行卡账号（目前限中国工商银行、中国银行、交通银行、中国建设银行、中国农业银行、中国邮政储蓄银行、江苏银行和苏州银行）；

③ 医院收费票据（自费发票）、医药费用清单（住院、门急诊）、门诊提供处方底方或病历材料（如门诊病历）、急诊提供急诊诊断证明或急诊病历；

④ 抢救需提供门诊抢救病历；

⑤ 意外伤害就医的应提供交通事故认定书、法院判决书、调解协议书等公检法部门出具的相关证明材料。

（2）报销方式

① 线上报销：登录江苏医保云 APP，左上角选择"苏州市"，在"我要办"栏目点击"医保报销"；或关注登录"苏州医保"微信公众号，首页点击"掌上大厅"，进入"在线办事"，点击"零星报销"后上传上述材料。

线上审核通过后，将上述材料复印件（其中医院收费票据、清单须提供原件）邮寄至参保地医（社）保经办机构。

② 线下报销：携带上述材料至各经办机构柜面或苏州市区医保便民服务站银行网点审核。

2. 住院

流程及材料同上述急、门诊。

（三）异地医保报销流程

1. 异地安置人员在备案地住院

（1）条件

苏州正常参保，异地就医备案对象适用人群如下：

① 异地安置退休人员：指退休后在异地定居并且户籍迁入定居地的人员。

② 异地长期居住人员：指在异地居住生活且符合参保地规定的人员。

③ 常驻异地工作人员：指用人单位派驻异地工作且符合参保地规定的人员。

④ 异地转诊人员：指因患有限于本市医疗技术和设备条件不能诊治的疑难重症疾病，经具有转诊资质的市、县级以上医院诊断需要转往外地医院治疗的人员。（注：转诊备案手续有效期1年）。

⑤ 其他临时外出就医人员：基本医疗保险参保人员中，非上述四类人员（异地安置退休人员、异地长期居住人员、常驻异地工作人员、异地转诊人员），未按参保地规定办理转诊手续的其他临时异地就医人员（注：备案手续有效期1年）。

（2）基础信息

① 享受范围：异地就医备案可正常享受门诊、住院待遇，且在参保地和备案地均可享受直接结算服务，本地结算功能不冻结。

② 生效时间：异地就医备案成功后，次日开始享受医疗待遇。

温馨提示：

① 异地长期居住（工作、生活）人员异地就医以个人承诺方式办理异地备案的需满6个月方可申请重新备案，异地长期居住人员申请多地备案时，不可通过承诺制备案，需提供有效异地长期居住认定材料。

② 已办理异地就医备案的参保人员，如符合申办门诊慢特病或国谈药待遇，为避免待遇受到影响，请在确诊后尽快联系参保地医（社）保经办机构按规定办理相关手续。

（3）办理方式

①线上办理：搜索"国家异地就医备案"微信小程序，点击"快速备案"（针对跨省人群），如实填写信息，确认无误后提交即可；或关注"苏州医保"微信公众号（省内外均可），点击微服务—异地就医进行备案；还可下载江苏医保云APP，下拉至"我要办"页面，点击"异地就医"办理。

②线下办理：参保人员携带如下材料至参保地社保经办机构办理异地就医备案手续（办理备案完成后，未制省卡的人员须至医保大厅自助制卡机上制作省卡）。

办理材料如下（如委托他人代办，除上述材料外，还需提供代办人身份证原件）：

表 9-3

人员类型	提供材料备案	承诺制备案
异地安置退休人员	居民身份证/社会保障卡、异地安置认定材料（"户口本首页"和本人"常住人口登记卡"页）	居民身份证/社会保障卡、《异地长期居住人员个人承诺书》
异地长期居住人员	居民身份证/社会保障卡、长期居住认定材料（居住证明）	居民身份证/社会保障卡、《异地长期居住人员个人承诺书》
常驻异地工作人员	居民身份证/社会保障卡、异地工作证明材料（参保地工作单位派出证明、异地工作单位证明、工作合同等任选其一）	居民身份证/社会保障卡、《异地长期居住人员个人承诺书》

备注：以上三类人员提供完整有效材料办理异地备案登记后，可按需办理变更和取消备案手续；以个人承诺方式签署《异地长期居住人员个人承诺书》办理异地备案的参保人员需满6个月方可申请重新备案

来源：苏州市医疗保障局官网（http://ybj.suzhou.gov.cn/szybj/zgylbxdy/202302/af5b96afd9a2436782c1d1ef13637144.shtml）

（4）终止长期外派

承诺制备案须在异地备案满6个月后，个人通过"苏州医保"微信公众号申请结束异地备案或携带身份证、社保卡至社保中心结束异地备案。

（5）就医治疗

①门诊：异地备案后在异地已联网机构可直接刷医保卡结算；未联网机构可先自费，再通过"苏州医保"微信公众号在线零星报销或至经办机构柜台办理。

②住院：异地备案后在异地已联网机构可直接刷医保卡结算；未联网机构可先自费，再通过"苏州医保"微信公众号在线零星报销或至经办机构柜台办理。

温馨提示：异地查询联网医药机构信息方式：

① 登录国家医保服务平台（https://fuwu.nhsa.gov.cn）查询；

② 登录江苏省医疗保障局官网（http://ybj.jiangsu.gov.cn）查询。

2. 异地转诊转院

（1）条件：指因患有限于本市医疗技术和设备条件不能诊治的疑难重症疾病，经具有转诊资质的市、县级以上医院诊断需要转往外地医院治疗的人员（注：转诊备案手续有效期1年）。

（2）材料：需异地转诊转院人员携带居民身份证/社会保障卡、具有转诊资质的定点医疗机构开具的转诊证明材料进行备案。

如委托他人代办，除上述材料外，还需提供代办人身份证原件。

3. 未办理异地转诊转院

2019年12月1日后未按参保地规定办理转诊手续，直接到参保地外定点医疗机构异地就医的，发生的符合医疗保险结付规定的医疗费用（按规定降低报销结付比例），可进行报销：

（1）线下报销：携带如下材料至各经办机构柜面或苏州市区医保便民服务站银行网点报销：

① 参保人员有效身份证件或苏州市社会保障市民卡或医保电子凭证；

② 本人银行卡账号（目前限中国工商银行、中国银行、交通银行、中国建设银行、中国农业银行、中国邮政储蓄银行、江苏银行和苏州银行）；

③ 医院收费票据（自费发票）、医药费用清单（住院、门急诊）、门诊提供处方底方或病历材料（如门诊病历）、住院提供诊断证明或出院记录、急诊

提供急诊诊断证明或急诊病历；

④ 抢救需提供门诊抢救病历；

⑤ 意外伤害就医的应提供交通事故认定书、法院判决书、调解协议书等公检法部门出具的相关证明材料。

（2）线上报销：登录江苏医保云 APP，左上角选择"苏州市"，点击"我要办"后进入"医保报销"；或关注"苏州医保"微信公众号，首页点击"掌上大厅"，进入"在线办事"，点击"零星报销"后上传上述材料。

线上审核通过后，将上述材料复印件（其中，医院收费票据、清单须提供原件）邮寄至参保地医（社）保经办机构。

三、生育

（一）生育待遇包含的项目

1. 女职工

（1）产前检查费：从其在社区进行生育登记至本次产程结束，已在定点医疗机构登记产检信息的参保人员在待遇享受期内发生的符合产前检查待遇结付范围的费用，在 3000 元限额内由职工医疗保险统筹基金全额结付。

（2）生育医疗费：在生育保险定点医疗机构生育所发生的符合生育保险结付规定的检查费、接生费、手术费及符合医疗保险用药规范、医疗服务项目结付范围的住院费和药费等生育医疗费用。

（3）一次性营养补助：产假结束后次月官方自动打款至职工社保卡。按本市上年度城镇非私营单位在岗职工月平均工资的 2% 计发，2023 年 7 月 1 日起，计发标准为 2642 元。

（4）生育津贴：计发标准：生育津贴 = 职工生育时用人单位上年度月平均工资 ÷30 日 × 规定的假期天数。

表 9-4 享受生育津贴的产假天数规定

事项	条件	假期	待遇
单胎顺产	满7个月生产	158天	缴纳生育保险且符合申领条件的生育妇女，可申请领取待遇。未缴纳生育保险的，由单位支付
	不满7个月早产		
难产	医疗机构出具的《生育医学证明》或出院小结上注明为难产的	增加15天	
多胎	每多生育一胎	增加15天	
陪产假	符合法律法规规定生育的夫妻	男方享受15天陪产假	按正常出勤工资发放
流产	妊娠不满2个月流产的	20天	发放原则与生产地支付规定相同
	妊娠满2个月不满3个月流产的	30天	
	妊娠满3个月不满7个月流产的	42天	
	妊娠满7个月引产的	98天	

表 9-5 假期是否包含休息日、法定假日

事项	休息日	法定假日
产假（顺产、难产、多胎、流产）	包含	不包含
陪产假	包含	不包含

来源：《苏州市职工生育保险管理办法》《江苏省关于优化生育政策促进人口长期均衡发展实施方案的通知》

（5）计划生育手术费：符合生育保险规定的计生手术医疗费用、手术及住院期间的并发症医疗费用。

2. 男职工

（1）护理假津贴：15天。

（2）未就业配偶一次性生育补贴。

（二）实时结算项目

女职工在参保地所在社区登记生育信息，并在定点医疗机构建档后，在定点医疗机构产检、生育时发生的费用，符合规定的，可以直接刷卡实时计算。

（三）手工报销项目

1. 女职工异地生育医疗费用。

2. 男职工未就业配偶一次性生育补贴。

（四）生育保险报销流程

1. 女职工在参保地定点医疗机构刷卡结算：生育待遇无须报销，官方自动核算划拨打款。

2. 女职工异地生育报销生育自费费用：携带本人身份证、社保卡、医疗费用收费票据和明细清单、门（急）诊病历、出院记录等到参保地医（社）保经办机构办理；或关注"苏州医保"微信公众号，通过"掌上大厅"—"在线办事"栏目申请（适用于市本级、姑苏区、高新区、吴中区、相城区参保人员）。

3. 男职工未就业配偶一次性生育补贴申领

（1）申领条件

①符合国家生育政策；

②配偶生育（或因生育引起的流产、引产）时，男职工所在用人单位按规定参加职工医疗保险、生育保险，并具备职工医疗保险待遇享受资格；

③配偶未就业，且未参加城乡居民基本医疗保险或新型农村合作医疗，

可申请未就业配偶一次性生育补贴。

（2）申领材料及流程

在配偶生育（或因生育引起的流产、引产）后，男参保人携带本人社会保障卡，夫妻双方结婚证及居民身份证，配偶未就业、未参保的诚信承诺书，生育状况证明或符合国家生育政策的证明材料，以及出院记录、医疗费用收费票据及明细清单到参保地医保经办机构办理一次性生育补贴申领手续。

（3）计发标准

① 妊娠 3 个月内流产 200 元；

② 妊娠 3—7 个月流产、引产 1100 元；

③ 顺产、难产 3500 元；

④ 剖宫产或生育多胞胎 4400 元。

（五）生育津贴领取流程

享受条件：职工在生育时，用人单位已按规定为其办理参保登记手续，连续缴纳生育保险费满 10 个月，符合国家、省、市规定条件生育的。

1. 如为苏州本地定点医疗机构刷卡结算，生育津贴由官方自动结算，于产假结束后次月打至公司账户。

2. 如为异地生育，女职工生育后携带报销材料（报销材料见上述生育保险报销流程）至参保地医保经办机构办理，审核通过后，官方将产检医疗报销费用及一次性营养补助打款至职工社保卡，生育津贴打款至公司账户。

四、工伤

（一）工伤申报材料

1. 工伤认定申请表。

2. 受伤害职工的居民身份证复印件。

3. 医疗机构出具的职工受伤害时初诊诊断证明书，或者依法承担职业病诊断的医疗机构出具的职业病诊断证明书（或者职业病诊断鉴定书）。

4. 职工受伤害或者诊断患职业病时与用人单位之间的劳动、聘用合同或者其他存在劳动、人事关系的证明。

其他证件类型：指非内地居民所持证件，类型包括港澳台居民居住证、港澳居民来往内地通行证、台湾居民来往大陆通行证、外国人永久居留证、外国人护照。

5. 有下列情形之一的，还应当分别提交相应证据：

（1）职工死亡的，提交死亡证明；

（2）因履行工作职责受到暴力伤害的，提交公安机关的证明法律文书或人民法院的生效裁判文书；

（3）上下班途中，受到非本人主要责任的交通事故或者城市轨道交通、客运轮渡、火车事故伤害的，提交公安机关、交通管理部门的事故认定书或者其他相关部门的证明；

（4）因工外出期间，由于工作原因受到伤害的，提交公安部门证明或其他证明；发生事故下落不明的，申请因工死亡的应提交人民法院宣告死亡的结论；

（5）在工作时间和工作岗位，突发疾病死亡或者在 48 小时之内经抢救无效死亡的，提交医疗机构的抢救证明和死亡证明；

（6）在抢险救灾等维护国家利益、公众利益活动中受到伤害的，提交民政部门或者其他相关部门的证明；

（7）属于因战、因公负伤致残的转业、复员军人，旧伤复发的，提交《伤残军人证》及旧伤复发的诊断证明；

（8）申请人委托律师事务所办理工伤认定的，代理人应提交授权委托合同、律师事务所授权委托函及代理人律师执业资格证。

（二）工伤待遇

表9-6 工伤保险待遇享受明细

支付项目	内容或标准
1.工伤医疗费	治疗工伤所需费用符合工伤保险诊疗项目目录、工伤保险药品目录、工伤保险住院服务标准的，从工伤保险基金中支付
2.康复性治疗费	经分中心工伤科开具资格确认书后方可享受
3.一次性伤残补助金	一级伤残：本人工资×27个月 二级伤残：本人工资×25个月 三级伤残：本人工资×23个月 四级伤残：本人工资×21个月 五级伤残：本人工资×18个月 六级伤残：本人工资×16个月 七级伤残：本人工资×13个月 八级伤残：本人工资×11个月 九级伤残：本人工资×9个月 十级伤残：本人工资×7个月
4.一级至四级伤残职工的伤残津贴	一级伤残：本人工资×90% 二级伤残：本人工资×85% 三级伤残：本人工资×80% 四级伤残：本人工资×75%
5.生活护理费	生活完全不能自理：本市上年度职工月平均工资×50% 生活大部分不能自理：本市上年度职工月平均工资×40% 生活部分不能自理：本市上年度职工月平均工资×30%
6.供养直系亲属抚恤金	按照工亡职工本人工资，配偶40%，其他亲属30%，孤寡老人或孤儿在此标准上增发10%，各供养亲属抚恤金之和不大于本人工资
7.丧葬补助金	本市上年度职工月平均工资×6个月
8.一次性工亡补助金	上一年度全国城镇居民人均可支配收入×20倍

（表格左侧纵向标注：工伤保险基金支付的各项待遇）

续表

	支 付 项 目	内 容 或 标 准
工伤保险基金支付的各项待遇	9.一次性医疗补助金	五级伤残：20万元 六级伤残：16万元 七级伤残：12万元 八级伤残：8万元 九级伤残：5万元 十级伤残：3万元
用人单位支付待遇	1.停工留薪期的工资福利待遇	原工资福利待遇不变，由所在单位按月支付，停工留薪期一般不超过12个月
	2.停工留薪期的生活护理费	生活不能自理的工伤职工在停工留薪期间需要护理的，由所在单位负责
	3.五级、六级伤残职工的伤残津贴	五级伤残：本人工资×70% 六级伤残：本人工资×60%
	4.一次性就业补助金	五级伤残：9.5万元 六级伤残：8.5万元 七级伤残：4.5万元 八级伤残：3.5万元 九级伤残：2.5万元 十级伤残：1.5万元

来源:《工伤保险条例》

五、失业

（一）失业金申领时间及周期

1. 申领时间

在解除劳动合同之日后可申领（无时间限制）。

2. 申领周期

（1）每月1—6日成功申领失业保险金的人员，资金正常当月20日之前到账。

（2）每月11日至月底成功申领失业保险金的人员，资金正常于次月补发，次月20日之前到账。

3. 申领条件

（1）失业前用人单位和本人已经按照规定缴纳失业保险费满1年；

（2）在法定劳动年龄内非因本人意愿中断就业；

（3）已经进行失业登记，并有求职要求。

（二）失业金发放标准

1. 缴费不满10年，按照职工失业前12个月月平均缴费基数的45%确定；

2. 缴费满10年不满20年，按照职工失业前12个月月平均缴费基数的50%确定；

3. 缴费20年及以上，按照职工失业前12个月月平均缴费基数的55%确定。

温馨提示：（1）失业保险金最高不得超过当地最低工资标准，最低不得低于当地城市居民最低生活保障的1.5倍；截至目前，苏州失业保险金标准范围为1673—2490元/月。（2）凡符合申请条件的失业人员，失业前所在单位和本人足额缴纳失业保险费的，缴费每满1年享受2个月，但最长领取期限不超过 24 个月。

(三) 失业金申领材料清单/信息

1. 线下申领：携带本人身份证或社保卡原件至社保中心办理。

2. 线上申领：登录"江苏智慧人社"微信小程序或 APP 或江苏省人力资源和社会保障厅网上办事服务大厅，选择个人办事—社会保险—失业保险服务—失业保险金申领。

六、退休

(一) 办理离退休手续的审批程序

1. 退休申报

（1）单位经办人先进行网上申报，可登录江苏省人力资源和社会保障厅网上办事服务大厅办理，带好职工的个人档案、《企业职工退休审批表》（一式三份），职工本人签名盖章。

退休人员到居住地社区办理《社会化管理服务基本信息采集表》，放个人档案内。

（2）退休月当月社保费用入账后，至退休地社保经办机构办理退休审批。

（3）特殊工种退休人员请于退休当月 11—20 日办理。

（4）医保缴费不足的退休人员，凭《缴费通知单》扫码或自行前往指定银行缴费。

（5）退休审批当日即可办理完成，养老金每月 15 日发放至社会保障卡（三代卡）银行账户中。

2. 退休复审：无

（二）需要上报的有关材料

1. 居民身份证复印件；

2. 职工养老保险手册原件（如没有可不提供）；

3.《江苏省企业职工退休审批表》（省系统上导出）；

4.《社会化管理服务基本信息采集表》（此表需至柜台领取填写并盖章）；

5. 职工档案（公司可携带介绍信至社保经办机构调取）。

七、公积金

（一）公积金查询

1. 苏州市区

（1）线上

① 下载苏州公积金 APP 或关注"苏州公积金"微信公众号，注册登录后至公积金账户明细信息查询；

② 登录苏州市住房公积金管理中心（http://gjj.suzhou.gov.cn/），点击"个人网上业务"进入首页，点击公积金账户明细信息查询。

温馨提示： 首次登录需绑定个人账号，绑定账户需填写个人公积金管理中心预留手机号码。

（2）线下

携带有效身份证原件至苏州市住房公积金管理中心查询。

2. 苏州园区

（1）线上

① 登录"苏州工业园区社会保险基金和公积金管理中心"官网，凭个人社保（公积金）编号及密码登录个人业务后，在"职工账户查询"模块中可进行个人账户余额、缴费明细、支出情况等查询；

② 关注"苏州工业园区社保和公积金"微信公众号，在"自助服务—个人中心—个人账户查询"中输入个人社保（公积金）编号及密码可查询个人账户余额；

③ 下载园区社保中心 APP，人脸识别登录或者密码登录可自助在账户查询和缴费入账模块进行查询。

（2）线下

① 职工凭社会保障市民卡至苏州市住房公积金管理中心或各办事处大厅自助终端机上，插卡后凭个人社保（公积金）编号及密码可自助进行个人账户余额、缴费明细、支出情况等查询；

② 拨打咨询热线 0512-62888222 转 1 再转 1，通过语音自助服务，输入个人社保（公积金）编号及密码后查询个人账户余额。

（二）公积金提取

1. 提取条件

（1）住房消费类

① 购买、建造、翻建、大修自住住房；

② 偿还产权自有的住房贷款本息；

③ 连续正常缴存住房公积金满 3 个月，职工及配偶在工作所在地无自有住房，租赁房屋用于自住。

（2）非住房消费类

① 离休、退休（职）；

② 完全或部分丧失劳动能力，且与单位终止劳动关系；

③ 非本市户口职工与单位解除劳动合同后未在苏州大市范围内重新就业满 6 个月；

④ 患重病提取；

⑤ 职工属于低保、低保边缘重病困难对象、特困职工；

⑥ 出国、出境定居；

⑦ 职工死亡或被宣告死亡。

2. 提取方式

（1）苏州市区

① 线上：登录苏州公积金APP—业务办理，选择相应提取类型，实名认证登录后，根据提示填写信息。

② 线下：携带身份证及相关材料至苏州市公积金业务网点办理。

（2）苏州园区

① 线上：仅支持非本市户口职工与单位解除劳动合同后未在本市重新就业满半年线上提取，下载园区社保中心APP—实名登录—业务—住房保障—封存住房公积金提取申请。

② 线下：携带身份证及相关材料至园区社保和公积金中心本部或至园区住房公积金委托办理网点办理。

委托办理网点业务受理范围查询网址：http://www.sipspf.org.cn/publish/main/357/2019/20190222183739594968046/20190222183739594968046_.html。

（三）公积金异地转移

1. 异地转入申请条件

（1）苏州市区：在苏州有个人住房公积金账户并缴存满6个月。

（2）苏州园区

① 苏州大市范围（包括姑苏区、高新区、相城区、吴中区、吴江区、昆山市、常熟市、张家港市、太仓市）内：在园区正常缴存住房公积金的职工。

② 苏州大市范围外：在园区设立住房公积金账户并稳定缴存满6个月以上的职工。

2. 异地转入申请材料

（1）线上申请无须材料。

（2）线下申请携带本人身份证。

3. 异地转入办理场所

（1）苏州市区

① 线上办理：苏州公积金APP。

②线下办理：携带身份证原件至苏州市住房公积金管理中心线下申请（需提供转出地公积金账号及苏州公积金账号）。

住房公积金提取、账户受理点：http://gjj.suzhou.gov.cn/szgjj/tqzhsld/nav_fsza.shtml。

（2）苏州园区

①苏州大市范围（包括姑苏区、高新区、相城区、吴中区、吴江区、昆山市、常熟市、张家港市、太仓市）内：苏州市住房公积金管理中心服务大厅、承办银行网点。

②苏州大市范围外：方式1：苏州工业园区社会保险基金和公积金管理中心网站个人业务、园区社保中心APP、服务大厅24小时自助服务机的"大市外住房公积金转入"申请；方式2：苏州工业园区社保公积金综合业务科或基层办事处申请。

4. 异地转入办理时间

（1）苏州市区：在苏州有个人住房公积金账户并缴存满6个月后办理转移。

（2）苏州园区

①苏州大市范围内：在园区正常缴存住房公积金的职工；

②苏州大市范围外：在园区设立住房公积金账户并稳定缴存满6个月以上的职工。

5. 异地转入办理流程

（1）苏州市区

①线上：下载苏州公积金APP，点击业务办理—外地公积金账户转入。

②线下：携带身份证原件至苏州市住房公积金管理中心线下申请（需提供转出地公积金账号及苏州公积金账号）。

（2）苏州园区

①苏州大市范围内：至苏州市住房公积金管理中心服务大厅、承办银行网点直接办理。②苏州大市范围外：方式1：通过苏州市住房公积金管理中心网站个人业务、园区社保中心APP、服务大厅24小时自助服务机的"大市外

住房公积金转入"申请；方式2：苏州工业园区社保公积金综合业务科或基层办事处申请。

6. 异地转入办理时限

因该业务涉及两地住房公积金中心数据交接，前台收件受理后一般需15个工作日办结。

7. 异地转入收费标准

无须收费。

8. 异地转入咨询方式

（1）苏州市区：拨打电话0512-12329、关注"苏州公积金"微信公众号、下载苏州公积金APP。

（2）苏州园区：拨打电话0512-12345、下载园区社保中心APP、关注"苏州工业园区社保和公积金"微信公众号。

答疑解惑

Q1：如何查询自己的社保缴纳证明？

A1：（1）社保查询：①实名登录江苏智慧人社APP，进入首页，点击个人权益单，点击江苏省社会保险权益记录单（参保人员）【含社保局章】。②实名登录苏周到APP，点击更多服务，进入智慧人社，点击社保缴费记录查询/个人权益单查询。

（2）医保查询：进入"苏州医保"微信公众号，进入掌上大厅，点击综合查询，点击医保缴费记录查询。

也可持有效身份证原件线下到社保中心打印。

Q2：如何将本市的社保转移至其他城市？

A2：将苏州缴纳的社保转移至其他城市，打印社保转出凭证即可。

（1）办理条件：苏州市社保处于停缴状态。

（2）办理流程：携带本人身份证原件或社保卡原件至社保中心办理。

Q3：社保和公积金每年几月开始调整基数？

A3：社保每年2月左右调基，公积金每年7月左右调基。

Q4：公积金贷款最高可贷额度是多少？个人可贷额度如何计算？

A4：最高可贷额度：（1）首次使用：个人最高可贷60万元，家庭最高可贷90万元。（2）二次使用：个人最高可贷30万元，家庭最高可贷50万元。

个人可贷额度计算方式：（1）首次使用：个人账户余额的10倍。（2）二次使用：个人账户余额的6倍。

Q5：离开本市至外地的缴存职工，能否取出住房公积金？

A5：离职后可提取公积金，封存后6个月不在苏州大市范围内（包括姑苏区、高新区、相城区、吴中区、吴江区、昆山市、常熟市、张家港市、太仓市、工业园区）缴纳公积金即可提取。

Q6：苏州医保个人账户资金如何计算？

A6：（1）在职人员：自2022年9月起，苏州医保个账划入由年初预划模式变更为实划模式：每月根据实际缴费情况划拨个人账户余额，逐月到账，划拨标准为医保缴费基数×2%。

（2）退休人员：2023年1月1日起，退休人员个人账户按照2022年本人个人账户划拨规模予以定额划入，70周岁以下为定额1350元，70周岁及以上为定额1550元，并于2023年1月1日到账。

杭州

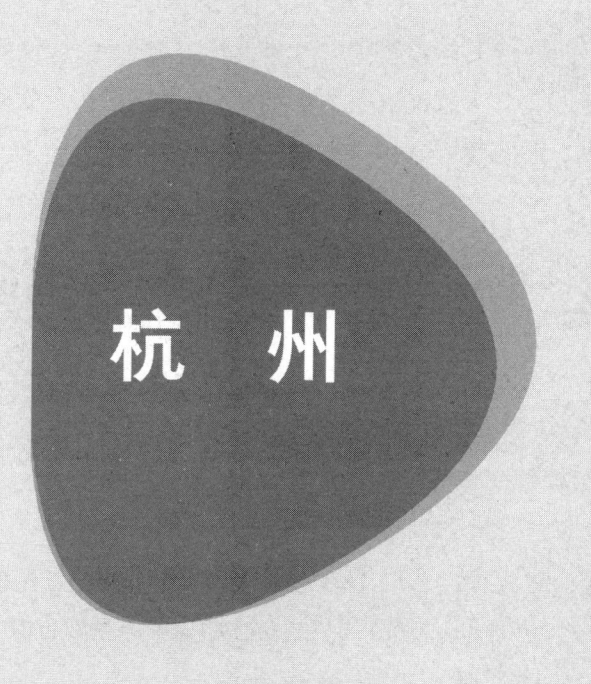

一、社会保障

（一）社会保障卡办理、申领流程

1. 线上办理

下载杭州市民卡APP，进入"市民卡服务"，点击"市民卡申领"，根据提示填写即可，卡片直接邮寄到家。

杭州市民卡APP

2. 线下办理

成人可持本人二代有效身份证件原件至指定合作银行及市民卡服务网点办理，未满16周岁人员需由监护人持双方有效身份证件原件至市民卡服务网点办理。

3. 办理对象

杭州市户籍人员，参加杭州市基本医疗保险的非杭户籍人员（含港澳台、境外人员，军人暂不申领），在杭读书的非杭非参保中小学生（含港澳台、境外人员），在杭获得永久居留身份证的外籍人员，领到市外专局签发有效期在90天以上工作证的外国专家，在杭就学、就业、生活3个月以上的台湾同胞及其家属（仅在市民之家市民卡窗口办理）。

4. 电子社保卡办理流程

（1）下载浙里办APP，进入"居民服务一卡通"专区，点击"立即关联"；

（2）按照步骤领取电子社保卡；

（3）点击亮码即可使用。

浙里办 APP

（二）社会保障卡制卡进度查询方式

1. 网上申领后，可在杭州市民卡 APP"市民卡服务"中，点击"申领查询"进行制卡进度查询；

2. 拨打"0571-96225"市民卡热线查询制卡情况。

（三）社保卡补卡方式

1. 手机端补卡：下载杭州市民卡 APP，进入"市民卡服务"，点击"市民卡补换"，根据提示填写即可；

2. 现场补卡：携带本人身份证（原件及正反面复印件）前往杭州市民中心或市区各市民卡营业厅进行补卡办理。

二、医疗

（一）医保费用报销比例[10-1]

1. 门诊

（1）三级定点医疗机构发生的医疗费，在职人员 76%，退休人员 82%；

（2）其他定点医疗机构发生的医疗费，在职人员 80%，退休人员 86%；

（3）在社区卫生服务机构发生的医疗费，在职人员86%，退休人员92%。

2. 住院

（1）住院起付标准以上至4万元（含），在三级定点医疗机构发生的医疗费，在职人员82%，退休人员86%；在其他定点医疗机构发生的医疗费，在职人员84%，退休人员88%；在社区卫生服务机构发生的医疗费，在职人员88%，退休人员92%。

（2）4万元至40万元（含），在三级定点医疗机构发生的医疗费，在职人员88%，退休人员92%；在其他定点医疗机构发生的医疗费，在职人员90%，退休人员94%；在社区卫生服务机构发生的医疗费，在职人员92%，退休人员96%。

（二）本地医保报销流程

1. 参保人员应按国家和省、市规定申领医保就医凭证（含电子凭证，下同），并凭有效就医凭证在定点医疗机构就医、购药。

2. 在直接联网的定点医疗机构（含省内及跨省异地就医定点医疗机构）发生的应由参保人员个人支付的医疗费和购药费，由参保人员直接与定点医疗机构按规定结算；在非直接联网的定点医疗机构发生的应由医保基金支付的医疗费，或因急诊、医保网络故障等原因未能在直接联网的定点医疗机构按规定结算的医疗费，由参保人员全额支付后，在下一结算年度年底前至市区医保经办机构按规定结算。

3. 参保人员因急症在就医地非定点医疗机构急诊治疗的，治疗结束后，凭急诊证明至市区医保经办机构按规定结算医疗费。

4. 非急症治疗需要，在当地非定点医疗机构发生的医疗费不予支付。

5. 办理材料：

（1）社会保障卡或身份证（委托他人办理时还需提供代理人身份证）原件及复印件1份；

（2）本人银行卡原件及复印件1份；

（3）有效医疗费收据原件；

（4）报销门诊费用时：当时就诊记载的病历、医疗费用清单原件或复印件；

（5）报销住院费用时：出院记录、住院费用汇总明细清单原件或复印件；

（6）报销外伤医疗费时：需提供外伤经过情况说明，涉及责任认定或商业保险赔付的，需同时提供交警事故认定书、法院判决书、法院执行说明、调解协议书或保险理赔单原件及复印件各一份。

（三）异地医保报销流程

1.直接刷卡报销

如果是跨省，杭州的参保人员在办理转外地或长住外地手续后，可在转外地或长住地当地跨省异地就医定点医疗机构凭本人社会保障卡直接按医保规定结算住院费用。

如果是省内异地，杭州的参保人员在省、市"一卡通"定点医疗机构门诊就医或住院治疗的，可凭本人社会保障卡在医院直接按医保规定结算门诊或住院医疗费。

2.委托结报

杭州医保与上海、宁波医保经办机构签订了协议，通过两地委托结报的方式，实现参保人员在就医地医保经办机构直接进行医疗费报销结算。

3.单位统一报销

考虑到部分参保单位派驻外地职工较多、医疗费报销量较大的问题，杭州医保创新开展了由参保单位负责收集本单位外派工作人员异地就医医疗费结算凭证，定期送至杭州医保统一审核报销的服务方式。

目前，与杭州医保建立集体委托报销关系的单位共计124家，如中铁十二局、浙江铁路分局金华车务段、杭州娃哈哈集团有限公司等。

4.在线报销

杭州的参保人员可通过登录浙江省政务服务网，通过个人办事的"基本医疗保险参保人员医疗费用零星报销"事项，按要求上传申报材料电子版，待网上预审通过后，可持纸质材料至经办窗口办理或通过快递方式邮寄报销。

对于到窗口现场申请办理的参保人员如需补正材料的，也可通过邮寄途径提交补正材料，免除了参保人员来回奔波。

5. 邮寄报销

作为上述几种报销方式的补充，杭州医保还开展了信件邮寄报销的服务方式。

此方式主要针对居住在偏远地区、因各种原因无法通过上述方式报销的长住外地退休参保人员。此类人员可由本人提出申请并经杭州医保同意后，将医疗费结算材料通过信件邮寄至参保区域医保受理中心审核报销。

三、生育

（一）生育待遇包含的项目

生育津贴。

（二）实时结算项目

生产时刷社保卡实时结算。

（三）手工报销项目

生育津贴。

（四）生育津贴领取流程

1. 申领条件

职工享受生育保险待遇，应符合下列条件之一：

（1）职工在生育时或职工在实施计划生育手术时：

①用人单位已按规定为其办理参保登记手续；

②连续缴纳生育保险费 6 个月；

③职工的生育符合国家、省、市规定。

（2）温馨提示：

①连续缴纳须包含生产当月，若存在补缴，需从补缴后1个月开始计算。

②若生产时未连续缴满6个月，可继续参保至连续缴满6个月再申请。

③申领时限：产后的次年年底前。

④产假天数[10-2]：生育一孩的产假为158天，生育二孩、三孩的产假为188天。妇女产假的期限自生育之日起按照自然日计算，包含国家法定节假日、休息日和职业假。难产的，增加产假15天，生育多胞胎的，每多生育1个婴儿，增加产假15天。

2. 申领材料

（1）生育待遇申领表。

（2）需根据不同情形同时提供下列材料：

①申请平产、剖宫产、助娩产待遇的：医疗诊断证明或出院记录或病历（包含封面）复印件1份。

②申请符合计划生育政策的流产、引产待遇的：结婚证复印件1份、医疗机构出具的病历（包含封面）、出院记录或医疗诊断证明书［含怀孕开始（末次月经）时间、流产或引产时间］复印件1份。

③申请不符合计划生育政策的流产、节育、复通手术待遇的：结婚证复印件1份（计划外流产提供）；医疗机构出具的病历（包含封面）或出院记录或医疗诊断证明书［含怀孕开始（末次月经）时间、流产或引产时间］复印件1份。

3. 申领方式

职工本人网上申报或单位网上申报。

四、工伤

(一) 工伤待遇

表 10-1　工伤保险待遇享受明细

项目	支付标准	范围基数
医疗费用	全额支付	治疗工伤所需，符合工伤保险诊疗、住院服务标准目录的
康复治疗费用	全额支付	
安装辅助器具费用	全额支付	国家规定的定额标准
住院伙食补助费	按住院期间的实际天数实行定额补助	22元/人/天
外地就医交通费	按凭据据实报销交通费	工伤职工可选择乘坐火车（硬卧或动车二等座、高铁二等座）、轮船（三等舱）、客运汽车、公共汽车、轨道交通以及事先经统筹地区社保经办机构批准同意乘坐的其他交通工具
一次性伤残补助金	一级：本人工资×27个月 二级：本人工资×25个月 三级：本人工资×23个月 四级：本人工资×21个月 五级：本人工资×18个月 六级：本人工资×16个月 七级：本人工资×13个月 八级：本人工资×11个月 九级：本人工资×9个月 十级：本人工资×7个月	职工工伤前12个月平均月缴费工资（职工发生工伤当月往后推12个月的缴费基数为计发标准，按工伤时上年度省月平均工资进行保底封顶）
按月支付伤残津贴	一级：本人工资×90% 二级：本人工资×85% 三级：本人工资×80% 四级：本人工资×75%	职工工伤前12个月平均月缴费工资（低于最低工资标准的，基金补足差额）。退休后享受基本养老保险待遇，以后按增加企业退休金办法调整

续表

项　目	支　付　标　准	范　围　基　数
按月支付 生活护理费	生活完全不能自理：50% 生活大部分不能自理：40% 生活部分不能自理：30%	上年度省月平均工资（自省月平均工资发布的次月起调整）
一次性医疗 补助金	五级：上年度职工月平均工资×30个月 六级：上年度职工月平均工资×25个月 七级：上年度职工月平均工资×10个月 八级：上年度职工月平均工资×7个月 九级：上年度职工月平均工资×4个月 十级：上年度职工月平均工资×2个月	解除合同的上年度省月平均工资（5—6级职工提出解除，7—10级合同期满或职工提出）

来源：《工伤保险条例》

（二）申报工伤认定材料

1. 工伤认定申请表包括事故发生的时间、地点、原因、职工伤害程度等基本情况以及申请人能够提供的相关证明材料；

2. 与用人单位存在劳动人事关系（包括事实劳动人事关系）的证明材料；

3. 医疗诊断证明（包括初诊诊断证明书）或者职业病诊断证明书（职业病诊断鉴定书）。

（三）停工留薪期

职工遭受事故伤害或者患职业病后需要暂停工作、接受治疗的，用人单位应按照《工伤保险条例》规定，为工伤职工确定停工留薪期限。

职工因工作遭受事故伤害或者患职业病需要暂停工作接受工伤医疗的，在停工留薪期内，原工资福利待遇不变，由所在单位按月支付。

停工留薪期一般不超过12个月。伤情严重或者情况特殊，经设区的市级劳动能力鉴定委员会确认，可以适当延长，但延长期限不得超过12个月。工伤职工评定伤残等级后，停发原待遇，按照本章的有关规定享受伤残待遇。

工伤职工在停工留薪期满后仍需治疗的，继续享受工伤医疗待遇。

五、失业

（一）失业保险金申领时间及周期

1. 申领时间：在解除劳动合同之日起 60 日内向失业保险业务机构办理申领手续。

2. 申请周期：自审核通过的次月起发放。

（二）失业金发放标准[10-3]

1. 计发标准

失业金 = 当地最低工资 ×90%× 失业金领取月份（目前杭州市区失业保险金标准为 2052 元 / 月，桐庐、淳安、建德为 1863 元 / 月）。

2. 领取月份计算方式

（1）累计缴费时间不满 1 年的，不领取失业保险金；

（2）累计缴费时间 1 年以上不足 5 年的，每满 6 个月领取 1 个月失业保险金，余数满 3 个月不满 6 个月的，按 6 个月计算；

（3）累计缴费时间 5 年以上的部分，每满 8 个月领取 1 个月失业保险金，余数满 4 个月不满 8 个月的，按 8 个月计算；

（4）最多领取时间不超过 24 个月。

（三）失业金申领材料清单 / 信息

参保职工注册登录浙里办 APP—搜索"失业一件事"，上传材料：

1. 终止或解除劳动合同证明书（对失业原因有异议的必传）；

2. 居民身份证（原件正反面拍照上传）；

3.《失业"一件事"联办申请表》。

六、退休

（一）办理条件

在杭州市区参加企业职工基本养老保险，达到法定退休年龄（男职工 60 周岁，女职工 50 周岁，管理岗女职工 55 周岁）且职工基本养老保险缴费年限累计满 15 年（含视同缴费年限）。

（二）办理凭证

1.《企业职工退休"一件事"联办申请表》原件；

2.《参保证明》原件；

3. 参保人员社会保障卡或身份证复印件 1 份；

4.《参保人员达到法定退休年龄领取基本养老保险待遇资格确认表》；

5.《参保人员基本养老保险视同缴费年限核定表》（非必要）；

6. 职业资格一级（高级技师）证书原件（非必要）；

7. 高级职称证书原件（非必要）；

8. 高级职称评审材料复印件或评审机构发文文件复印件（非必要）；

9. 聘用在相应岗位上工作的聘书或证明原件（非必要）；

10. 行业职业资格鉴定部门考核通过的发文文件原件（非必要）；

11.《职工从事特殊工种提前退休"公示"反馈表》原件或复印件（非必要）；

12.1997 年年底前获得国家或省、部级科技成果奖等奖项原件（非必要）；

13. 档案（非必要）；

14. 养老手册（非必要）。

（三）杭州养老金每月发放时间

1. 退休金发放时间为每月 8 号；

2. 退休人员养老金从劳动保障行政部门审批退休的次月起开始领取；

3. 退休人员个人可登录浙里办 APP，或者浙江政务服务网，搜索"社保证明打印"，证明打印类型选择"养老待遇发放证明"，即可查询打印。

七、公积金

（一）公积金提取条件

表 10-2

提取类型	提取条件
建造、翻建、大修自住住房提取住房公积金	职工建造、翻建、大修自住住房的；既有住宅加装电梯的，可以提取本人的住房公积金
租赁自住住房提取住房公积金	职工连续足额缴存住房公积金满3个月，本人及配偶在缴存城市无自有住房且租赁住房的，可提取夫妻双方住房公积金支付房租
偿还购房贷款本息提取住房公积金	职工偿还产权自有的住房贷款本息的，可以提取本人的住房公积金
出境定居提取住房公积金	职工出国、出境定居的，可提取本人的住房公积金
死亡或者被宣告死亡提取住房公积金	职工死亡或者被宣告死亡的，职工的继承人或者受遗赠人，可以提取该职工住房公积金账户中储存的余额
享受城镇最低生活保障提取住房公积金	享受城镇最低生活保障的，职工可提取本人的住房公积金
离休、退休提取住房公积金	职工离休、退休（退职）的，可提取本人的住房公积金
购买自住住房提取住房公积金	职工购买自住住房的，可以提取本人的住房公积金

续表

提取类型	提取条件
与所在单位终止劳动关系未重新就业满5年或者造成家庭生活严重困难提取住房公积金	本市户籍职工与所在单位终止劳动关系后，未重新就业满5年的，可提取职工本人的住房公积金
完全或者部分丧失劳动能力以及遇到其他突发事件造成家庭生活严重困难提取住房公积金	完全或部分丧失劳动能力，且与单位终止劳动关系的，可提取本人的住房公积金

来源：《住房公积金管理条例》

（二）公积金提取金额

1.购买、建造、翻建、大修自住住房提取住房公积金

截至建房（大修）批准当月后满1年的账户余额；本人账户余额超过实际建房支出总额的，按实际支出数提取。

2.无房租赁提取住房公积金【10-4】

（1）限额标准：杭州市区（含萧山区、余杭区、临平区、富阳区、临安区）为1500元/月，桐庐县为1050元/月，淳安县为750元/月，建德市为600元/月。

（2）缴存人符合无房租赁提取住房公积金的，提取限额不超过12个月，可每年提取1次或按月提取本人住房公积金账户余额。

（3）缴存人家庭租住公共租赁住房的，按照实际租金支出提取本人及配偶住房公积金账户余额。

3.偿还购房贷款本息提取住房公积金

每次提取的账户余额不超过当期已发生的还本付息额。其中，贷款结清时，账户余额截至贷款结清的当月；贷款结清后不再提取。

4.出境定居提取住房公积金

可提取本人公积金账户余额。

（三）公积金提取办理方式

1. 登录支付宝 APP—地点选择"杭州"—"市民中心"—"公积金"—"杭州公积金办理"—"公积金提取"—选择对应的公积金提取情况，按步骤办理。

2. 登录浙江政务服务网—城市选择"杭州"—"个人服务"—"公积金提取"—"个人账号登录"，按步骤进行办理。

（四）公积金异地转入

杭州市异地公积金转入业务要求职工在杭州连续缴纳公积金满 6 个月，且为正常在缴状态，办理流程如下：

1. 职工携带本人身份证原件至杭州市公积金中心柜台领取并填写《异地转移接续申请表》，现场办理即可。

2. 职工登录浙江政务服务网—城市选择"杭州"—选择"个人服务"—选择"公积金"—选择"个人住房公积金账户转移在线办理"—注册个人账号登录—按照提示进行填写即可。

答疑解惑

Q1：如何将本市的社保转移至其他城市？

A1：杭州参保职工社保停保后申请转出，社保经办部门可为其开具《医保参保（合）凭证》和《养老保险参保缴费凭证》，打印方式如下：

方式1：登录支付宝APP—市民中心—社保—社保证明打印—个人参保证明—养老保险参保缴费凭证；

方式2：登录浙里办APP—搜索点击"浙里医保"—我要参保—出具参保凭证。

打印成功后，可携带身份证、《医保参保（合）凭证》和《养老保险参保缴费凭证》至目标转入地咨询办理。

Q2：如何查询自己的社保缴纳证明？

A2：杭州地区社保参保证明可通过登录支付宝APP—市民中心—地点选择杭州—社保—参保证明打印—个人参保证明进行查询打印；医保参保证明可通过登录浙里办APP—搜索"浙里医保"—我要查询—个人缴费证明打印进行查询。

Q3：在异地产生门诊、住院费用如何报销？

A3：职工的医疗费用若未实时结算（如外地定点医疗机构就医、急诊等），且由个人全额支付，由职工本人在网上办理报销。办理路径：浙里办APP—定位至杭州滨江区—搜索"浙里医保"—我要报销—门诊费用报销/住院费用报销。

Q4：杭州医保个人账户资金如何计算？

A4：在职职工个人账户当年资金组成：

（1）个人缴纳的职工医保费；

（2）分年龄段设定比例，按月从职工医保费中划入的资金，其中市区参保人员45周岁（含）以下的按本人缴费基数的0.5%划入，45周岁以上至退休前的按本人缴费基数的 0.8% 划入；

（3）去除大病医疗费用。

Q5：公积金贷款最高可贷额度是多少？个人可贷额度如何计算？

A5：职工个人可贷额度按住房公积金账户月均余额的一定倍数计算确定，计算公式为：职工个人可贷额度＝职工住房公积金账户月均余额 × 倍数[10-5]。

（1）职工住房公积金账户月均余额为职工申请住房公积金贷款时近 12 个月（不含申请当月）的住房公积金账户月均余额（不含近 12 个月的一次性补缴），不足 12 个月的按实际月数计算。

（2）杭州市主城区、萧山区、余杭区、临平区、富阳区、临安区的倍数目前按 15 倍确定。

（3）职工个人可贷额度计算结果四舍五入，精确到千位。

（4）2022 年杭州无房家庭公积金最高贷款额度上调[10-6]：

职工单人缴存住房公积金的，杭州市区、桐庐县、建德市为 60 万元，淳安县为 48 万元；夫妻双方缴存住房公积金的，杭州市区为 120 万元，桐庐县为 96 万元，淳安县、建德市为 84 万元。

Q6：如何将本市的公积金转移至其他城市？

A6：杭州市异地公积金转出业务要求职工在杭州封存公积金满 6 个月，封存满 6 个月后直接在转入地办理公积金转入即可，无须办理杭州公积金转出。

参考内容

【10-1】《杭州市基本医疗保障办法》(杭政〔2020〕56号)

【10-2】《浙江省人民代表大会常务委员会关于修改〈浙江省人口与计划生育条例〉的决定》(浙江省第十三届人民代表大会常务委员会公告第63号)

【10-3】《浙江省失业保险条例》(浙江省第十三届人民代表大会常务委员会第三十七次会议通过)

【10-4】《杭州住房公积金管理委员会关于优化完善住房公积金租赁提取政策的通知》(杭房公委〔2022〕14号)

【10-5】《杭州住房公积金管理委员会关于调整住房公积金贷款政策的通知》(杭房公委〔2015〕1号)

【10-6】《杭州住房公积金管理委员会关于提高无房职工家庭住房公积金贷款额度的通知》(杭房公委〔2022〕9号)

福州

一、社会保障

（一）社会保障卡办理、申领流程（只能本人申请办理）

1. 职工在福州本地

福州八大银行（中国银行、中国农业银行、中国工商银行、中国建设银行、福州海峡银行等）皆有制卡网点，职工可携带身份证原件和旧卡申请第三代社保卡换卡（建议带上1寸免冠白底彩色照片）。

2. 职工在异地

下载众行海峡APP，先注册，于首页"社保卡申请项"中申请个人社保卡，可选择快递到付的方式，待申领成功后15个工作日内，社保卡会邮寄到个人手上。此社保卡申领成功后并无储蓄功能，只有医保功能，若需激活储蓄功能，则可于任意福州海峡银行网点进行激活；若只有医保功能，则领卡后即可在任意福建省内全省联网的定点医疗机构即时刷卡结算。

（二）查询账户余额、刷卡明细

1. 关注"福建医疗保障"微信公众号查询；
2. 携带身份证原件到福州市医保中心前台查询。

（三）社会保障卡挂失、解挂

直接到制卡网点进行挂失补办，或者拨打电话（0591-12345转市直医保）挂失，挂失完毕后去银行补卡，补卡成功后需携带身份证、社保卡到医保中心办理取消挂失。

（四）注销

携带身份证原件和社保卡原件到制卡银行办理注销。

(五)电子社保卡

关注"福建医疗保障"微信公众号,进入服务大厅—绑定激活电子社保卡即可。

二、医疗[①]

(一)医保费用起付标准及报销比例

1. 门诊

(1)普通门诊

表 11-1

起付线800元以下	800元以上—20000元(含)以下	
由个人账户支付,个人账户不足时,由现金支付	对象	支付比例
	在职	75%(其中定点社区85%)
	退休	80%(其中定点社区90%)

(2)特殊门诊

表 11-2

序号	门诊特殊病种(29种)	年度最高支付限额	支付比例	
			一般医疗机构	基层医疗机构
1	高血压病、糖尿病	6000元	在职85% 退休90%	在职90% 退休94%

[①] 本部分表格内容来源:福州市人民政府《福州市职工基本医疗保险政策问答(2023年9月)》,https://www.fuzhou.gov.cn/zgfzzt/ylws/ybzchb/202310/t20231023_4703067.htm,最后访问日期:2024年7月11日。

续表

序号	门诊特殊病种（29种）	年度最高支付限额	支付比例 一般医疗机构	支付比例 基层医疗机构
2	恶性肿瘤化学治疗和放射治疗、重症尿毒症门诊透析治疗、结核病规范治疗、器官移植抗排异反应治疗、精神分裂症、门诊危重病抢救、再生障碍性贫血、慢性心功能衰竭、系统性红斑狼疮、慢性阻塞性肺疾病（含慢性支气管炎）、血友病、重症肌无力、强直性脊柱炎、白内障门诊手术治疗、重性精神病人、癫痫病、支气管哮喘、苯丙酮尿症、慢性病毒性肝炎（乙型、丙型活动期）、脑卒中后遗症、类风湿关节炎、慢性肾炎、甲状腺功能亢进、冠状动脉粥样硬化性心脏病、帕金森病、肝硬化（失代偿期）、新冠肺炎出院患者门诊康复治疗	12万元	在职85% 退休90%	在职90% 退休94%

备注：
1.起付线：800元（其中社区卫生服务中心、乡镇卫生院、村卫生所等基层医疗机构取消起付线）。
2.最高支付限额包括起付标准、医保目录内个人负担部分。
3.参保人员有两个以上门诊特殊病种按一个起付标准计算。
4.序号1特殊病种超过最高支付限额12万元的医疗费用，不享受大额医疗费用补充保险待遇。

2.住院

（1）住院报销标准（按病种收费除外）

表11-3

首次住院起付线			年度内统筹基金最高支付限额
三级定点医疗机构	二级及以下定点医疗机构	社区卫生服务中心、乡镇卫生院	
800元	600元	300元	12万元
年度内多次住院的在二甲及以上医疗机构逐次递减240元，二乙以下医疗机构逐次递减200元，直至降为零			

续表

参保对象	首次住院起付线						年度内统筹基金最高支付限额
	三级定点医疗机构	二级及以下定点医疗机构	社区卫生服务中心、乡镇卫生院				
	住院统筹基金支付比例						
	三甲	三乙	二甲	二乙	一级	社区医疗服务机构	
在职职工	87%	88%	89%	90%	92%	94%	
退休人员	92%	93%	94%	95%	96%	97%	

（2）住院报销标准（按病种支付规定）

在定点医疗机构发生的列入按病种收费管理的病种费用，医保按照该病种收费标准结算，不设起付线，由个人和统筹基金按比例分担。

①省属医院按以下标准结算

表11-4

医保待遇参保对象	省属A档医院（省立医院及南院、协和医院、附一医院、联勤保障部队第九00医院、省肿瘤医院、省妇幼保健院、省人民医院、省第二人民医院）		省属B档医院（其他省属医院）	
	统筹支付比例	个人负担比例	统筹支付比例	个人负担比例
在职人员	73%	27%	78%	22%
退休人员	78%	22%	83%	17%

②市属医院按以下标准结算

表11-5

医保待遇参保对象	三级公立医院		二级公立医院		一级公立医院	
	统筹支付比例	个人负担比例	统筹支付比例	个人负担比例	统筹支付比例	个人负担比例
在职人员	78%	22%	83%	17%	88%	12%
退休人员	83%	17%	88%	12%	93%	7%

（二）本地医保报销所需材料

1. 急、门诊：门诊病历、门诊清单、门诊报告单、门诊发票（须由医院手动盖章）、社保卡原件、中国农业银行卡原件。

2. 住院：住院发票、住院汇总清单、出院小结、长期医嘱单（含短期）（以上医院材料需由医院手动盖章）、社保卡原件、中国农业银行卡原件。

（三）异地医保报销流程[11-1]

1. 异地安置人员在备案地住院

（1）条件

职工在福州参保，在福建省以外的城市工作（出差、长期外派等）。

（2）办理方式

职工本人关注"福建医疗保障"微信公众号，进入医保中心，进入服务受理，再进入异地安置，职工进入之后填写个人信息和异地医院信息并上传外派证明（此外派证明需加盖单位公章）。

表 11-6

就医区域	办理须知	备案方式	手工报销材料
福建省内城市全国联网的定点医疗机构	无须备案，普通门诊和住院费用可即时刷卡计算	—	①职工本人身份证原件、社保卡原件、本人中国农业银行卡原件（以上需复印件各1份）②医院发票、发票金额对应的汇总清单、医嘱单（含长期和短期）、出院小结原件（以上医院材料需手动加盖医院章）

福　州

续表

就医区域	办理须知	备案方式	手工报销材料
福建省内城市非全国联网的定点医疗机构	须提前备案，后续回参保地手工报销	①线上：职工本人关注"福州市医疗保障局"微信公众号；进入医保中心，进入服务受理，再进入异地安置，职工进入之后填写个人信息和异地医院信息并上传外派证明（此外派证明需加盖单位公章） ②线下：职工需携带身份证件和加盖公章的外派证明到福州市医保中心前台办理备案登记	
福建省内城市门诊特殊病种	按规定进行备案登记后方可即时刷卡结算	①实行网上备案的医疗机构：在有资质认定门诊特殊病种的市属及以下医保定点医疗机构，部分省属定点医疗机构（目前有省肿瘤医院、省级机关医院），由接诊医生(主治及以上职称)出具诊断证明，定点医疗机构可直接办理门诊特殊病种审核和网络登记工作 ②未实行网上备案的省属医疗机构：有资质认定的定点医院具备相应专科主治及以上职称的医生，填写《福州市基本医疗保险门诊特殊病种治疗项目备案表》，定点医院审核盖章后，参保人员凭借社保卡和《备案表》向参保地医保经办机构或医保服务站提出申请登记备案	
福建省外城市（全国联网的定点医疗机构）	若选择全国联网的定点医疗机构就医，则需提前备案，备案后住院费用可即时刷卡结算，普通门诊、门诊特殊病种所发生的费用，与其在备案登记的非全国联网定点医疗机构发生的医疗费用，均需回参保地办理手工报销	—	
全国联网的定点医疗机构查询网址：https://fuwu.nhsa.gov.cn/nationalHallSt/#/search/MedicalTreatmentOrganSearch			

（3）终止长期外派

无须办理终止，异地就医备案办理成功后，备案地和参保地都可以即时刷卡结算。

2. 异地转诊转院

条件：医院根据职工病情建议转院并开具转院证明。

三、生育【11-2】

（一）生育待遇包含的项目

1. 女职工：生育产检费用、生育住院费用、生育津贴。

2. 男职工未就业配偶：生育住院费用（按照城乡居民医保的报销标准执行）。

（二）实时结算项目

1. 福建省内的城市产检、住院：产检和住院即时刷卡结算。职工在福州市本地生育，需在生育前开通社保卡的储蓄功能，生育后第二个月医保基金会自动打款生育津贴到职工社保卡上；职工在福州市以外福建省以内的城市生育，需在生育前做产前登记，生育后的第二个月医保基金会自动打款生育津贴到职工个人银行卡上。

2. 福建省外城市产检、住院：产检和住院在异地备案办理成功后可即时刷卡结算。生育津贴须至福州市医保中心前台申领。

（三）手工报销项目

因各种原因没有刷社保卡即时结算的医疗费用，职工在福建省以外的城市生育，需手工报销生育津贴。

（四）生育保险和生育津贴报销流程

1. 职工在福州市生育产检、住院：直接刷卡结算，需要在生育前开通社保卡的储蓄功能，生育津贴无须线下报销，生育后第二个月医保中心会自动打款生育津贴至职工个人社保卡上。

2. 职工在福州市以外福建省以内的城市产检、住院，生育产检和住院费用可即时刷卡结算，无须异地备案，职工需要在生育之前在"福建医疗保障"微信公众号上做产前登记，职工登记成功之后，无须线下手动报销，生育后的第二个月医保中心会自动打款生育津贴至职工个人银行卡上。

3. 职工在福建省以外的城市产检、住院，生育产检和生育住院费用需要在生育之前办理好异地就医备案，方可即时刷卡结算，生育津贴申领需保留医院单据［住院发票、住院汇总清单、出院小结、长期医嘱单（含短期）、医院材料需手工加盖医院章］，待职工生育后1年内持相关材料至福州市医保中心前台报销。

（五）男职工生育待遇

计划生育手术：男职工输精管结扎可申领15天生育津贴，复通术可申领15天生育津贴。

四、工伤

（一）申报工伤认定材料

1.《工伤认定申请表》、其他材料视官方而定。

2. 劳动关系、工作证明材料：包括《劳动合同》、职工受伤近两月考勤证明（含纸质版和电子版）等。

3. 事故情况证明材料：包括事故现场照片、职工受伤部分照片、交警的责任认定书、报警记录、单位盖章出具的《工伤事故调查报告》等。

4. 伤势情况证明材料：包括首次门诊病历、疾病诊断证明书、出院记录/证明、120呼出车记录等。

5. 其他基本材料：职工及证人有效身份证正反面拍照并提供复印件、《营业执照》副本复印件、《受伤职工个人委托书》《单位委托书》《送达地址确认书》等。

6. 其他特殊情况证明材料：出差/外勤审批证明、交通票；交通事故责任认定书复印件；暂住证或其他住址证明（如租赁合同、房产证等）复印件、上班路线图等。

（二）办结时限

工伤科收齐材料受理之日起60天内办结。

（三）工伤认定科联系方式

联系电话：0591-83926779。

联系地址：福州市后浦路6号劳动保障大厦。

五、失业

（一）失业金申领

1. 时间：目前已无办理时间限制。

2. 周期：办理完成后次月起发放。

3. 条件：失业职工已在福州市累计缴纳失业保险费满1年；非本人意愿中断就业；已办理失业登记，并有求职要求的。

（二）失业金发放标准[11-3]

表 11-7

序号	待遇名称	待遇档次标准 最低工资比例	待遇档次标准 发放标准（元/月）	职工基本医疗保险费（元/月）	合计失业保险待遇（元/月）
1	失业保险金	90%	1764	399.2	2163.2
2	农民工一次性生活补助费（单位缴费、本人未缴费）	60%	1176	—	1176

（三）失业金申领方式

1. 下载榕e社保卡APP或e福州APP，线上申领失业金。

2. 携带福州市社会保障卡或身份证明原件、复印件及福州海峡银行储蓄卡复印件前往任意失业保险经办机构窗口办理申领手续。

六、退休

（一）办理离退休手续的审批程序[11-4]

1. 退休条件

表 11-8

福州市户籍	只在福州市参保	达到法定退休年龄，且累计缴纳养老保险满15年
	存在异地参保	达到法定退休年龄，且累计缴纳养老保险满15年，最后参保地为福州
		达到法定退休年龄，且累计缴纳养老保险满15年，最后参保地不是福州的，在福建省外其他省份均未累计缴纳满10年
非福州市户籍	只在福州市参保	达到法定退休年龄，且累计缴纳养老保险满15年
	存在异地参保	达到法定退休年龄，且累计缴纳养老保险满15年，在福建省缴纳养老保险满10年，最后参保地为福州

备注：1.属于存在异地参保的，在达到退休年龄前，在福州市正常参保状态下，需将福建省内外养老保险转入福州。
2.户籍为福建省且在福州市累计缴满5年社保的人员，在达到退休年龄时仍未达到缴费年限，想在福州领取养老金的，可继续申请延缴养老保险直至缴满15年。

来源：《关于完善城镇职工基本养老保险政策有关问题的通知》《福建省劳动和社会保障厅关于规范职工退休审批管理工作的通知》

2. 退休材料

（1）《福建省参保人员基本养老金领取资格认定表》一式3份，须加盖单位公章；

（2）公示（公示模板需前台领取）；

（3）身份证原件；

（4）户口簿原件；

（5）职工养老保险手册；

（6）退休申请人员本人档案（若在某档案存放机构存放，则需提供档案存放机构的机构名称、机构地址、机构电话）；

（7）《基本医疗保险职工参保信息变更登记表》一式2份，加盖公章；

（8）《企业职工岗位标准报备表》（需退休前5年的岗位报备表或者劳动合同原件和复印件一份）。

办理结果：材料齐全出具《受理承诺书》，材料不齐全出具《缺件告知单》，不符合条件出具《不予受理决定通知书》。

温馨提示：在办理退休之前，须将异地养老保险关系转入福州。

（二）缴费不足如何补足

1.延长缴费（不能办理一次性补缴，只能继续在单位缴纳或者转灵活就业养老缴纳）；

2.转城乡居民养老保险；

3.申请清算。

七、公积金

（一）公积金查询

1.下载闽政通APP或者e福州APP进行注册查询（首次登录需注册）。

2.登录福建省住房公积金网上办事大厅（https://cx.fjszgjj.com/wsyyt/yyt.html?t=1715841959007），进入个人业务办理（首次登录需注册）。

3.携带身份证原件到福州市住房公积金管理中心查询（地址：福州市台江区高桥路69号市民服务中心三楼）。

（二）公积金提取

1. 提取条件

（1）租房提取：职工在福州市没有房产，单身，租赁商业房，可通过 e 福州 APP、闽政通 APP、福建省住房公积金网上办事大厅个人业务办理处申请办理。

首次申请需 1 年之内未办理过公积金提取，之后每 6 个月可办理提取一次；其他特殊情况需到前台提交材料申请。

（2）购房提取：申请人在中心正常缴存住房公积金且住房公积金账户状态正常，未被限制使用；所申请委托还贷的住房公积金贷款已还贷 12 个月（含）以上且无逾期还款余额；申请时申请人未提取住房公积金时间（含上一次申请委托还贷业务终止成立）已满 12 个月（含）以上。

可通过 e 福州 APP、闽政通 APP、福建省住房公积金网上办事大厅个人业务办理处申请办理；其他特殊情况需到前台提交材料申请。

（3）离职提取：职工因与单位终止劳动关系，未再就业申请提取住房公积金；缴存职工公积金账户封存满 6 个月（含）以上且未在其他住房公积金管理机构开立新的个人公积金账户；与上次离职提取间隔满 24 个月。

可通过 e 福州 APP、闽政通 APP、福建省住房公积金网上办事大厅个人业务办理处申请办理；其他特殊情况需到前台提交材料申请。

2. 提取方式

（1）通过 APP 线上申请提取—中心审批—提取转账（线上申请途径：e 福州 APP；闽政通 APP；福建省住房公积金网上办事大厅—个人业务办理—登录注册）。

（2）线下提交材料到前台—中心审批—提取转账。

（三）公积金异地转移

1. 申请条件

（1）福建省内公积金增员时便可申请转入；省外公积金转入需稳定缴纳

福州公积金满 6 个月。

（2）异地的公积金为封存状态。

2. 申请方式

（1）线上：职工登录福建省住房公积金网上办事大厅 [进入个人业务办理，在跨省转入页面申请即可（须知晓异地公积金缴存单位名称、单位公积金账号、个人公积金账号）]。

（2）线下：职工携带身份证原件和《转移接续申请表》至公积金中心办理。

3. 办理场所

福州市住房公积金管理中心（地址：福州市台江区高桥路 69 号市民服务中心三楼）。

4. 办理时间

封存满 6 个月后未再缴纳公积金。

5. 办理时限

转移办理后 1 个月到账。

6. 收费标准

无。

7. 咨询方式

0591-12329。

答疑解惑

Q1：如何查询自己的社保缴纳证明？

A1：登录福建省 12333 网上办事大厅查询。

Q2：如何将本市的社保转移至其他城市？

A2：需携带职工本人身份证原件到福州市社保中心前台打印参保证明，并根据转入地转入政策办理转移。

Q3：社保和公积金每年几月开始调整基数？

A3：社保：每年 5—6 月开始调整基数；公积金：每年 7 月开始调整基数。

Q4：没有社保卡如何报销住院费用（在异地产生住院费用如何报销）？

A4：需线上申请制卡，待社保卡办理成功后可收集材料进行线下手工报销。

Q5：如何查询自己的公积金缴纳证明？

A5：登录福建省住房公积金网站，进入个人业务办理，首次登录需注册。

Q6：如何查询自己的公积金个人账号？

A6：登录福建省住房公积金网站，进入个人业务办理，首次登录需注册。

Q7：离开本市至外地的缴存职工，能否取出住房公积金？

A7：要福州市公积金封存满 6 个月后且未在福建省内再次缴纳公积金方可申请提取。

Q8：公积金贷款最高可贷额度是多少？个人可贷额度如何计算？

A8：一人最高可贷款额度为 50 万元；夫妻双方（双职工）共同申请最高可贷款额度为 80 万元。

贷款额度计算公式：账户余额 ×1.2+ 月缴存额 × 到退休年龄月数 ×1.0。

Q9：如何将本市的公积金转移至其他城市？

A9：按照转入地政策执行，福州市公积金需先封存。

参考内容

【11-1】《国家医疗保障局、财政部关于进一步做好基本医疗保险跨省异地就医直接结算工作的通知》（医保发〔2022〕22号）

【11-2】《福建省女职工劳动保护条例》（福建省人民代表大会常务委员会公告〔13届〕第31号）

《福建省人民政府办公厅转发省人社厅省财政厅关于进一步加强生育保险工作意见的通知》（闽政办〔2014〕100号）

【11-3】《福建省人力资源和社会保障厅等印发〈福建省失业保险基金省级统筹实施方案〉的通知》（闽人社文〔2022〕160号）

【11-4】《国务院关于颁发〈国务院关于安置老弱病残干部的暂行办法〉和〈国务院关于工人退休、退职的暂行办法〉的通知》（国发〔1978〕104号）

厦 门

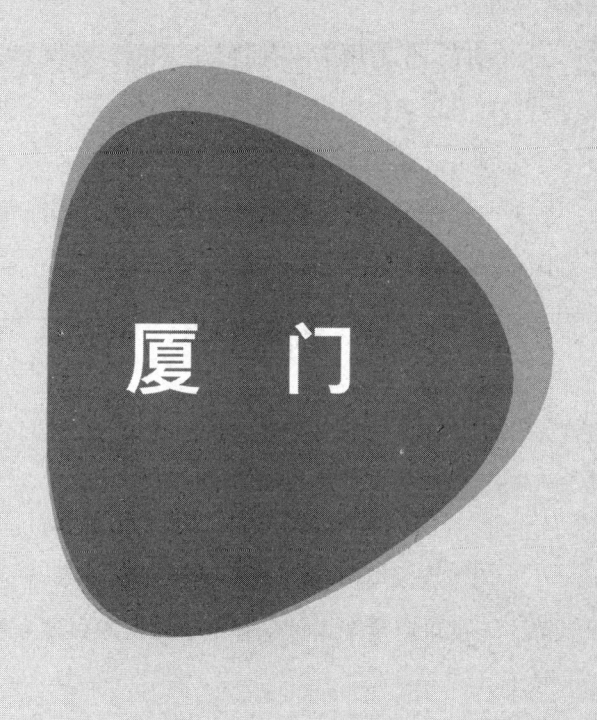

一、社会保障

社会保障卡办理、申领流程

前提：仅适用于未有制卡记录的，参保完成后5个工作日可申请。

1. 职工自行制卡

（1）关注"厦门智慧人社"微信公众号，点击服务大厅—服务—社保卡服务—社保卡办理—批量申请个人信息补全—首次制卡申请进行办理，5个工作日左右领卡。

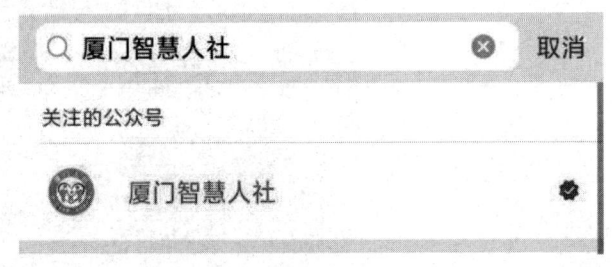

（2）登录厦门市人力资源和社会保障局—网上办事—个人办事—社会保障卡—批量申请个人信息补全—首次参保城乡居民制卡申请，5个工作日左右领卡。

（3）本人携带身份证原件至厦门受理社保卡业务的银行办理，制卡当天现场领卡。

2. 办理进度查询及查询领卡地点

关注"厦门智慧人社"微信公众号，点击服务大厅—服务—社保卡服务—社保卡办理—首次制卡申请—查看社会保障卡首次制卡办理情况。职工持本人身份证原件到指定银行领卡地点领取社保卡。职工也可在申领办卡时选择邮寄领卡（农行、邮政仅能邮寄至厦门市地址，工商、建设、中行、交行可邮寄至福建省外地址）。

3. 查询账户余额、刷卡明细

关注"厦门医疗保障"微信公众号—服务大厅—认证登录，首页即可查看余额。点击医保消费，即可查看刷卡明细。

4.社会保障卡挂失、解挂、补卡

由参保人持身份证原件至原制卡银行进行补卡，现场可出卡。由于厦门社保卡的受理方为银行，故补卡方式有差异，且大部分银行不支持异地补卡，请务必妥善保管好原件。

5.社会保障卡停用、注销

关注"厦门智慧人社"微信公众号—服务大厅—服务—社保卡服务—社保卡办理—社保卡启用、停用。

关注"厦门智慧人社"微信公众号—服务大厅—服务—社保卡服务—社保卡办理—社保卡注销。

6.社会保障卡密码修改和重置

关注"厦门智慧人社"微信公众号—服务大厅—服务—社保卡服务—社保卡办理—社保卡密码设立、变更。

7.电子社保卡

关注"国家医保局"微信公众号—微官网—医保电子凭证—填写个人信息—点击同意并激活—人脸识别，激活成功后查看参保地显示为"厦门市"即可。

二、医疗

（一）医保费用起付标准及报销比例

参保人员享受统筹基金支付待遇的标准，根据其医疗费用发生时连续参加基本医疗保险的时间确定：

表 12-1

连续参保时间（退休人员、医疗救助对象除外）	支付标准
连续参保时间不满12个月	统筹基金正常待遇的50%
连续参保时间满12个月不满24个月	统筹基金正常待遇的75%
连续参保时间满24个月	统筹基金正常待遇的100%

来源：《厦门市职工医疗保险实施细则》

1. 门诊

表 12-2

定点医疗机构等级	报销比例	
	在职职工起付标准累计1200元	退休职工起付标准累计800元
一级及以下	1200—10000元以下：90% ≥10000元：95%	800—10000元以下：95% ≥10000元：98%
二级	1200—10000元以下：85% ≥10000元：93%	800—10000元以下：90% ≥10000元：97%
三级	1200—10000元以下：75% ≥10000元：90%	800—10000元以下：85% ≥10000元：95%

备注：享受住院报销或门诊特定病种报销的，不得同时重复享受普通门诊报销。

来源：《厦门市职工医疗保险实施细则》

2. 住院

（1）起付标准

表 12-3

定点医疗机构等级	起付标准	
	在职职工	退休职工
一级及以下	首次住院：200元 二次及以上：100元	首次住院：100元 二次及以上：50元
二级	首次住院：600元 二次及以上：300元	首次住院：300元 二次及以上：150元
三级	首次住院：1000元 二次及以上：500元	首次住院：500元 二次及以上：250元

来源：《厦门市职工医疗保险实施细则》

（2）报销比例

表 12-4

定点医疗机构等级	报销比例	
	在职职工	退休职工
一级及以下	起付标准以上—最高支付限额：95%	起付标准以上—最高支付限额：98%
二级	起付标准以上—最高支付限额：93%	起付标准以上—最高支付限额：97%
三级	起付标准以上—最高支付限额：90%	起付标准以上—最高支付限额：95%
统筹基金最高支付限额：门诊和住院合计10万元		

来源：《厦门市职工医疗保险实施细则》

（二）本地医保报销流程

1. 药店：职工可持社保卡直接在定点零售药店购买药品、医疗器械、医用耗材。

2.门诊：职工可持社保卡到定点医疗机构刷卡实时结算。

3.住院：职工可持社保卡到定点医疗机构刷卡实时结算。

（三）异地医保报销流程

厦门市办理了异地就医备案的参保人员，异地就医可以携带本人社保卡前往备案地定点医疗机构就医，结账时直接支付报销后的自付金额即可。

1.办理条件

（1）跨省异地长期居住人员，包括异地安置退休人员、异地长期居住人员、常驻异地工作人员、异地生育人员等长期在参保省外工作、居住、生活的人员。

（2）跨省临时外出就医人员，包括异地转诊就医人员，因工作、旅游等原因异地急诊抢救人员以及其他跨省临时外出就医人员。

2.办理流程

前提条件：

不可以存在除厦门市外的社保卡，包括新农合。如有其他省市的社保卡，须先停用（非注销）后再进行异地就医备案的办理，否则线上线下均无法办理成功。

方法一：关注"厦门医疗保障"微信公众号—服务大厅—异地就医备案。

方法二："国家异地就医备案"微信小程序—异地就医备案申请。

三、生育

（一）生育待遇包含的项目

1.女职工：生育津贴、产前检查、分娩当次住院费用、计划生育手术费用。

2.男职工：生育津贴、计划生育手术费用、未就业配偶的生育医疗费用（不可享受生育津贴）。

（二）实时结算项目

职工持厦门实体/电子社保卡于备案地点的医保定点医疗机构就医，以实时结算核算的结果为准。

（三）手工报销项目

当地无法使用厦门实体/电子社保卡实时结算的医疗费用，需全额自费，再进行手工报销。

（四）生育保险报销流程

1. 申领条件

（1）分娩当月在缴；

（2）分娩前（含分娩当月）连续缴纳生育保险费满12个月，不满12个月，可享受50%的津贴；

（3）男职工的未就业配偶没有在全国任何地方参保城镇居民基本医疗保险或者城乡居民医疗保险的。

2. 报销材料

（1）参保人本人的厦门第三代社会保障卡原件（需激活金融功能），非第三代市民卡（或金融功能未激活）的参保人本人还需提供身份证复印件及I类银联卡并提供具体支行；

（2）出院记录（出院小结）；

（3）医疗费用票据原件；

（4）医疗费用票据对应的明细清单；

（5）男职工配偶的身份证原件及结婚证原件（未就业配偶需提供）；

（6）出生医学证明（未就业配偶需提供）；

（7）男职工未就业配偶个人承诺书（未就业配偶需提供）。

3. 报销流程

已使用实体/电子社保卡实时结算的医疗费用无须再次报销，未使用实体/电子社保卡实时结算的医疗费用，再至厦门市任意行政服务中心医保窗口办理。

4. 生育津贴领取

（1）津贴计算

计发标准：生育津贴＝职工生育时用人单位上年度月平均工资÷30日×规定的天数。[12-1]

①顺产128天；难产（含剖宫产）的增加15天；生育多胞胎的，每多生育一个婴儿，增加15天。

②怀孕3个月以内流产（含异位妊娠）的15天；怀孕3个月及以上流产的42天；怀孕7个月及以上流产的98天。孕期妊娠月以28天即4周为1个月计算。

③实施计划生育手术：放置宫内节育器的7天；摘取宫内节育器的3天；输卵管结扎的30天；输精管结扎的15天；输卵管复通术的30天；输精管复通术的15天。

生育或流产时合并计划生育手术的，生育津贴天数按就高原则领取，不叠加享受。

（2）报销流程所需材料

①参保人本人的厦门第三代社会保障卡原件（需激活金融功能），非第三代市民卡（或金融功能未激活）的参保人本人还需提供身份证复印件及I类银联卡并提供具体开户行；

②出院记录（出院小结）；

③医疗费用有效票据原件；

④医疗费用票据对应的明细清单。

四、工伤

（一）工伤定点医院

工伤保险协议康复机构和工伤保险协议辅助器具配置机构名单可通过"厦门智慧人社"微信公众号，依次点击"服务大厅"—"服务"—"社会保险"—"工伤保险协议机构查询"进行查看。

（二）申请主体及申请时限

1.职工发生事故伤害或者按照职业病防治法规定被诊断、鉴定为职业病，所在单位应当自事故伤害发生之日或者被诊断、鉴定为职业病之日起30日内，向统筹地区社会保险行政部门提出工伤认定申请。遇有特殊情况，经报社会保险行政部门同意，申请时限可以适当延长。

用人单位未在规定的时限内提交工伤认定申请，在此期间发生符合本条例规定的工伤待遇等有关费用由该用人单位负担。

2.社会保险行政部门应当自受理工伤认定申请之日60日内（厦门市已压缩至15个工作日内）作出工伤认定的决定，并书面通知申请工伤认定的职工或者其近亲属和该职工所在单位。社会保险行政部门对受理的事实清楚、权利义务明确的，应当在15日内作出工伤认定的决定。

温馨提示：*若工伤认定决定需要以司法机关或者有关行政主管部门的结论为依据的，在等待司法机关或者有关行政主管部门作出结论期间，作出工伤认定决定的时限中止。*

3.工伤职工申请工伤保险待遇，原则上在医疗终结或收到劳动能力鉴定结论之日起60日内向经办机构提出；因工死亡职工近亲属申请工亡待遇的，在收到工伤认定结论之日起60日内提出；工伤职工申请一次性工伤医疗补助金的，在解除或终止劳动关系之日起60日内提出，临退休人员应当在退休前一月提出。

（三）工伤待遇

表12-5　工伤保险待遇享受明细

支付项目	内　容　或　标　准
工伤保险基金支付的各项待遇　1.工伤医疗费	治疗工伤所需费用符合工伤保险诊疗项目目录、工伤保险药品目录、工伤保险住院服务标准的，从工伤保险基金中支付
2.康复性治疗费	经分中心工伤科开具资格确认书后方可享受
3.一次性伤残补助金	一级伤残：本人工资×27个月 二级伤残：本人工资×25个月 三级伤残：本人工资×23个月 四级伤残：本人工资×21个月 五级伤残：本人工资×18个月 六级伤残：本人工资×16个月 七级伤残：本人工资×13个月 八级伤残：本人工资×11个月 九级伤残：本人工资×9个月 十级伤残：本人工资×7个月
4.一级至四级伤残职工的伤残津贴	一级伤残：本人工资×90% 二级伤残：本人工资×85% 三级伤残：本人工资×80% 四级伤残：本人工资×75%
5.生活护理费	生活完全不能自理：本市上年度月平均工资×50% 生活大部分不能自理：本市上年度月平均工资×40% 生活部分不能自理：本市上年度月平均工资×30%
6.供养直系亲属抚恤金	按照工亡职工本人工资，配偶40%，其他亲属30%，孤寡老人或孤儿在此标准上增发10%，各供养亲属抚恤金之和不大于本人工资
7.丧葬补助金	本市上年度职工月平均工资×6个月
8.一次性工亡补助金	上一年度全国城镇居民人均可支配收入×20倍

续表

支付项目		内容或标准	
工伤保险基金支付的各项待遇	9.一次性工伤医疗补助金	一次性工伤医疗补助金=（平均预期寿命–解除劳动关系时年龄）×每满一年系数×解除劳动关系时上年度职工月平均工资	
		每满一年系数	五级：0.7　六级：0.6 七级：0.4　八级：0.3 九级：0.2　十级：0.1
		五级至六级工伤职工一次性工伤医疗补助金低于15个月的，按15个月支付 七级至八级工伤职工一次性工伤医疗补助金低于10个月的，按10个月支付 九级工伤职工一次性工伤医疗补助金低于5个月的，按5个月支付 十级工伤职工一次性工伤医疗补助金低于3个月的，按3个月支付	
	10.辅助器具配置费	经劳动能力鉴定后到分中心开具限额通知书后方可享受	
	11.住院伙食补助费	全省标准统一规定为省内30元/天、省外40元/天，厦门仍执行50元/天的标准，待全省标准调整超过厦门标准后再按全省标准执行（经医疗机构出具证明，报社保经办机构同意转外就医的，往返一次交通费，院外等待住院的交通、食宿费，治疗等待期为省内不超过3天、省外不超过5天）	
	12.经批准的外地就医的交通、食宿费	全省标准为250元/天，厦门仍执行350元/天的定额标准，待全省标准调整超过厦门标准后再按全省标准执行	
用人单位支付待遇	1.停工留薪期的工资福利待遇	按照职工本人工资发放。停工留薪期时长以医院出具相关证明为准	
	2.停工留薪期的生活护理费	工伤职工已经评定伤残等级并经劳动能力鉴定委员会确认需要生活护理的，护理人员每人每日护理费按不低于全省上年度职工月平均工资除以21日后的60%计发，并由所在单位直接支付给工伤职工，所在单位派员护理的除外	
	3.五级、六级伤残职工的伤残津贴	五级伤残：本人工资×70% 六级伤残：本人工资×60%	
	4.一次性伤残就业补助金	同一次性工伤医疗补助金	

来源：《福建省实施〈工伤保险条例〉办法》

（四）申报工伤认定材料

1. 工伤认定申请表。

2. 与用人单位存在劳动关系（包括事实劳动关系）的证明材料。

3. 职工受到事故伤害的需提供医疗机构出具的受伤后含首次病历的诊断证明复印件 1 份；职工患职业病的还应提供依法承担职业病诊断的医疗机构出具的职业病诊断证明书或职业病诊断鉴定书复印件 1 份。

4. 发生工伤的证明材料

（1）在工作时间和工作场所内，因履行工作职责受到暴力等意外伤害的，提交公安部门的证明或者其他相关证明；

（2）在上下班途中，受到非本人主要责任的交通事故或者城市轨道交通、客运轮渡、火车事故伤害的，提交公安交通管理部门或者其他相关部门的证明；

（3）因工外出期间，由于工作原因受到伤害或者发生事故下落不明的，提交公安部门或者相关部门的证明；

（4）在工作时间和工作岗位，突发疾病死亡或者在 48 小时之内经抢救无效死亡的，提交医疗机构的抢救证明或者其他相关证明；

（5）在抢险救灾等维护国家利益、公共利益活动中受到伤害的，提交民政部门或者其他相关部门的证明；

（6）在服役期间因战、因公致残的军人，退出现役到用人单位后旧伤复发的，提交《中华人民共和国残疾军人证》；

（7）根据实际情况需提供的其他相关材料。

五、失业

（一）失业金申领条件、时间及周期

1. 申领条件：按照规定参加失业保险，所在单位和本人已按照规定履行缴费义务满1年的；非因本人意愿中断就业的，并有求职要求的。

2. 申领时间：税务系统减员成功3—5个工作日之后，即可申请。

3. 办理周期：失业后2个月内申请有效。

（二）失业金发放标准

1. 有缴纳个人失业保险。

2. 根据参保人员失业前个人失业保险累计缴费的时间，每满1年领取2个月失业保险金，最长期限为24个月。

3. 按照厦门市当年度最低工资标准的90%发放。[12-2]

（三）失业金申领

1. 社保机构经办大厅的自助机自助办理

2. 线上自助办理

（1）外地户籍（非厦门市）

① 厦门市人力资源和社会保障局官网（http://hrss.xm.gov.cn）首页—点击"网上办事"，进入"个人登录"，输入登录账户和密码后，进入"个人办事"—点击"社会保障"—失业保险—外来人员失业一次性生活补助金申领，根据提示操作办理。

② "厦门智慧人社"微信公众号，点击"服务"—外来人员失业保险待遇申领自助办理。

（2）本市户口（含港澳台人员）

① 厦门人社局官网首页—网上办事—个人登录，输入登录账号和密码

后,点击"个人办事"—社会保障—本市人员失业保险金申领,根据提示操作办理。

②"厦门智慧人社"微信公众号,点击"服务"—本市人员失业保险待遇申领自助办理。

六、退休

(一)厦门市企业职工退休条件

1. 厦门户籍

男性60周岁时,女工人50周岁时、女干部55周岁时、女性灵活就业人员55周岁时、女性个体工商户业主55周岁时[12-3],具有厦门户籍且符合下列条件之一的,可确认厦门为其待遇领取地:

(1)曾在厦门参保缴费过的人员。

(2)从未在厦门参保过,但曾在福建省内参保缴费过,达到上述年龄时,未在省内其他地方就业并参保缴费的人员。

(3)从未在福建省参保过,且在其他省累计缴费年限均未超过10年的人员。

2. 福建省(非厦门)户籍

福建省(非厦门)户籍参保人员,城镇职工基本养老保险最后缴费地在厦门的,可确认厦门为其养老保险待遇领取地。

3. 非福建省户籍

男性60周岁时,女性50周岁时为非福建省户籍且符合下列条件之一的,可确认厦门为其待遇领取地:

(1)基本养老保险关系在福建省,达到上述年龄时,仍在厦门市参保缴费且在厦门市累计缴费满10年的人员。

（2）基本养老保险关系在福建省，且福建省为其最后一个缴费满 10 年的省，在福建省内最后参保地为厦门市的人员。

（3）基本养老保险关系不在福建省也不在户籍地，且在基本养老保险关系所在地累计缴费不足 10 年，福建省为其最后一个缴费满 10 年的省，在福建省内最后参保地为厦门市的人员。

（二）需要上报的有关材料

1. 参保人的身份证原件及户口簿原件。台湾同胞提供台湾居民来往大陆通行证或居住证原件；港澳同胞提供港澳居民来往内地通行证或居住证原件；外国人提供外国人永久居留证或护照原件 [信用状况良好的申请人可申请容缺办理，并自行下载填写容缺受理承诺书（仅限居民身份证）]。

附：不使用身份证照片的可自行提交免冠 1 寸近期彩照用于制作退休证。线下办理需提供申请人银行卡账号信息，但本人已在银行办理市民卡并同意作为养老金领取账户的无须到窗口录入账号。如需委托他人办理的，需提供委托人亲笔签名的委托书，并出示委托人与被委托人双方身份证原件。

2. 退休申请人员本人档案（如有高级职称证书、聘书一并携带）、《厦门市企业退休军转干部享受生活困难补贴资格确认表》（经厦门市退役军人事务局确认并盖章）。

3.《职工养老保险手册》。

4.《福建省参保人员基本养老金领取资格认定表》《厦门市职工退休申请表》一式 2 份（有单位的需加盖单位公章）。

七、公积金

（一）公积金查询

1. 微信公众号查询

关注"厦门市住房公积金中心"微信公众号—办事大厅—登录—首页—证明下载—缴存证明（此种方式打印有公积金管理中心的红章）。

温馨提示： 仅支持打印近1年内的缴存情况，若需打印1年以上公积金缴存情况，需线下打印。

2. 微信小程序查询

登录"全国住房公积金"微信小程序—服务—缴存明细—选择月份查询（此种方式仅能查询信息，材料上无官方红章）。

3. 支付宝查询

下载支付宝APP选择城市【厦门】—搜索市民中心—公积金—厦门公积金查询—缴存证明（此种方式打印有公积金管理中心的红章）。

（二）公积金提取

1. 提取条件

租房提取、购房提取、离退休提取、外地户籍离厦提取。

温馨提示： 每个职工（在全国范围内）只能有一个住房公积金账户，职工在本市和购房所在地同时缴存住房公积金的，不可提取。

2. 提取方式

关注"厦门市住房公积金中心"微信公众号—服务大厅—点击"去提取"，选择对应提取分类，按要求提交申请。

（三）公积金异地转移

1. 转入

（1）申请条件

在厦门有个人住房公积金账户。

（2）申请材料

职工本人或单位经办人携带以下材料到公积金管理中心前台办理：

①《住房公积金异地转移接续申请表》一式2份；

② 职工有效身份证复印件1份。

（3）结果查询

职工可关注"厦门市住房公积金中心"微信公众号，绑定个人账号，登录后即可查询个人余额，受理后一般15个工作日办结。

2. 转出

（1）申请条件

① 在厦门市的个人公积金账户封存满半年及以上；

② 转入地设立住房公积金账户并满足转入地转入办理条件。

（2）申请材料、流程

到异地申办公积金转入，具体办理手续请以当地政策、流程为准。

答疑解惑

Q1：没有社保卡如何报销住院费用（在异地产生住院费用如何报销）？

A1： 厦门社保卡具备社保功能与金融功能，可进行实时结算。若未申领厦门社保卡，可提供职工身份证复印件和I类银行卡复印件（写明银行具体支行）与其他医疗材料原件进行手工报销。参保人员在当年度内发生的医疗费用必须在下一年度3个月内结算完毕。

例如：2023年度内（2023年1月1日至12月31日）产生的医疗费用需要报销的，必须在2024年3月31日前办理。

Q2：住院治疗的参保人员应注意什么？

A2：（1）要准备好身份证或厦门社保卡，以便入院时医院登记上传参保人就医信息。

（2）异地就医建议选择全国联网定点医疗机构。

（3）出院前，操作异地就医备案。

（4）办理出院时，如因特殊情况不能在医院直接报销，须向医院索要住院医疗费用明细汇总清单、诊断证明、出院小结和发票。

Q3：如何计算门诊报销费用？

A3： 假设职工已在厦门连续缴纳社保满1年（对应连续参保机制报销比例为75%），在某一级医院（对应门诊报销比例为90%）门诊就诊产生费用3000元，全部在医保统筹目录范围内，个人账户余额为800元（可用于支付起付线部分）。则报销计算方式如下：

统筹基金支付公式：(3000元-1200元起付线)×90%×75%=1215元。

个人现金支付部分为：3000元-1215元统筹基金支付-800元个人账户支付=985元。

Q4：大病保险等报销费用可在跨省异地就医机构一并结算吗？

A4： 异地就医备案完成后，可一并结算。

Q5：如何查询全国定点医院？

A5：登录国家医保服务平台，可查询定点医疗机构名单和全国社保（医保）经办机构联系方式。

网址：https://fuwu.nhsa.gov.cn/nationalHallSt/#/search/medical。

Q6：办理异地就医备案后，医保个账是否可提取？

A6：不可以，个人账户仅可在退休、死亡后办理提取、继承等。

参考内容

【12-1】《福建省女职工劳动保护条例》（福建省人民代表大会常务委员会公告〔13届〕第31号）

【12-2】《福建省失业保险基金省级统筹实施方案》（闽人社文〔2022〕160号）

【12-3】《国务院关于颁发〈国务院关于安置老弱病残干部的暂行办法〉和〈国务院关于工人退休、退职的暂行办法〉的通知》（国发〔1978〕104号）

济南

一、社会保障

（一）社会保障卡办理、申领流程

1. 单位制卡

（1）办理方式：职工提供个人基本信息（姓名＋身份证号＋手机号）、一寸白底电子版照片、身份证国徽面照片、身份证人像面照片至单位。

照片标准为：358像素（宽）×441像素（高），大小为：14—99KB，底色为白色的彩色证件照。照片要求人像清晰，神态自然，无明显畸变，照片存在水印、黑白、非白底等情况均不可以。相片格式必须为jpg、jpeg、png。

（2）制卡周期：2—3个月。

（3）领卡方式：申请制卡完成后，单位不定期跟进职工社保卡制卡进度，待制卡系统显示"省中心寄出"15日后即可联系发卡银行核实到卡情况并安排领卡，单位领取社保卡后，即可通知职工领卡。

2. 职工自行制卡

（1）制卡周期：即时。

（2）办理方式：

线下申请：职工本人携带身份证原件至济南市市直或区（县）社保经办服务大厅、各街道便民服务中心通过自助终端或柜台申请制卡。

线上申请：

① 登录济南市社保官网：http://jnhrss.jinan.gov.cn/col/col40152/index.html，点击"社保卡专区"—右侧"自助服务区"—"个人即时制卡申请"—选择登录方式进入个人网上办事大厅，登录后点击"社保卡"—个人即时制卡申请，按照要求上传职工本人一寸白底电子版照片、身份证人像面照片、身份证国徽面照片，自行选择制卡银行，填写个人手机号码等相关信息后点击"社保卡即时制卡申请"。

② 通过"济南社保"微信小程序—社保卡业务—社保卡即时制卡申请。

③通过支付宝 APP—市民中心—社保—社保卡服务—社会保障卡申领。

④通过济南人社 APP—社保卡业务—社保卡即时制卡申请。

（3）领卡方式：申请成功后，职工本人持身份证原件至社保卡所属银行的即时制卡银行网点申领社保卡即可。

（4）即时制卡网点查询方式：登录济南市社保中心网站—社保卡专区—通知公告或自助服务区—个人即时制卡申请登录个人网上服务大厅—社保卡—个人即时制卡申请—查询济南市即时制卡银行网点（点击下载）。

济南市社保官网

（二）查询账户余额、刷卡明细

1. 在济南市定点医疗机构、定点零售药店查询；

2. 持社保卡到济南市任一社保局经办机构窗口或者自助机器查询；

3. 通过济南市社保局官网（http://jnhrss.jinan.gov.cn/col/col40152/index.html）登录个人网上办事大厅查询；

4. 关注"济南医保"微信公众号或微信小程序查询；

5. 登录"支付宝"—"市民中心"—"医保"模块查询。

"济南医保"微信公众号

(三）社会保障卡挂失、解挂

社保卡挂失分为临时挂失和书面挂失。

1. 临时挂失：可暂停社保卡的社保区账户结算功能，有效期为 7 日，逾期未办理正式挂失的，自动恢复。

（1）自助电话：拨打济南市社保卡挂失电话 0531-68967600；

（2）社保网站：济南市社会保险事业中心官网首页—个人业务—社保卡—社保卡临时挂失，或首页—社保卡专区—自助服务区；

（3）手机 APP：登录济南人社 APP—首页—服务—社保卡应用—社保卡临时挂失；

（4）现场办理：本人持身份证原件、社保卡到发卡银行营业网点或社保大厅窗口和自助机办理。

如在临时挂失期内找到社保卡，可在临时挂失期内，通过社保网站、支付宝 APP、济南人社 APP、"济南人社"微信公众号，办理临时挂失解挂，或持本人居民身份证和社保卡到发卡营业银行网点办理解挂。金融区账户结算功能的挂失需拨打发卡银行客服电话办理。

"济南人社"微信公众号

2.书面挂失：即正式挂失，需职工本人持身份证原件，到济南市就近发卡银行网点办理正式挂失和补卡手续。

（四）修改和重置密码

1.修改密码

线下办理：可在济南市定点医疗机构、定点药店、发卡银行营业网点、就近的社保大厅窗口或自助机器修改。首次在定点药店使用时须修改初始密码，初始密码为6个0。

线上办理：

（1）济南人社APP—社保卡应用—社保卡交易密码修改；

（2）"济南社保"微信公众号—社保卡业务—社保卡交易密码修改。

2.重置密码

连续3次输错密码，自动锁卡，需要办理社保卡密码重置。

线下办理：本人持身份证和社保卡原件至就近的人力资源和社会保障服务中心、区社保经办机构、区医保经办机构、市直社保卡窗口或发卡银行网点办理。

线上办理：

（1）济南人社APP—社保卡应用—社保卡交易密码重置；

（2）"济南社保"微信公众号—社保卡业务—社保卡交易密码重置。

温馨提示：金融区密码的修改和重置可到我市发卡银行营业网点办理。

（五）注销（职工去省内其他市县办理社保卡网上注销通道）

打开济南市社会保险事业中心网站（http://jnhrss.jinan.gov.cn/col/col40152/index.html）—点击"社保卡专区"—进入自助服务区—点击"社保卡注销"—选择登录方式进入个人网上办事大厅—社保卡—注销社保卡，核对个人信息无误后点击"注销"。此功能注销的是社保区，金融区注销需联系发卡银行。

（六）电子社保卡

济南市参保人持有正常启用的实体社保卡，即可签领电子社保卡。主要签领渠道有：①济南人社 APP；②支付宝 APP 搜索"社保"；③"济南社保"微信公众号；④爱城市网 APP；⑤云闪付 APP；⑥各社保卡合作银行手机 APP。

温馨提示：一旦实体社保卡丢失，参保人需重新补办启用新的社保卡，并重新申领签发电子社保卡。

二、医疗

（一）医保费用起付标准及报销比例

1. 门诊

（1）起付标准：

三级定点医疗机构：800元/年；

二级定点医疗机构：400元/年；

一级定点医疗机构、定点社区卫生服务机构：200元/年。

（2）报销比例：

三级定点医疗机构：60%；

二级定点医疗机构：70%；

一级定点医疗机构、定点社区卫生服务机构：80%。

（3）支付限额：自2024年1月起，普通门诊费用年度支付限额由4500元进一步提高至6000元。

来源：济南市医疗保障局—首页—专题专栏—门诊待遇—职工医保门诊待遇及常见问题—2024年济南市职工医保门诊待遇

2. 住院

（1）起付标准

济　南

表 13-1

序号	医院等级	一个医疗年度内第一次住院起付标准	一个医疗年度内第二次住院起付标准	一个医疗年度内第三次及以上住院起付标准
1	社区医院	200元	100元	0元
2	一级、二级医院	400元	200元	0元
3	三级医院	1000元	500元	0元

备注：参保人在中医定点医疗机构发生的基金支付范围内住院医疗费用，起付标准在此基础上降低20%，精神卫生专科医院无起付线。

来源：济南市医疗保障局（http://ybj.jinan.gov.cn/col/col39225/index.html）

（2）报销比例（在职人员）

① 三级医院：

起付线—1万元：85%；

1万—40万元：88%；

40万—60万元（大额）：90%。

② 二级及以下医疗机构：

起付线—1万元：90%；

1万—40万元：93%；

40万—60万元（大额）：90%。

参保人在定点医疗机构进行住院，持社保卡（或医保电子凭证）进行刷卡（码）即时结算。参保人只需与定点医疗机构结算个人负担部分。

（3）二次报销

职工医保参保人在一个医疗年度内发生的住院、门诊慢特病和普通门诊统筹医疗费用，经职工医保统筹基金和大额医疗费救助金按规定支付后，个人累计负担的合规医疗费用超过1万元的部分由统筹基金给予二次支付。符合二次报销条件的参保人，在出院结算时自动享受二次报销待遇，无须任何申请手续。

6000 元（含）以上—20 万元以下：80%；

20 万元（含）以上（上不封顶）：90%。

合规医疗费用 = 总费用 - 基本医保报销金额 - 目录外费用

（4）大病报销

职工医保参保人一个医疗年度内发生的住院医疗费用，经职工医保统筹基金和大额医疗费救助金按规定支付后，个人累计负担的合规医疗费用超过 2 万元的部分由职工大病保险资金予以支付，支付比例为 60%，最高支付限额为 40 万元。

（二）本地医保报销流程

1. 急、门诊

自 2024 年 1 月起，职工医保参保人在普通门诊统筹定点医疗机构就诊不受定点数量限制，定点医疗机构间起付标准合并计算。

2. 住院

可以在济南市职工医保住院定点医疗机构范围内任意选择一家医院住院。持社保卡（或医保电子凭证）进行刷卡（码）即时结算。参保人只需与定点医疗机构结算个人负担部分。

（三）异地医保报销流程

1. 省内就医

在济南地区缴纳医保的职工，在省内看门诊或住院的，无须办理异地备案，如省内就医医院为定点联网医院，直接刷社保卡联网结算，如省内就医医院无法联网结算的，持纸质材料回济南市社保局柜台审核材料后报销。报销比例均按济南市门诊/住院相应报销比例报。

2. 跨省就医

（1）就医类别

① 跨省异地长期居住人员：异地安置退休人员、异地长期居住人员、常

驻异地工作人员等长期在参保省、自治区、直辖市以外工作、居住、生活的人员。

②跨省临时外出就医人员：异地转诊就医人员，因工作、旅游等原因异地急诊抢救人员以及其他跨省临时外出就医人员。

（2）办理方式

跨省异地就医人员可办理长期异地备案，也可办理临时异地备案。

①长期异地备案

1）备案期限：至少半年（如备案不到半年，无法办理异地备案变更或撤销业务）。

2）备案流程：职工搜索"济南医保"微信小程序—点击业务办理中的就医备案—异地长期居住人员备案—点击"+"号—阅读政策告知并确认—录入基本信息（备案医院可选择，也可不选择）—上传《异地长期居住人员备案承诺书》（承诺书模板下载地址：济南市医疗保障局官网首页—住院待遇—异地联网住院—异地长期居住人员备案承诺书）—下一步—核对信息无误后确认提交，提交后等待审核即可。

3）持卡就医：已办理异地长期居住备案的参保人，可直接在异地联网结算医疗机构就医，须持社保卡或医保电子凭证办理医保联网结算；符合报销条件不能联网结算的先行垫付后再到我市、区县医保经办大厅办理手工报销。

4）报销比例：按济南市门诊/住院相应报销比例报。

5）报销政策：省外住院：备案地级市内所有定点联网医院均可联网报销；省外门诊：备案地级市内定点联网医院看门诊，如该医院可正常联网，即可联网报销，如不可联网报销，需持纸质材料回济南手工报销，手工报销时最多只可报按就医先后顺序的4家医院的门诊费用。

②临时异地备案

1）备案期限：临时异地备案期限为三个月内，备案成功后可办理住院手续，三个月后备案信息自动撤销，如后期还需临时异地就医需重新办理临时异地备案业务。

2）备案流程：职工搜索"济南医保"微信小程序—临时外出就医人员备

案—点击"+"—填写相关信息后点击"下一步"—确认信息无误后提交，等待审核即可。

3）持卡就医：持济南市实体社保卡就医，省外医院无法联网结算的，需持纸质材料回济南手工报销。

4）报销比例：在济南市门诊/住院相应报销比例基础上降低10%报销。

5）报销政策：省外住院：备案地级市内所有定点联网医院均可联网报销；省外门诊：备案地级市内定点联网医院看门诊，如该医院可正常联网，即可联网报销，如不可联网报销，需持纸质材料回济南手工报销，手工报销时最多只可报按就医先后顺序的4家医院的门诊费用。

③撤销异地备案

办理过异地备案后回到济南工作或居住的职工，如备案时未选择终止时间，或备案达半年以上的，可办理异地备案撤销业务。办理异地备案业务时选择了备案中止日期的，到该中止日期后会自动终止异地备案。

登录"济南医保"微信小程序—我要办事—就医备案—撤销异地备案—按照提示办理，如办理不成功，可通过济南市医保局官网下载《济南市职工医疗保险异地人员备案注销表》填写相关信息后发送至济南市医保局工作人员邮箱，由市医保局工作人员协助办理异地备案撤销业务，业务办理结果将于邮件回复。

温馨提示：

①办理异地备案业务后，职工社保卡账户金按季度打入社保卡金融区；

②办理长期异地备案的职工半年内无法办理异地备案变更或撤销业务；

③办理临时异地备案的职工如在备案期限内需撤销备案的，可致电济南市医保官方，由工作人员核实是否可撤销后给予回复或办理；

④如办理长期/短期异地备案人员中途回济南就医，看济南市就医医院是否支持办理备案人员回济南就医，如支持，可直接联网结算医疗费用，如不支持，职工须先自费后持医疗报销材料至济南市医保局柜台审核材料确定是否可报销。

三、生育

（一）生育待遇包含的项目

1. 女职工：产前检查费（2020年11月1日开始执行）、生育医疗费、计划生育手术费、生育津贴。

2. 男职工：生育补助金（产前检查费、生育医疗费）。

（二）实时结算项目

在济南市定点医疗机构联网结算的，生育医疗费、产前检查费实时结算，生育津贴无须重复手工报销，等待官方打款即可。

（三）手工报销项目

未在济南市定点医疗机构生育的：产前检查费、生育医疗费、生育津贴、计划生育手续费、男职工生育补助金（产前检查费、生育医疗费）。

（四）生育保险报销流程

需要进行手工报销的：职工持纸质报销材料自行前往济南市就近区社保局或济南市政务服务中心办理生育保险待遇申领业务即可。由市/区生育报销部门接收审核材料，并上传至系统，等待人工审核，审核完成后打印生育报销结算单，并等待报销打款即可。

目前济南市定点医疗机构已实现生育联网结算，如医疗费收据体现或医院告知已联网结算则无须再持纸质材料报销。

（五）生育津贴领取流程

需要进行手工报销的：职工持纸质报销材料自行前往济南市就近区社保局或济南市政务服务中心办理生育保险待遇申领业务即可。由市/区生育报销部门接收审核材料，并上传至系统，等待人工审核，审核完成后打印生育报销结算单，并等待报销打款即可。

目前济南市定点医疗机构已实现生育联网结算，如医疗费收据体现或医院告知已联网结算则无须再持纸质材料报销。

四、工伤

（一）工伤定点医院

查询网址：http://jnhrss.jinan.gov.cn/art/2023/1/18/art_40161_4790554.html。

温馨提示：如职工未在济南市工伤定点医疗机构就医请及时反馈（特殊情况涉及工伤备案—就医前后5日内），且职工不要频繁、随意更换就医医院，更换前请及时反馈确认是否可更换，以免影响就医费用报销。

（二）申请主体及申请时限

职工发生事故伤害或者按照职业病防治法规定被诊断、鉴定为职业病，所在单位应当自事故伤害发生之日或者被诊断、鉴定为职业病之日起30日内，向统筹地区劳动保障行政部门提出工伤认定申请。遇有特殊情况，经报劳动保障行政部门同意，申请时限可以适当延长。

用人单位未在规定的期限内提出工伤认定申请的，受伤害职工或者其直系亲属、工会组织在事故伤害发生之日或者被诊断、鉴定为职业病之日起1年内，可以直接按本办法第三条规定提出工伤认定申请。

用人单位未在30日内提出申请的，在此期间发生的符合条例规定的工伤待遇等有关费用由该用人单位负担，在此期间指自发生之日起至行政部门受理工伤认定申请之日止。

（三）工伤待遇

1. 政策依据：《工伤保险条例》（中华人民共和国国务院令第586号）第三十条。

2. 条件：职工因工作遭受事故伤害或者患职业病进行治疗，享受工伤医疗待遇；工伤职工治疗非工伤引起的疾病，不享受工伤医疗待遇，按照基本医疗报销办法办理。

3. 医疗机构规定：职工治疗工伤应当在协议定点医疗机构就医，情况紧急可以先到就近的医疗机构急救。非定点医疗机构就医备案情形（就医5日内备案）：①因工外出；②因工作常驻外；③因生活常驻外；④特殊情况：济南市非定点医疗机构就医的情形。

表13-2 工伤保险待遇享受明细

	支付项目	内容或标准
工伤保险基金支付的各项待遇	1.工伤医疗费	治疗工伤所需费用符合工伤保险诊疗项目目录、工伤保险药品目录、工伤保险住院服务标准的，从工伤保险基金支付
	2.康复性治疗费	工伤职工到签订服务协议的医疗机构进行工伤康复的费用，符合规定的，从工伤保险基金支付
	3.其他费用	伙食补助费：经批准到统筹地区以外就医所需的交通、食宿费用，包含：异地就医的医疗费、交通费、伙食费和住宿费，异地就医院外伙食补助费限支2天
	4.一次性伤残补助金	一级伤残：本人工资×27个月 二级伤残：本人工资×25个月 三级伤残：本人工资×23个月 四级伤残：本人工资×21个月 五级伤残：本人工资×18个月 六级伤残：本人工资×16个月 七级伤残：本人工资×13个月 八级伤残：本人工资×11个月 九级伤残：本人工资×9个月 十级伤残：本人工资×7个月

续表

支付项目	内容或标准
5.一级至四级伤残职工的伤残津贴	一级伤残：本人工资×90% 二级伤残：本人工资×85% 三级伤残：本人工资×80% 四级伤残：本人工资×75%
6.生活护理费	全部护理依赖：本市上年度职工月平均工资×50% 大部分护理依赖：本市上年度职工月平均工资×40% 部分护理依赖：本市上年度职工月平均工资×30%
7.工亡职工供养亲属抚恤金	符合条件的配偶每人每月为职工本人工资的40%，其他亲属为每人每月的30%，如果是孤寡老人或者孤儿的，抚恤标准按照40%计算
8.工亡职工丧葬补助金	本市上年度职工月平均工资×6个月
9.一次性工亡补助金	上一年度全国城镇居民人均可支配收入×20倍
10.一次性工伤医疗补助金	五级伤残：解除或者终止劳动合同时统筹地区上年度职工月平均工资×22个月 六级伤残：解除或者终止劳动合同时统筹地区上年度职工月平均工资×18个月 七级伤残：解除或者终止劳动合同时统筹地区上年度职工月平均工资×13个月 八级伤残：解除或者终止劳动合同时统筹地区上年度职工月平均工资×10个月 九级伤残：解除或者终止劳动合同时统筹地区上年度职工月平均工资×7个月 十级伤残：解除或者终止劳动合同时统筹地区上年度职工月平均工资×4个月
11.辅助器具配置费	经劳动能力鉴定中心确认，在定点机构配置，且标准内的辅助器具费用由基金支付，超出配置标准的费用，基金不予支付
12.住院伙食补助费	每人28.11元/天

（工伤保险基金支付的各项待遇）

续表

支付项目		内容或标准
用人单位支付待遇	1.停工留薪期的工资福利待遇	原工资福利待遇不变，由所在单位按月支付
	2.停工留薪期的生活护理费	生活不能自理的工伤职工在停工留薪期需要护理的，由所在单位负责
	3.劳动能力鉴定费用	被鉴定职工在劳动能力鉴定医疗机构进行医学检查诊断的费用，属工伤的，由用人单位承担；属因病、非因工伤的，由用人单位或个人承担
	4.五级、六级伤残职工的伤残津贴	五级伤残：本人工资×70% 六级伤残：本人工资×60%
	5.一次性伤残就业补助金	五级伤残：解除或者终止劳动合同时统筹地区上年度职工月平均工资×36个月 六级伤残：解除或者终止劳动合同时统筹地区上年度职工月平均工资×30个月 七级伤残：解除或者终止劳动合同时统筹地区上年度职工月平均工资×20个月 八级伤残：解除或者终止劳动合同时统筹地区上年度职工月平均工资×16个月 九级伤残：解除或者终止劳动合同时统筹地区上年度职工月平均工资×12个月 十级伤残：解除或者终止劳动合同时统筹地区上年度职工月平均工资×8个月

来源：济南市人力资源和社会保障局（http://jnhrss.jinan.gov.cn/art/2023/8/24/art_82151_4793751.html）

（四）申报工伤认定材料

1.《济南市职工工伤认定申请表》。

2.《用人单位工伤事故调查报告书》。

3.职工身份证复印件。

4.两人以上证人证言及身份证复印件。

5. 受伤职工初诊病历、检查报告单、医疗诊断证明盖章及复印件（死亡者附死亡证明）。

6. 属于交通事故的，提供公安交通管理等部门的责任认定书，以及上下班的路线图（注明住址、单位地址、事故发生地）、考勤记录。

7. 属于履行职责受到暴力伤害的，提交公安机关或人民法院的处理结论。

8. 属于因工外出期间由于工作原因受到伤害的，用人单位出具因工外出的证明材料；发生事故下落不明的，认定工伤死亡提交人民法院宣告死亡的结论。

9. 属于抢险救灾等维护国家利益、公众利益活动中受到伤害的，按照法律法规规定，提交有效证明。

10. 属于因战、因公致残的转业、复员军人，旧伤复发的，提交《革命伤残军人证》原件、复印件及济南市劳动能力鉴定委员会对旧伤复发的鉴定结论。

11. 职业病应提交有效的诊断证明书或鉴定书。

12. 安全责任事故受伤的应提交安全生产监督部门重伤亡事故处理报告。

13. 因参加单位组织运动会、培训等活动受伤的应当提供单位组织活动的文件、通知、参加人员名单等证明材料。

14. 如受伤职工经120急救抢救，需提交120急救通用病历。

15. 相关民事赔偿材料及其他相关材料（如法院、公安、民政等相关部门证明）。

（五）停工留薪期

1. 政策依据：《工伤保险条例》第三十三条、《山东省工伤职工停工留薪期管理办法》。

2. 期限确认：工伤职工停工留薪期的确认：根据《山东省工伤职工停工留薪期管理办法》的规定，用人单位应根据医疗机构出具的诊断证明，按照《山东省工伤职工停工留薪期分类目录》，确定其停工留薪期限，并书面通知工伤职工本人。停工留薪期一般不超过12个月，伤情严重或者情况特殊的，经设区的市级劳动能力鉴定委员会确认，可以适当延长，但延长不得超过12个月。

3.期限延长：工伤职工停工留薪期满，伤情尚未稳定或未痊愈，不能恢复工作仍需治疗的，应在期满前5个工作日内向本单位提出延长停工留薪期的书面申请，并提交协议医疗机构出具的休假证明。用人单位同意后，可以延长停工留薪期。

用人单位对工伤职工延长停工留薪期有异议的，应在接到申请7个工作日内持该职工的工伤认定决定书、住院或门诊病历、相关检查报告、协议医疗机构出具的休假证明、职工延长停工留薪期申请书等，向市劳动能力鉴定委员会申请延长停工留薪期确认。用人单位未提出申请的，视为同意延长停工留薪期。

劳动能力鉴定委员会作出确认结论前，工伤职工继续享受停工留薪期待遇。

工伤职工或者其直系亲属、工会组织未在规定的时间内提出延长停工留薪期申请的，停工留薪期终止。

济南市劳动能力鉴定委员会接到用人单位要求确认延长留薪期的申请后，应在30日内作出是否延长停工留薪期的确认结论，并以书面形式通知用人单位和工伤职工。

五、失业

（一）失业金申领时间及周期

1.时间：目前已无办理时间限制。

2.周期：办理完成后次月起发放。

3.条件：

（1）失业职工已在济南市累计缴纳失业保险费满一年；

（2）非本人意愿中断就业；

（3）已办理失业登记，并有求职要求的。

（二）失业金发放标准

1.2021年10月起，历下、市中、槐荫、天桥、历城、高新、南部山区范围内失业保险金1890元/人/月，长清、章丘、平阴、济阳、商河、莱芜、钢城、莱芜高新区1710元/人/月；

2.领取失业保险金的期限最长为24个月；

3.根据失业人员失业前所在单位和本人按照规定累计缴费时间长短计算。

表 13-3

累计缴费时间	领取标准
累计缴费时间满1年不满5年的	每满1年，领取3个月失业保险金
累计缴费时间满5年不满10年的	领取失业保险金的期限最长为18个月
累计缴费时间满10年以上的	领取失业保险金的期限最长为24个月

来源：《山东省失业保险规定》

（三）失业金申领流程

1.办理失业登记（两种办理方式任选其一）

（1）网上办理：登录山东公共就业人才服务网上服务大厅（http://ggjyrc.hrss.shandong.gov.cn/sdjyweb/index.action），点击"个人登录"—"就业服务"—"失业登记"—"办理"，填写相关信息提交；

（2）现场办理：职工携带身份证、社保卡前往户籍所在地的街道办理。

2.申领失业金（多种办理方式任选其一）

（1）网上办理：

① 掌上12333APP—注册登录—服务—失业登记办理—失业登记（离职原因：在职人员解除劳动合同等被动离职原因）—审核时间1—5个工作日—

审核通过后—失业保险—失业保险金网上申领—查看网上审核结果。

②职工登录济南市公共就业服务中心官网（http://jnhrss.jinan.gov.cn/col/col40452/index.html）济南公共就业创业网上服务大厅—个人办事（首次登录需注册）—失业类—失业保险金申领—等待审核。

（2）现场办理：职工本人携带身份证、社保卡到参保地所在的区县失业保险经办机构，由工作人员帮办代办申请。

六、退休

（一）办理离退休手续的审批程序

1. 数据整理

此业务原则上需参保人的参保单位办理，没有参保单位的人员，可以直接联系社保经办机构办理。单位经办人通过社保单位网上申报系统申报后，打印《济南市缴费人员基本信息填报表》并联系社保经办机构，报送职工档案、养老保险手册、加盖单位公章的《填报表》等材料至社保经办机构进行审核，需提前预约办理。审核通过的，单位在网上打印《济南市缴费人员基本信息核定表》，职工签字确认、单位盖章后交由社保经办机构办理入库。审核不通过的，单位在网上打印《告知书》，根据《告知书》中审核不通过的原因处理问题后再次报送审核。

涉及人员：1999年12月31日前参加工作并缴纳养老保险的人员、原部队转业、复员或退伍人员、自机关事业单位调入企业的参保人员、本市统筹范围外参保单位调入的人员。

2. 退休申报

（1）操作减员：退休当月缴费完成后办理（减员原因：在职转退休）。

（2）退休申报：输入退休职工身份证号码，核对职工基本信息和缴费情况，核对无误后打印养老缴费基本信息表，再次输入职工基本信息，上传相关材料，进行退休初审业务，等待官方审核。

3. 退休复审

初审完成后，公示 10 天，无异议后办理退休复审手续，办理时间不能晚于次月 12 日。

（二）需要上报的有关材料

1. 济南市城镇职工养老待遇核定表；

2. 退休待遇公示表（含《退休审核前的公示公告》《拟核定退休人员情况一览表》）；

3. 基本养老金认定表（《企业退休人员基本养老金告知书》）；

4. 退休申请表；

5. 户口本复印件；

6. 济南市城镇职工养老待遇核定表；

7. 职工 1 寸或 2 寸照片一张。

七、公积金

（一）公积金查询

1. 登录济南市住房公积金中心网站（http://gjj.jinan.gov.cn/）—点击个人业务入口—身份证号/刷脸登录查询。

济南市住房公积金中心网站

2. 关注"济南公积金"微信公众号—在线查询—公积金缴存信息查询。

"济南公积金"微信公众号

3. 电话查询：致电 0531-12345 查询。

4. 登录支付宝—市民中心—公积金查询。

（二）公积金提取

1. 提取条件

（1）购买自住住房提取住房公积金；

（2）偿还购房贷款本息提取住房公积金；

（3）出境定居提取住房公积金；

（4）离休、退休提取住房公积金；

（5）完全丧失劳动能力，并与单位终止劳动关系提取住房公积金；

（6）死亡或被宣告死亡提取住房公积金；

（7）公积金冲还贷款；

（8）公积金贷款按月委托提取；

（9）商贷按月委托提取；

（10）建造、翻建自住住房提取住房公积金；

（11）大修自住住房提取住房公积金；

（12）租赁自住住房提取住房公积金；

（13）租赁公共租赁住房提取住房公积金；

（14）既有住宅增设电梯提取住房公积金。

2. 提取方式

登录济南市住房公积金官网（http://gjj.jinan.gov.cn/）提取页面，根据自己实际情况选择提取方式，并查询相关材料及流程，按官方流程操作即可。

个别提取方式的办理流程可参考：http://gjj.jinan.gov.cn/art/2021/8/30/art_65549_4744749.html。

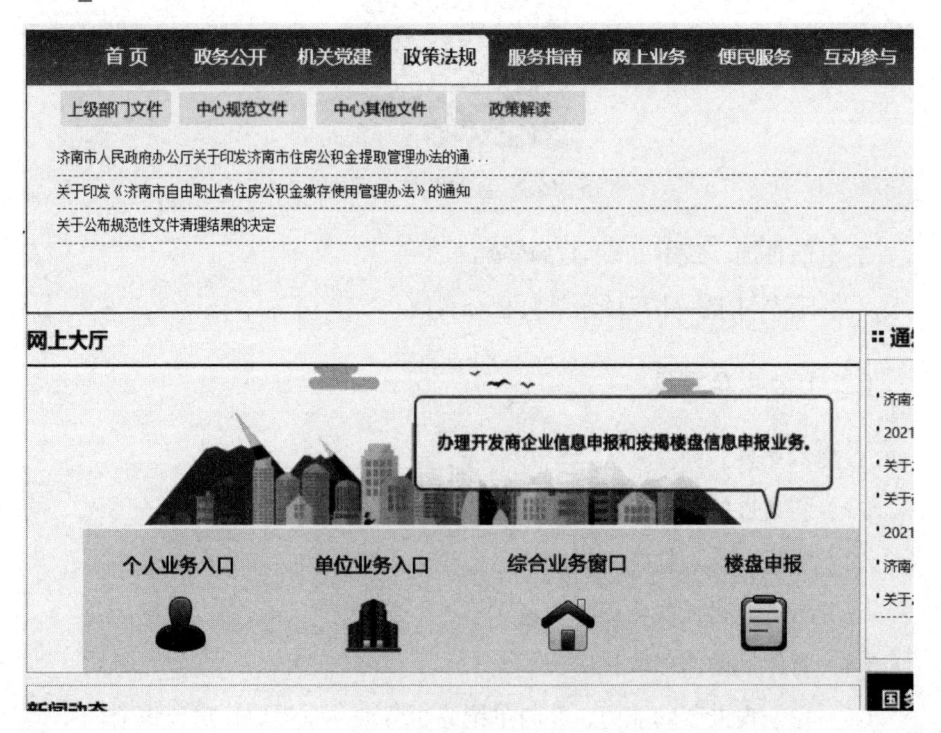

（三）公积金异地转移

1. 申请条件：职工在济南住房公积金管理中心设立住房公积金账户并缴存住房公积金后，可申请将在原工作地缴存的住房公积金转移到济南住房公积金管理中心。

2. 申请材料：《住房公积金异地转移接续申请表》1 份；职工身份证原件。

3. 办理场所：住房公积金缴存银行所在分行。

4. 办理时间：工作日 9：00—12：00，13：00—17：00。

5. 办理流程：缴存职工填写《住房公积金异地转移接续申请表》（公积金网站下载），至缴存银行的主办行办理。

6. 办理时限：30 个工作日。

7. 收费标准：不收费。

8. 咨询方式：

现场咨询：住房公积金管理中心及各缴存银行。

电话咨询：0531-12345 转公积金业务。

网上办理：职工自行登录济南市住房公积金个人网站，首次登录需注册，在异地转移接续界面—录入联系函，输入个人基本信息后提交，等待官方审核、转移即可。

答疑解惑

Q1：我办理了按月委托提取业务，本月9日偿还贷款了，为什么这个月提取资金没有到账？

A1：出现这种情况主要有三种原因：

一是在转账时间您指定的银行卡未激活或因为修改密码等原因处于休眠状态；二是您本人公积金余额不足100元；三是您有贷款逾期，会自动中止转账，贷款状态恢复正常后，继续办理。

举个例子，如果您每月偿还公积金贷款5000元。您于本月9日偿还了4900元，出现了逾期，则无法办理提取转账。待您足额偿还后，再办理提取转账手续即可。

Q2：我和我妻子办理了公积金按月委托提取业务，为什么我妻子没有收到公积金转账资金？

A2：同一笔住房公积金贷款按月委托提取的转账顺序依次为：借款人、借款人配偶、共有产权的共同借款人、共有产权的共同借款人配偶。如您于7月20日还公积金贷款5000元，您本人公积金有4500元，配偶有2000元，则会于8月15日至17日您和配偶分别会有4500元和500元到账。

如果您本月个人账户公积金余额有5200元，为您转账5000元到您的银行卡，没有再提取您配偶的公积金进行转账。

Q3：如何查询自己的社保缴纳证明？

A3：以下两种方式可以查询：

（1）线下查询：职工本人持身份证到济南市就近社保局/医保局自助机器查询打印；

（2）线上查询：

①社保：登录济南市人力资源和社会保障局个人网上办事大厅：(http://grcx.jnhrss.jinan.gov.cn:8090/hsp/logonDialog_112.jsp)，选择登录方式进行登

录,选择自助打印—社会保险个人参保证明查询打印—选择起始年月、打印险种等信息后即可查询打印;

②医保:登录济南市医保个人查询网站:http://ybj.jinan.gov.cn/SmPsc/#/perLogin—选择登录方式进行登录—服务目录—打印医疗保险个人缴费证明后即可查询打印。

Q4:如何查询自己的公积金缴纳证明?

A4:(1)线下查询:职工本人持身份证原件至公积金缴存银行所在支行进行查询打印;

(2)线上查询:通过支付宝—市民中心—公积金—缴存证明查询—查看证明—即可查询职工住房公积金缴存证明,如需下载电子版,点击左下方"下载缴存证明"保存。

Q5:济南市定点药店、定点医疗机构名单如何查询?

A5:职工可登录济南市医疗保障局官网(http://ybj.jinan.gov.cn/col/col38279/index.html),点击定点药店、定点医疗机构进行查询。

Q6:如何将本市的社保转移至其他城市?

A6:如职工需将济南市社保转移至其他城市,济南地区无须办理社保异地转出业务,直接根据社保转入地政策办理社保异地转入业务即可。

Q7:如何将本市的公积金转移至其他城市?

A7:如职工需将济南市公积金转移至其他城市,济南地区无须办理公积金异地转出业务,直接根据公积金转入地政策办理公积金异地转入业务即可。

郑　州

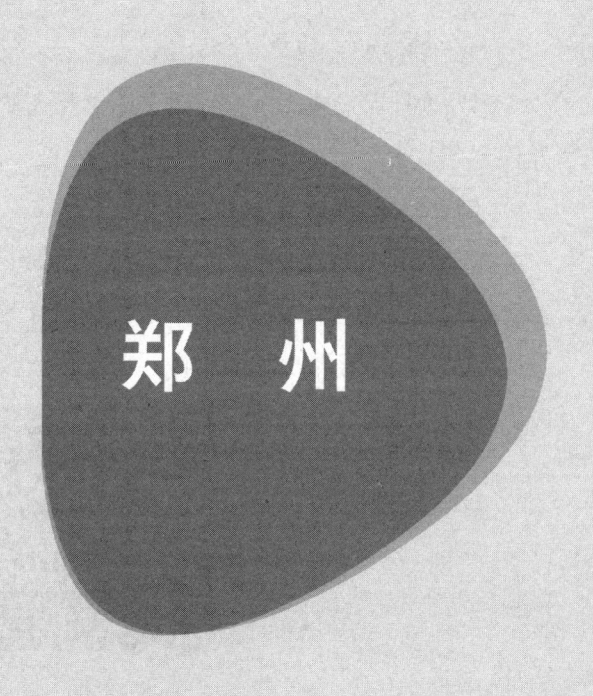

一、社会保障

社会保障卡办理、申领流程

1. 社保卡办理流程

未办理社保卡或需补办社保卡的参保人员，可自行选择线上或线下渠道办理。

（1）线上办理：

参保人可在微信搜索"郑州人社·社保卡"公众号并进行关注；或在支付宝搜索"河南社会保障卡"生活号并进行关注；或下载郑好办APP，在首页服务大厅选择需要办理的事项，按照提示进行相关操作即可。

"郑州人社·社保卡"公众号

郑好办 APP

（2）线下办理：

参保人可携带有效身份证件原件，前往就近的社保卡服务窗口办理新卡申领或补换卡业务。

社保大厅社保卡自助机办理，可直接进行拍照，然后付款，当时即可出卡。

线上及线下服务渠道均支持自办和代办业务，办理补换卡业务时，需缴纳16元工本费。

2.申领材料：

（1）一寸白底照片电子版［格式：.jpg，尺寸：358（宽）×441（高）像素］；

（2）身份证原件。

二、医疗

（一）医保费用报销比例

1.门诊

办理方式：参保人可持社保卡到定点医疗机构刷卡报销；

起付标准：40元

报销额度：在职职工和退休人员统筹基金年度最高支付限额分别为1800元、2300元。

表 14-1

定点医疗机构等级	报销比例
省级三级甲等定点医疗机构	55%
省、市、县级其他等级的定点医疗机构	60%
乡镇卫生院、社区卫生服务中心	65%

来源：《郑州市职工基本医疗保险门诊共济保障实施细则（试行）》

温馨提示：享受住院报销或门诊特定病种报销的，不得同时重复享受普通门诊报销。

一般医师门诊诊查费、主治医师门诊诊查费、副主任医师门诊诊查费、主任医师门诊诊查费医保支付标准按 5 元/次确定。省级知名专家门诊诊查费医保支付标准按 10 元/次确定，国家级知名专家门诊诊查费医保支付标准按 20 元/次确定，收费价格不高于医保支付标准的，由基本医疗保险统筹基金按各统筹地区规定比例支付；收费价格高于医保支付标准的，医保支付标准以内的由统筹基金按规定比例支付，超出部分不予支付，由个人负担。

2. 住院

（1）住院起付标准

表 14-2

定点医疗机构等级	起付标准
社区卫生服务机构（包括乡镇卫生院，下同）	200元
一类医疗机构	300元
二类医疗机构	600元
三类医疗机构	900元

来源：《郑州市人民政府办公厅关于印发郑州市职工基本医疗保险办法的通知》

（2）报销标准

表 14-3

定点医疗机构等级	报销比例	
	在职职工	退休职工
社区卫生服务机构	95%	97%
一类医疗机构	95%	97%
二类医疗机构	90%	95%
三类医疗机构	88%	93%

续表

定点医疗机构等级		报销比例	
		在职职工	退休职工
市外定点医院	转诊（或急救、抢救）	不会额外降低报销比例，但是需要有急诊证明或者急诊章	
	未经转诊或未办理异地就医备案	按三类定点医疗机构标准执行，剩余部分为在职70%，退休78%	

来源：《郑州市人民政府办公厅关于印发郑州市职工基本医疗保险办法的通知》

（二）本地医保报销流程

定点医疗机构住院：

参保人持社保卡入院登记，出院时实时结算。

自2024年1月起，职工（含灵活续保人员）待遇自缴费当月起享受。

例如：1月参保，2月1日起可享受待遇。另外1月参保，2月1日入院的，须当月单位足额缴费到账后，才能实时结算，出院结算未到账前，医院先挂账（此项规定仅限于刚参保缴费当月就使用医保待遇的）。

（三）异地医保报销流程

参保人员异地就医前，应根据病情、居住地、交通等情况，合理选择就医地，在参保地医保经办机构办理异地就医备案手续，建立异地就医备案人员库并实现动态管理，参保人员应优先选择到就医地市已开通异地就医直接结算业务的定点医疗机构住院就医，方便实行直接结算。

因各种原因不能在异地定点医疗机构直接结算时，需参保人员全额结算后，携带医疗费用材料（发票费用收据、费用清单、疾病诊断证明、出院小结或出院记录）、身份证原件及复印件、社保卡原件及复印件（社保卡需开通金融账户），至郑州医保局待遇窗口进行手工报销。

三、生育

（一）生育待遇包含的项目

1. 产前检查费；
2. 生育医疗费；
3. 生育津贴。

（二）实时结算项目

郑州当地定点医疗机构持社保卡住院，在职女职工生育医疗费和产前检查费可直接结算。

（三）需申报申领的报销项目

1. 异地生育的产前检查费、生育医疗费和生育津贴；
2. 男职工（配偶无工作）的产前检查费及生育医疗费。

（四）生育保险报销流程

1. 生育医疗费报销

（1）在定点医疗机构生育的女职工，携社保卡、结婚证在定点医院签订承诺书后，直接报销生育医疗费和产前检查费；

（2）男职工配偶无工作的，携带男职工社保卡、配偶无工作证明，出院可直接报销生育医疗费和产前检查费，也可先垫付费用，到医保局线下报销；

（3）异地生育，先垫付费用，到医保局线下报销。

2. 生育津贴

（1）郑州市定点医疗机构生产的，无须提交材料申请，等到休完产假（188天）之后，医院会将数据直接推送至医保局；

（2）男职工配偶无工作，未在医院直接结算的，可准备材料线下到郑州医保窗口进行手工报销；

（3）异地就医的，须在休完产假188天后，准备材料线下到郑州医保窗口进行手工报销。

（五）所需材料：

1. 郑州市非定点医疗机构生育或者异地生育

需参保人出具：

（1）参保人的身份证、社保卡原件及复印件（社保卡复印件需注明社保卡的开户行）；

（2）结婚证原件及复印件；

（3）生育登记证原件及复印件；

（4）婴儿出生医学证明原件及复印件。

需医院出具：

（1）生育费用原始发票原件及复印件；

（2）费用明细汇总表需加盖医疗机构红章；

（3）住院病历复印件须加盖医疗机构红章（含病案首页、手术记录、出院小结）；

（4）如难产，需提供诊断证明原件及复印件。

2. 男职工配偶无工作

（1）男职工配偶的身份证原件及复印件；

（2）符合计生政策承诺书；

（3）男职工配偶无工作承诺书；

（4）男职工社保卡（须开通金融服务）。

（六）生育津贴领取流程

1. 时间要求

产前连续缴满生育险9个月的，在产假（188天）（不包含生育当月）结束后进入发放流程，或者休完产假后线下提交材料；

产前未连续缴满9个月的，在产后连续缴满12个月（不包含生育当月）

后进入发放流程，或者线下提交材料。

2. 领取流程

郑州市定点医疗机构生育的：无须提交材料申请，等到休完产假（188天，难产和多胞胎另加15天）之后，医院会将数据直接推送至医保局。

非郑州市定点医疗机构生育的：职工分娩出院并休完产假后，且满足申领条件的，须准备材料到郑州医保窗口进行手工报销。

3. 待遇支付

（1）正常生产

①产前检查费

郑州市定点医疗机构生产的，出院实时结算报销。

非郑州市定点医疗机构生产的，产后满足申领条件，线下提交材料医保局审核后拨付至参保人社保卡金融账户。

②医疗费用结算

郑州市定点医疗机构生育的，出院实时结算。

非郑州市定点医疗机构生育的，产后满足申领条件，线下提交材料医保局审核后拨付至参保人社保卡金融账户。

③生育津贴申领

参保女职工生育，满足申领条件后进行线上申报或线下提交材料审验通过后，由官方于申报次月在政务网进行公示，公示后拨付生育津贴至参保人生育当月所在参保单位的对公账户。

（2）流产、引产

①郑州市定点医疗机构流产、引产的：无须提交材料申请，生育医疗费出院后直接结算报销，生育津贴由医院将数据直接推送至医保局。

②非郑州市定点医疗机构流产、引产的：参保人出院后，需准备材料线下到郑州医保局窗口进行手工报销。

（3）所需材料

①结算发票原件。

②住院报销需提供住院病历复印件（加盖医院红章的，含病案首页，手

术记录，出院小结），出院证，诊断证明（需注明孕周）；门诊药流的，需提供诊断证明（注明孕周及用药具体时间）。

③结婚证原件及复印件。

④参保人身份证、社保卡原件及复印件（社保卡需开通金融功能）。

官方审核后先进行公示，公示后拨付生育津贴至参保人生育当月所在参保单位对公账户。

四、工伤

工伤认定

1. 工伤备案

依社保局规定，须在工伤事故发生 72 小时内进行工伤备案，报送《郑州市工伤事故备案表》(发送到指定邮箱)。

工伤认定所需材料：

（1）《工伤办理告知书》填写第二页，职工签名按手印，加盖公章。

（2）《工伤认定申请表》填写内容，职工签字按手印，加盖公章。

（3）职工真实《劳动合同》复印件加盖公章、骑缝章。

（4）《工伤事故报告》填写内容，加盖公章。

（5）《营业执照》副本复印件加盖公章。

（6）受伤职工个人委托书一式两份，职工在两个"委托人"处签名按手印。

（7）（当事人）调查笔录、（证人）调查笔录，打印后由职工和证人手写签名。证人建议选择当时在事故现场，或者后续处理此事的人；不能是职工的亲属，最好是公司内部人员。

2. 工伤医疗待遇申请所需材料

（1）《郑州市工伤保险待遇申请受理表》；

（2）《工伤认定决定书》（原件、复印件）或《老工伤纳入表》（复印件）；

（3）工伤职工身份证复印件（正反面）；

（4）工伤职工就诊登记材料（就诊介绍信/工伤职工转诊转院申请表/工伤职工异地就医申请表等）；

（5）医疗费用发票原件；

（6）住院总费用清单（医疗机构盖章）；

（7）诊断证明原件（须注明受伤害部位和程度）；

（8）出院证明原件、住院病历（包含病案首页、入院记录、出院记录、手术记录长期和临时医嘱、医用体内植入材料相关合格证或条形码、体内植入材料告知书、化验及医技检查结果报告单）。

3. 劳动能力鉴定材料

（1）《劳动能力鉴定申请表》（一份）；

（2）《工伤认定决定书》（原件及复印件）；

（3）工伤职工本人身份证复印件和近期一寸免冠照片（申请因工伤提供一张照片，申请因疾病提供六张照片）；

（4）每次住院治疗的医疗机构的诊断证明书（原件及复印件）、病历（复印件）等诊疗材料；

（5）郑州市劳动能力鉴定委员会规定的其他材料。

4. 一次性伤残补助金申领所需材料

在职职工：

（1）《郑州市工伤待遇申请受理表》；

（2）《工伤认定决定书》（原件及复印件）；

（3）劳动能力鉴定结论书（原件及复印件）；

（4）工伤职工本人身份证复印件；

（5）劳动能力鉴定发票原件（电子发票承诺书）。

离职停保职工：

依据《劳动能力鉴定结论书》及年度岗位工资标准由用工单位支付。

5. 一次性工伤医疗补助金

（1）《郑州市工伤待遇申请受理表》；

（2）《工伤认定决定书》（原件及复印件）；

（3）劳动能力鉴定结论书（原件及复印件）；

（4）工伤职工本人身份证复印件；

（5）《郑州市社会保险关系停保登记表（减少）》原件及复印件；

（6）一次性就业补助金支付凭证。

五、失业

（一）失业金申领时间及周期

单位减员后的次月办理，无时限要求。

（二）失业金发放标准

累计缴费时间满1年不足5年的，每满1年领取3个月的失业保险金，领取期限最长为12个月；

累计缴费时间满5年不足10年的，每满1年增领2个月的失业保险金，领取期限最长为18个月；

累计缴费时间10年以上的，每满1年增领1个月的失业保险金，领取期限最长为24个月。

失业人员应领取而未领取失业保险金的期限，可以保留。

重新就业后再次失业的，缴费时间重新计算，领取失业保险金的期限可以与前次失业应领取而未领取失业保险金的期限合并计算，但最长不得超过24个月。失业保险金按照当地最低工资标准的80%确定，并自失业人员办理失业登记的次月起按月发放。

（三）失业金领取条件

1. 失业前用人单位和本人已经缴纳失业保险费满一年的；
2. 非因本人意愿中断就业的。

（四）失业金申领材料清单/信息

身份证和社保卡原件。

（五）办理流程

1. 单位给失业人员减员时，应当按照非本人意愿离职的原因办理减员；
2. 职工可以在减员业务办理后次月在郑好办 APP，或者持身份证、社保卡至郑州市社保局办理失业金领取手续。

六、退休

（一）办理条件

1. 按照规定参加郑州养老保险；
2. 达到法定退休年龄；
3. 累计缴费达到最低年限。

（二）办理材料

1. 人事档案（1995 年后参加工作的不用）；
2. 《退休审批表》一式三份；
3. 企业在职职工查询单；
4. 身份证原件和复印件 1 份（柜台验原件收复印件）；

5. 社保卡原件和复印件 1 份（柜台验原件收复印件）。

（三）办理流程

1. 申报人准备好身份证、户口本、照片、档案及申报退休的相关材料；

2. 申请人向所在单位申报，企业存续的去企业申报、失业人员去辖区就业局申报；

3. 企业、就业局向当地人社部门进行申报；

4. 社保经办机构审核材料合格后，现场发放退休证，次月领取待遇。

七、公积金

（一）公积金查询

1. 拨打公积金客服热线电话 12329 查询，按语音提示查询，人工拨 "0"；
2. 手机下载郑好办或豫事办 APP，通过 "公积金" 模块直接查询；

豫事办 APP

3. 持本人身份证到住房公积金办事大厅或公积金银行办理网点查询；
4. 通过郑州住房公积金官网查询，链接（http://zzgjj.zhengzhou.gov.cn）。

（二）公积金提取

1. 提取条件

（1）购买、建造、翻建、大修自住住房的；

（2）偿还购建自住住房贷款本息的；

（3）租赁自住住房，房租超出家庭工资收入规定比例（15%）的；

（4）离休、退休或达到法定退休年龄的；

（5）出境定居的；

（6）职工死亡、被宣告死亡的；

（7）享受城镇较低生活保障的；

（8）完全或部分丧失劳动能力，并与单位终止劳动关系的；

（9）非郑州常住户口或郑州农业户口的，并与单位终止劳动关系的；

（10）户口迁出郑州行政区域，并与单位终止劳动关系的；

（11）与单位终止劳动关系，未重新就业满五年的；

（12）在职期间被判刑，并与单位终止劳动关系的；

（13）本人、配偶及其父母、子女患慢性肾衰竭（尿毒症）、恶性肿瘤、再生障碍性贫血、慢性重型肝炎、心脏瓣膜置换手术、冠性动脉旁路手术、颅内肿瘤开颅摘除手术、重大器官移植手术、主动脉手术九种重大疾病的。

2. 提取流程

（1）线上提取流程：

① 登录郑好办 APP—首页"公积金"—提取—选择提取项目—身份认证—提交信息和材料—提交；

② 登录郑好办 APP—首页—我的—我的办件—查询办理结果。

（2）线下提取流程：

步骤一：提出申请

申请人到郑州市住房公积金管理中心任意网点申请提取住房公积金。

步骤二：审核

经初审后，若发现提交材料有缺失或无用的，应当场退回给申请人，并给出不能通过的原因，申请人可将材料备齐后再次前往管理中心办理。

步骤三：收到答复

初审通过的，在受理申请日后的 3 个工作日内给予答复，退还所提交的材料正本。

步骤四：银行放款

到开户银行办理提取转账手续，逾期无效，提取款项由经办银行划账至申请人本人银行储蓄存款账户。

（三）公积金异地转移

线下办理：职工本人携带身份证原件前往郑州市郑发大厦一楼公积金柜台办理公积金跨省合并，根据现场工作人员提示办理即可。

线上办理："全国住房公积金"微信小程序—服务—转移接续，按照提示即可办理转移。

答疑解惑

Q1：单位职工如何提取住房公积金？

A1：有线上办理和线下办理两种方式。

线上办理：下载郑好办APP，在公积金端口选择提取业务按照提示进行办理；

线下办理：符合住房公积金提取条件的职工，持身份证、本人名下一类银联卡和有关提取材料到住房公积金管理中心办事大厅办理提取。

Q2：如何查询自己的社保缴纳证明？

A2：参保人可通过如下途径查询社保信息：

（1）河南省社会保障网上服务平台（https://siwsfw.hrss.henan.gov.cn/portal/#/home）打印个人权益记录单：

点击"个人办事通道"—首页点击"查询打印"按钮—选择"个人权益记录单查询打印"根据个人需要下载打印个人权益记录单。

（2）郑好办APP—"社保"—"社保查询类"。

（3）"郑州人社·社保卡"微信公众号—"查询服务"—"职工养老查询"。

通过如下途径查询医疗信息：

（1）河南省医疗保障公共服务平台（https://ggfw.ylbz.henan.gov.cn/hsa-passhallEnter/index.html）个人注册登录查询；

（2）郑好办APP—"医保"—"查询证明服务"；

（3）"郑州市医疗保障局"微信公众号—"掌上医保"—"医保信息查询"。

Q3：如何将本市的社保转移至其他城市？

A3：河南省内无须转移，转至河南省外的，需打印《基本养老保险参保缴费凭证》《医疗保险参保缴费凭证》，交由转入地社保机构办理合并即可。

郑　州

Q4：社保和公积金每年几月开始调整基数？

A4：社保自每年3—4月发布通知进行调基，具体完成时间依官方通知，一般在6月中旬前完成；公积金每年6月发布调基通知，7月调整。

Q5：如何查询自己的公积金个人账号？

A5：关注"郑州住房公积金"微信公众号—选择"个人中心"—点击"缴存信息"进行查询。

武 汉

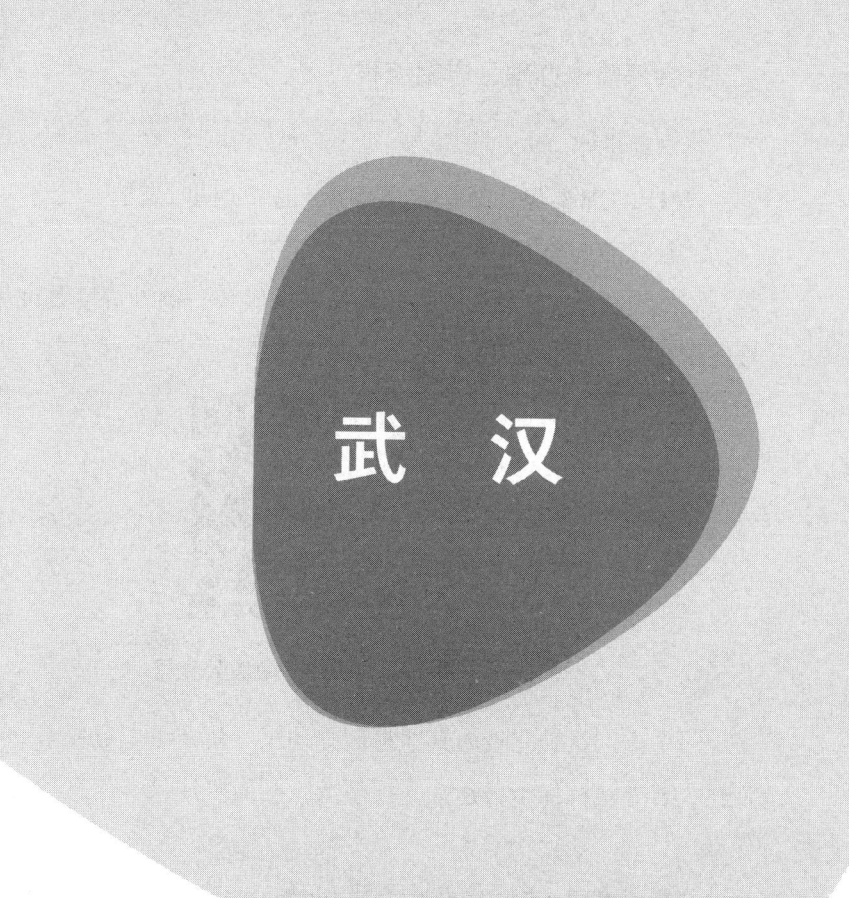

一、社会保障

社会保障卡办理、申领流程

1. 申领条件

武汉市正常参保、湖北省内无制卡记录（同时满足）。

2. 社保卡查询

关注"湖北12333"微信公众号—微服务—制卡进度查询—输入身份证号码和姓名—查询社保卡状态。

"湖北12333"微信公众号

（1）查询在湖北省内其他地区办理了二代及以上社保卡，可在武汉直接使用；若外地社保卡已遗失、损坏等，则需要注销卡信息后再办理武汉市社保卡。

注销卡方式：登录湖北政务网（http://zwfw.hubei.gov.cn/index.html）—点击我要办—点击【事项】社会保障卡注销—选择在线办理—注销社保卡，具体步骤按湖北政务网提示操作。

（2）若经查询在湖北省内未制卡，可在武汉新制卡。

3. 申领方式

（1）职工本人选择一家武汉市社会保障卡合作银行代办网点办理，银行受理即办即领。银行指定网点查询：浏览器进入 http://rsj.wuhan.gov.cn/，在搜索框搜索"武汉市社会保障卡合作银行代办网点明细表"，查找最新时间的网点明细表。

（2）职工本人搜索"武汉人社"支付宝小程序或搜索"武汉人社"微信公众号，进入页面后点击中间蓝色板块"社会保障卡业务办理"，按规定操作申请办理社保卡，完成后由邮政 EMS 将社保卡送达申请人（快递费到付）。

"武汉人社"微信公众号

4. 社会保障卡制卡进度查询

关注"武汉人社"微信公众号，或搜索"武汉人社"微信小程序，进入页面后中间蓝色板块"社会保障卡业务办理"，申请进度查询。

5. 社会保障卡补办

办理流程：关注"武汉人社"微信公众号，或搜索"武汉人社"微信小程序，进入页面后中间蓝色板块"社会保障卡业务办理"，申请卡挂失；

办理补卡：①职工持身份证去对应发卡银行办理补卡，银行办理即办即拿；②职工持身份证到任意中心城区社保局办理补卡。

6. 社保卡金融账户激活（开通）

（1）网上办理：下载社保卡发卡银行 APP，开通社保卡金融账户功能。

（2）现场办理：本人携带身份证原件及社保卡原件到对应社保卡发卡银行柜面，办理社保卡金融账户功能。

温馨提示：

（1）武汉市社保卡制/补卡电子照片需符合《社会保障卡制证用数字相片技术要求》；

（2）职工本人至合作银行办理新制卡业务前，建议电话预约错峰前往；

（3）武汉社保卡初始密码为 123456，职工收到社保卡后到就近定点医疗机构修改初始密码。

二、医疗

（一）医保个人余额

1.支持社保卡或医保电子凭证直接在定点零售药店刷取社保卡个人账户余额购买药品；

2.支持社保卡或医保电子凭证到定点社区卫生服务机构或定点医院刷取社保卡个人账户余额支付门诊费用。

（二）医保费用报销比例

1.门诊起付线及报销标准

参保职工在定点一级及以上医疗机构、乡镇卫生院、社区服务中心门诊就医，发生的符合规定的普通门诊医疗费用，在一个自然年度内累计超过普通门诊统筹起付标准的部分，由统筹基金按比例支付。

表 15–1

人员类别	年度起付线	年度限额	报销比例		
			一级医疗机构（含社区卫生服务中心、乡镇卫生院）	二级医疗机构	三级医疗机构
在职职工（含在职灵活就业人员）	700元	3500元	80%	60%	50%
退休人员（含灵活就业退休人员）	500元	4000元	84%	68%	60%
备注： 1.封顶线在一个自然年度内有效，不滚存、不累计，不能转让他人使用。 2.参保人员使用基本医疗保险药品目录中的乙类药品和医疗服务诊疗项目目录中的乙类项目的，个人先支付10%。					

来源：《武汉市职工基本医疗保险普通门诊统筹告知书》

2. 住院起付线及报销标准[15-1]

表 15-2

医疗类别	费用段	医院级别	起付标准	人员类别	甲类项目支付比例	其他范围内项目自付比例	备注
基本医疗	10万元以下	三级	800元	在职	86%	1.乙类项目先由个人自付10%，余额按甲类项目支付比例支付 2.特殊药品先由个人自付20%，余额按乙类项目支付比例支付 3.使用国产置换材料个人自付35%，使用进口置换材料个人自付50%	费用段指的是参保人住院、门诊紧急抢救和门诊治疗重症（慢性）疾病发生的基本医疗保险范围内的年度费用累计金额，不含自费费用
				退休	88.80%		
		二级	600元	在职	89%		
				退休	91.20%		
		一级	400元	在职	92%		
				退休	93.60%		
		社区	200元	在职	92%		
				退休	93.60%		
	10万—20万元	—	—	—	96%		
	20万—24万元	—	—	—	98%		
大额医疗	24万元以上	年度最高支付限额30万元			98%		

备注：转市外就医参保人员先自付10%后按武汉市医保报销比例报销。

来源：https://ybj.wuhan.gov.cn/zwgk_52/zcfgyjd/zcwd/202311/t20231120_2303690.shtml

（三）本地医保报销流程

1. 报销条件

（1）申请人已经办理参保手续、正常足额缴交医疗保险费的次月享受待遇；

（2）合作医疗指定医疗机构就医。

2. 现金报销（未持卡）办理材料

（1）参保人社会保障卡复印件。

（2）参保人身份证复印件。

（3）住院医疗费用发票及住院费用清单原件。

（4）住院病案材料：①出院小结；②病案首页；③临时医嘱；④长期医嘱；⑤手术记录和麻醉记录（手术患者附报）；⑥门（急）诊病历及检查报告单、病理检查报告（至医院的病案室复印）。

（5）武汉市医保生育医疗生育津贴申报表。

（6）情况说明。

（7）武汉市医疗生育保险待遇申请记录单。

3. 办理流程

（1）门诊待遇享受流程：

武汉市职工医疗保险参保人员在武汉市承担普通门诊统筹服务的医疗保障定点社区卫生服务中心，乡镇卫生院以及一级、二级、三级医疗机构门诊就医，可按规定享受统筹基金报销待遇。

具体医疗机构名单可以通过武汉市医保局官方网站（http://ybj.wuhan.gov.cn）和"武汉医保"微信公众号查询。

参保人员应凭本人医保电子凭证或社会保障卡在门诊统筹定点医疗机构就医，发生的门诊医疗费用应通过医疗保险信息系统直接结算，应由个人负担的部分，可使用个人账户或现金与定点医疗机构结算，应由统筹支付的部分，由定点医疗机构记账。

温馨提示：

①参保人不在以上定点医疗机构就医或在非定点医疗机构就医，按规定无法享受职工医保门诊统筹待遇。

②如门诊结算应享受而未享受统筹基金报销待遇，需联系医院重新结算，社保局暂不支持门诊报销。

（2）住院待遇享受流程：

① 参保人员凭身份证和医生入院安排，先缴纳住院押金住院。出院时，到医院医保收费处办理出院费用凭本人医保电子凭证或社会保障卡结算。

② 参保人员在医疗定点医院住院以现金自费而未享受医保待遇的，可到对应参保区办理医疗现金报销业务。

（四）异地医保报销流程

1. 异地门诊就医

（1）异地安置、常驻异地、异地长期居住人员，可在备案城市定点医疗机构就医，发生的普通门诊医疗费用按照我市门诊统筹待遇标准执行；参保人员因其他情形在异地定点医疗机构门诊就医的，无须备案，发生的普通门诊医疗费用个人先支付10%，余额按照我市门诊统筹待遇标准执行。

（2）参保人员可凭本人医保电子凭证或社会保障卡在就医地已开通异地门诊直接结算的定点医疗机构就医，具体名单可以通过国家医保服务平台APP或网站查询。

（3）按照国家、省有关规定，异地就医普通门诊医疗费用直接结算时，执行就医地基本医疗保险药品、诊疗项目、医疗服务设施范围和支付标准目录，发生的门诊医疗费用应通过医疗保险信息系统直接结算。

2. 异地住院就医

（1）异地就医流程：

办理备案—选异地联网结算医院—持卡就医。

（2）备案方式：

线下：参保人或代办人至所属辖区医保经办机构办理异地就医登记备案手续。

线上：

① 跨省异地就医备案—人工审核（2—3个工作日）

"国家异地就医备案"微信小程序或国家医保服务平台APP申请办理；

打开"国家异地就医备案"微信小程序—点击首页中间"异地就医备案申请"，首次使用需要参保人本人进行实人认证（姓名、身份证号、摄像头）—

点击：参保地—选择参保地湖北省武汉市，就医地—选择需备案省市，参保险种—选择城镇职工—备案类型—常驻异地工作人员—开始备案，阅读同意告知书—查阅基本信息，填写：申请备案开始日期，本人联系电话及地址—上传：居民身份证，参保单位派出证明/异地工作单位证明/工作合同照片（任选其一），完成备案个人承诺书电子签名—最后点击提交备案。

②省内异地就医备案—人工审核（1个工作日）

网页登录"湖北政务服务网"或手机登录鄂汇办APP申请办理；

参保人下载鄂汇办APP，参保人本人进行实人认证（姓名、身份证号、摄像头）—点击首页板块—医保—选择第三模块—异地就医—选择：常驻异地工作人员备案—参保地—选择参保地武汉市—中心城区—点击在线申请—阅读点击承诺书—查阅基本信息，选择省内就医城市、备案开始时间，结束时间可不填—上传：居民身份证/医保电子凭证/社保卡，预览并确认备案表，上传异地工作证明材料或选择个人承诺书方式预览并确认—最后点击提交办理。

3. 可支持医院查询途径

登录国家医保服务平台，可查询基本医疗保险跨省费用直接结算异地联网定点医疗机构名单。

网址：https://fuwu.nhsa.gov.cn/nationalHallSt/#/home?code=90000&flag=false&gbFlag=true。

4. 异地医疗现金报销材料

（1）发票费用原件。

（2）费用对应清单原件。

（3）住院病案材料：①出院小结；②病案首页；③临时医嘱；④长期医嘱；⑤手术记录和麻醉记录（手术患者附报）；⑥门（急）诊病历及检查报告单、病理检查报告（至医院的病案室复印）。

（4）身份证或社保卡复印件。

（5）银行卡复印件（注明开户行全称）。

（6）情况说明/报销申请。

（7）武汉市医疗生育保险待遇申请记录单。

5.异地医疗待遇享受流程

（1）办理异地就医备案的，在异地联网结算医院直接持卡结算；

（2）未持卡结算的：出院时先行垫付医疗费用，携带规定材料前往武汉社保机构申请报销；工作人员受理材料，并对材料进行审核；经审核，符合条件，材料齐全，则办理现金报销手续（材料无误当场办结，预计60个工作日费用支付到参保人提供的社保卡金融账户或者个人银行卡账户内）。

三、生育

（一）生育待遇包含的项目

产检、生产住院、津贴（生育/流产/护理假津贴）。

（二）实时结算项目

产检、生产住院。

（三）手工报销项目

津贴（生育/流产/护理假津贴）。

（四）生育保险享受流程

1.生育保险现金（未持卡）报销材料

（1）在非武汉市生育保险定点医疗机构实施生育分娩、流（引）产、计生手术的书面申请（职工所在单位加盖公章）；

（2）《武汉市医疗生育保险报销申报表》；

（3）住院医疗费用发票及住院费用清单原件；

（4）出院小结、病案首页、门（急）诊病历、长期医嘱、临时医嘱、手术记录和麻醉记录（手术患者附报）；

（5）参保人社会保障卡复印件；

（6）生育保险承诺书；

（7）结婚证复印件及婴儿出生证明。

2.生育保险待遇享受流程

武汉市女职工生育分娩或实施流（引）产、计生手术前，不需再办理生育就医登记，在全市生育保险定点医疗机构发生的生育医疗费用，持本人医保电子凭证或社会保障卡按生育保险政策即时结算。

武汉市男职工按规定缴纳生育保险，其配偶如果未就业，仍需办理生育就医登记。武汉市参保男职工未就业配偶在诊断妊娠后，生育分娩或实施流（引）产、计生手术前，可通过线上线下多渠道办理男职工未就业配偶生育就医登记。

线上：

（1）通过"湖北医疗保障"微信公众号办理生育就医登记

关注"湖北医疗保障"微信公众号—点击功能菜单栏"服务专区"—"服务大厅"—滑动至"其他服务"栏目—选择"生育备案登记"—信息填写完成后点击"提交"，即可完成生育就医登记申请。

（2）通过"鄂医保"支付宝小程序办理生育就医登记

登录支付宝APP—搜索"鄂医保"小程序—进入小程序页面—滑动至"其他服务"栏目—选择"生育备案登记"—信息填写完成后点击"提交"，即可完成生育就医登记申请。

（3）通过鄂汇办APP办理生育就医登记

自然人可分别采用支付宝、电子社保卡或新用户注册三种方式注册登录。

鄂汇办APP注册登录后—进入首页页面—选择"医保"—滑动至"其他服务"栏目—选择"生育备案登记"—信息填写完成后点击"提交"，即可完成生育就医登记申请。

（4）通过电脑登录"湖北医保服务平台"办理生育就医登记

湖北医保服务平台（https://ybj.hubei.gov.cn/hubeiHallSt/web/hallEnter/#/Index）

选择"个人登录"—点击"进入个人网厅"—点击"我要办"—选择"生育登记"—填写相关信息,即可完成生育就医登记申请。

线下:

可由用人单位经办人员或职工本人携带证明夫妻关系的结婚证明材料,到参保单位所属辖区医保经办机构办理。

(1)待生育就医登记审核通过后,武汉市男职工未就业配偶在全市生育保险定点医疗机构发生的生育医疗费用,持男职工本人医保电子凭证或社会保障卡可按生育保险政策即时结算。

(2)未持卡出院结算的需在职工休完产假三个月内,由用人单位携带申报材料到区社会劳动保险处生育保险窗口办理待遇结算。

(3)工作人员受理核准后,支付生育医疗费和生育津贴。

3.生育保险待遇标准

表15-3 武汉市生育保险医疗待遇

医疗项目			医院等级			备注
			一级	二级	三级	
生育	产前检查		700元(取出515元)			含首次产检185元(限区、市妇幼),超过限额部分自付
	分娩	顺产	2000元	2200元	2500元	费用高于限额时,女职工参保个人自付30%,男职工参保个人自付100%
		助娩产	2100元	2400元	2800元	
		剖宫产	2600元	3100元	3900元	
	流(引)产	人工引产	1400元	1700元	2000元	
		住院人流	1000元	1200元	1500元	
		门诊人流	450元	500元	600元	

续表

医疗项目	医院等级			备注
	一级	二级	三级	
计划生育	1.放置宫内节育器	80元（取出75元）			超过限额部分由个人自付
	2.皮下埋植术	100元（取出55元）			
	3.输卵管结扎术	1500元			
	4.输精管结扎术	500元			
	5.输卵管复通术	3000元			
	6.输精管复通术	2000元			

来源：《武汉市生育保险一次性告知》，https://www.whxinzhou.gov.cn/xxgk_29/xxgkml/gysyjs/shjz/ylbz/202301/t20230112_2130458.shtml

（五）生育津贴领取流程

1. 武汉办理生育津贴需要的材料

用人单位应在职工产假、护理假结束后三个月内凭以下材料到职工参保单位所在辖区医保经办机构办理生育津贴待遇申领手续：

（1）《武汉市医疗生育保险报销申报表》；

（2）女方出院小结或出院记录复印件［门诊流引产的需要提供门诊病历复印件（含手术记录）或医生开具的病情诊断证明书复印件一份（须盖诊断证明专用章）］；

（3）结婚证复印件；

（4）职工本人身份证或社保卡复印件；

（5）生育保险承诺书。

2. 武汉生育津贴及护理假津贴核发基数

（1）生育津贴日支付标准按照女职工生育或者流（引）产当月所在用人单位实际申报缴费的上年度职工月平均工资除以30日计算；男职工护理假津

贴日支付标准按照其配偶生育当月男职工所在用人单位实际申报缴费的上年度职工月平均工资除以30日计算。

（2）女职工生育或者流（引）产前12个月以及男职工配偶生育前12个月职工变动工作单位的，其生育津贴或护理假津贴按照女职工生育或者流（引）产前12个月以及男职工配偶生育前12个月内该职工工作过的各用人单位上年度职工月平均工资加权平均数计算。

（3）用人单位未按规定据实缴纳生育保险费的，实际缴费金额与应缴费金额产生的待遇差额由用人单位负担。

（4）用人单位缴费不足12个月的，按实际缴费时间内用人单位职工月平均工资计算。

3. 武汉生育津贴及护理假津贴的计算标准

（1）正常分娩的，除享受国家规定的98天产假外，增加产假30天；难产的，增加15天；多胞胎生育的，每多生育1个婴儿增加15天。

（2）妊娠不满12周流产的，产假为30天；妊娠满12周不满28周流（引）产的，产假为45天；妊娠满28周以上引产的，产假为98天。

（3）男职工享受15天护理假津贴。

（4）生育津贴 = 日支付标准 × 津贴天数。

（5）护理假津贴 = 日支付标准 ×15。

4. 武汉生育保险待遇领取方法

（1）生育津贴和护理假津贴由用人单位领取，用人单位通过湖北医保服务平台—报表打印—生育津贴查询打印—输入职工身份证号码—查询生育津贴、护理假津贴金额；

温馨提示：津贴需划拨至所在单位或财政部门指定账户内。

（2）生育人员领取拨付到社保卡金融账户的生育费用时，可凭本人身份证、社保卡到制卡银行各营业网点领取现金。

四、工伤

(一)工伤定点医院

查询网址:https://rsj.wuhan.gov.cn/zwgk_17/zc/qtzdgkwj/tzgsgg/202008/t20200824_1432356.html。

(二)工伤待遇

表 15-4

工伤基金支付	用人单位支付
1.治疗工伤的医疗费用和康复费用 2.住院伙食补助每天为15元。工伤医疗费用报销程序完结半年后,由武汉市工伤生育保险中心按住院发票起止时间来核定住院伙食补助,直接划入个人社会保障卡的金融账户,无须单位再办理其他手续,本人带身份证、社会保障卡直接到武汉市内任何一家社会保障卡对应银行柜台领取 3.报经办机构同意,到统筹地区以外就医所需的交通、食宿费用 4.生活不能自理,经劳动能力鉴定委员会确认的生活护理费 5.一次性伤残补助金、一级至四级伤残职工的伤残津贴 6.终止或解除劳动合同时应当享受的一次性工伤医疗补助金 7.因工死亡职工的遗属领取的丧葬补助金,供养亲属抚恤金和一次性工亡补助金 8.安装配置伤残辅助器具所需费用	1.停工留薪期工资福利待遇及生活护理费 2.五级、六级伤残职工的伤残津贴 3.终止或解除劳动合同时应当享受的一次性伤残就业补助金

1. 工伤保险待遇标准

表 15-5

补偿类别		伤残津贴（企业按月支付）	一次性待遇		
			伤残补助金	一次性医疗补助金	伤残就业补助金（企业支付）
因工伤残待遇	一级	本人工资×90%	本人工资×27个月	—	—
	二级	本人工资×85%	本人工资×25个月		
	三级	本人工资×80%	本人工资×23个月		
	四级	本人工资×75%	本人工资×21个月		
	五级	本人工资×70%	本人工资×18个月	上年度职工月平均工资×22个月	上年度职工月平均工资×34个月
	六级	本人工资×60%	本人工资×16个月	上年度职工月平均工资×18个月	上年度职工月平均工资×28个月
	七级	—	本人工资×13个月	上年度职工月平均工资×12个月	上年度职工月平均工资×20个月
	八级		本人工资×11个月	上年度职工月平均工资×10个月	上年度职工月平均工资×16个月
	九级		本人工资×9个月	上年度职工月平均工资×8个月	上年度职工月平均工资×12个月
	十级		本人工资×7个月	上年度职工月平均工资×6个月	上年度职工月平均工资×8个月

2. 伤残护理费标准

表 15-6

护理费标准	生活完全不能自理	统筹地区上年度职工月平均工资×50%
	生活大部分不能自理	统筹地区上年度职工月平均工资×40%
	生活部分不能自理	统筹地区上年度职工月平均工资×30%

3. 工亡待遇标准

表 15-7

因工死亡待遇	丧葬补助金	本市上年度职工月平均工资×6个月
	一次性工亡补助金	上年度全国城镇居民人均可支配收入×20个月
	供养亲属抚恤金（按月发放）备注：各供养亲属的抚恤金之和不应高于因工死亡职工生前的工资	配偶：工亡前12个月职工月平均工资×40%
		其他供养亲属：工亡前12个月职工月平均工资×30%
		孤寡老人或孤儿：在上述的基础上增加10%

来源：《工伤保险条例》《湖北省工伤保险实施办法》[15-2]

（三）申报工伤认定材料

1. 基本材料

（1）《工伤认定审核表》；

（2）《工伤认定申请表》；

（3）职工与单位签订的劳动合同、聘用合同或者职工与用人单位存在劳动关系的证明材料原件及复印件；

（4）受伤时首次就诊的原始病历，就诊医院开具的诊断证明书，CT、超声医学影像及其他诊断报告单原件及复印件；

（5）受伤职工身份证复印件；

（6）单位申请报告及个人申请报告（向武汉市人力资源和社会保障局申请，盖单位公章，个人签字按手印）；

（7）工伤认定申请承诺书；

（8）工伤认定申请材料清单；

（9）《工伤认定申请人、用人单位及其他联系方式一览表》；

（10）若为受伤职工近亲属申请，需提供亲属关系证明及其亲属身份证复印件。

2. 特殊补充材料

（1）职业病：武汉市职业病防治院或湖北省职业病防治院出具的职业病诊断证明书或职业病诊断鉴定书原件及复印件。

（2）血吸虫病：

① 血防部门出具的《血吸虫诊断报告书》；首次医治血吸虫病的原始病历原件及复印件；

② 单位派往涉疫区域工作的原始证明材料及当地血防部门的涉疫区域证明。

（3）在上下班途中，受到非本人主要责任交通事故或者城市轨道交通、客运轮渡、火车事故伤害：

① 交通管理有权机构出具的事故认定书、结论性意见或者人民法院生效裁决文书原件及复印件；

② 用人单位上下班时间证明，职工考勤打卡记录；

③ 居住地到单位路线图（图中标明家，单位及事故地点）。

（4）因工外出期间发生事故伤害需提供出差派遣单或者其他证明材料：出差交通工具票据复印件，若是长驻异地人员需单位提供长驻异地工作证明。

① 交通事故伤害：有权机构出具的事故认定书、结论性意见或者人民法院生效裁决文书原件及复印件。

② 下落不明：提交人民法院宣告死亡法律文书原件及复印件。

（5）在维护国家利益、公共利益活动中受到伤害的：提交民政部门或者其他相关部门的证明原件及复印件。

（6）受到暴力等伤害的：提交人民法院生效裁决书或者公安机关的证明或者其他有效证明原件及复印件。

（7）在工作时间和工作岗位突发疾病：提交120急救记录，医疗机构的抢救记录和医学死亡证明原件及复印件。

（8）因战、因公负伤致残的转业、复员、退伍军人，到用人单位后旧伤复发的，提交中华人民共和国残疾军人证及劳动能力鉴定委员会的旧伤复发鉴定证明原件及复印件。

（四）停工留薪期

工伤职工申请确定停工留薪期，应在签订服务协议的医疗机构出具诊断证明或者休假证明之日起5个工作日内将该诊断证明或者休假证明报送所在单位。用人单位在收到停工留薪期申请之日起5个工作日内根据签订服务协议的医疗机构出具的诊断证明或者休假证明，对照《湖北省工伤职工停工留薪期分类目录》，确定停工留薪期，并自确定停工留薪期之日起5个工作日内将停工留薪期确认通知送达工伤职工。

停工留薪期满，因伤情尚未稳定或未痊愈，不能恢复工作，需要延长停工留薪期的，工伤职工或者其近亲属、用人单位应在停工留薪期满前5个工作日内向统筹地区劳动能力鉴定委员会申请延长停工留薪期，并提交签订服务协议的医疗机构出具的诊断证明或者休假证明，经统筹地区劳动能力鉴定委员会确认，可以延长停工留薪期。未在停工留薪期满前向统筹地区劳动能力鉴定委员会提出延长停工留薪期申请的，停工留薪期到期终止。

工伤职工或者其近亲属、用人单位对统筹地区劳动能力鉴定委员会确认的延长停工留薪期结论不服的，可以在收到该鉴定结论之日起15日内向省劳动能力鉴定委员会提出再次鉴定申请，确认延长停工留薪期。省劳动能力鉴定委员会作出的再次鉴定结论为最终结论。

劳动能力鉴定委员会应当自收到劳动能力鉴定申请之日起60日内作出劳动能力鉴定结论，遇到伤情复杂等特殊情况时，由鉴定专家提出意见，报劳动能力鉴定委员会确认，作出劳动能力鉴定结论的期限可以延长30日，并告知鉴定申请人。自作出劳动能力鉴定结论之日起 20 日内将该鉴定结论及时送达工伤职工及其用人单位，并抄送社会保险经办机构。延长停工留薪期满，因伤情尚未稳定或未痊愈，不能恢复工作，需要再次延长停工留薪期的，工伤职工或者其近亲属、用人单位可参照上述规定申请再次延长停工留薪期，但延长停工留薪期累计不得超过 12 个月[15-3]。

五、失业

（一）失业金申领时间及周期

1. 减员生效月份当月提交申请（单位需在与职工解除劳动关系之日起 15 日内，提交失业保险申领材料至社保局办理）。

2. 周期：当月 15 日前提交材料的，月末发放；月末提交材料的，次月初发放。

（二）失业金发放标准

缴纳 1 年可申领 3 个月，每多缴满一年可申领 2 个月，即 2N+1 得数须小于或等于 24 个月（N 指缴费年数）。

（三）失业金申领材料清单/信息

1. 原工作单位终止或者解除劳动关系或劳动争议裁决的证明材料；
2. 武汉市社保卡和身份证原件。

（四）办理流程

武汉市社保局不支持单位为职工代办理失业金申领业务。
职工可通过以下方式申请：
1. 支付宝搜索"武汉人社"—业务经办—失业人员新增—完善"基本信

息"及"失业信息"—上传解除劳动关系证明—提交即可；

2. 职工本人携带身份证原件及离职协议书原件至武汉市所属社保局失业科窗口办理。

六、退休

（一）办理条件

1. 按照规定参加武汉养老保险；

2. 达到法定退休年龄；

3. 累计缴费达到最低年限。

（二）办理材料

1. 居民身份证（社保卡）原件或盖公章复印件；

2. 户口簿原件或盖公章复印件；

3. 人事档案（密封并加盖公章，无档案人员可不提供）；

4. 《离退休人员增减异动表》；

5. 劳动合同原件及复印件；

6. 承诺书（本人签名）；

7. 《武汉市企业职工基本养老保险授权委托书》（双方签字确认并按手印、附委托人受托人双方有效身份证复印件）。

（三）办理流程

1. 职工满足退休年龄前一个月本人向单位提出退休申请；

2. 用人单位将职工原始档案等材料上报参保社保经办机构进行预审；

3. 社保机构对材料进行审核；

4. 经审核符合条件的，办理退休业务，批准退休。

七、公积金

（一）查询个人公积金账户信息方式

1. 关注"武汉公积金"微信公众号，选择"我的"—"个人用户"，并注册登录；

2. 进入主界面，选择"我的公积金存款"，进入"公积金基本信息"；

3. 进入职工基本信息界面，可查询个人公积金账户信息，包括公积金账号、缴存基数、月缴额、余额等。点击界面下方"账户明细"，可查询职工个人住房公积金余额变动情况。

（二）公积金提取

1. 租房提取（同时满足）

（1）本市无住房提取条件：

① 职工及配偶无住房公积金贷款、委托扣划和购买住房类提取记录；

② 职工及配偶在武汉市无自有住房。

（2）公租房提取条件：

① 职工及配偶无尚未结清的公积金贷款（含组合贷款）；

② 职工或配偶具有租住武汉市公租房资格。

2. 还异地公积金贷（同时满足）

（1）职工及配偶符合首套自住住房办理条件；

（2）该住房未申请公积金贷款；

（3）贷款发放并正常还款6个月（含）以上；

（4）职工及配偶距本人上次办理本项提取业务时间间隔1年以上。

3. 个人网上业务可办理业务范围

（1）购房类提取

购房类提取—首套自住住房—购房合同（商品房/铁路保障房）、不动产权证、偿还个人住房商业贷款、偿还组合贷款中商业贷款、偿还异地公积金贷款。

购房类提取—第二套自住房提取—不动产权证、偿还异地公积金贷款。

（2）租房类提取

租房类提取—租赁住房（商品房/公租房）。

（3）其他类提取

其他类提取—本市最低生活保障。

其他类提取—加装电梯。

（4）销户类提取

销户类提取—退休、终止劳动关系、出境定居、完全丧失劳动能力。

（5）四大办理渠道：

① 官网渠道：武汉住房公积金管理中心官网（http://gjj.wuhan.gov.cn/）。

② APP 渠道：武汉公积金 APP。

③ 微信渠道："武汉公积金"微信公众号或微信城市服务。

④ 支付宝渠道："武汉公积金"支付宝生活号或支付宝市民中心。

（三）公积金提取金额

每年可提取一次，各提取类型支持提取额度有差异，如满足条件经审核通过的：

1. 租房（单身职工可提取 18000 元/年，已婚职工及配偶累计可提取 36000 元/年）；

2. 还异地公积金贷款提取（累计提取金额不超过异地住房公积金贷款金额）；

3. 提取公积金归还首套房组合贷款商贷部分（①提取金额不超过个人住房商业性贷款剩余金额，且累计提取金额不超过个人住房商业性贷款本金；②办理提取时，职工及配偶公积金账户均应保留百元以下余额）。

(四)公积金异地转移

1. 其他城市公积金转移至武汉市

办理条件:在武汉市设立个人公积金账户且正常汇缴6个月以上。

办理途径:推荐通过武汉住房公积金管理中心官网(http://gjj.wuhan.gov.cn/)及"武汉公积金"微信公众号等途径注册登录个人网上系统申请办理。

温馨提示:以武汉为首的8+1城市圈各公积金中心(鄂州、黄石、黄冈、孝感、咸宁、潜江、天门、仙桃)之间的异地转移业务取消6个月缴存限制,职工在转入地中心设立个人住房公积金账户后,无须正常连续缴存半年以上,即可申请将在原工作地缴存的住房公积金转移到转入地中心。其他城市的公积金异地转入仍需要在武汉地区连续正常缴存住房公积金6个月以上才能申请。

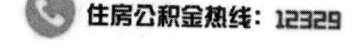

2. 武汉市公积金转移至其他城市

因各城市之间政策差异较大,如个人公积金账户为已封存未冻结,且异地的公积金中心同意接收,请联系转入地咨询转移事宜;

五险一金由武汉市转至其他城市具体细节请以转入地政策为准。

答疑解惑

Q1：如何查询自己的社保及医保缴纳记录？

A1：（1）医疗保险：下载鄂汇办APP，进入首页页面，点击"基本医保参保缴费凭证"，选择想查的月份—展示PDF。

（2）社保三险（养老、工伤、失业）：

① 实名登录"武汉人社"支付宝小程序，点击参保缴费证明，可下载湖北省社会保险参保证明（个人专用）；

② 使用电脑浏览器进入"湖北政务服务网"（http://zwfw.hubei.gov.cn/），点击右上角"登录"，跳转到登录界面（个人登录），推荐使用手机支付宝或鄂汇办APP实名扫码登录，也可注册账号后登录；点击右上角"回首页"，在"特色服务"中点击"企业职工养老保险信息系统"，自动跳转到"湖北省政务服务社会保险网上办事大厅"；选择需要打印的参保地，点击"社保电子证明"；点击"湖北省社会保险参保证明（个人专用）"。

Q2：没有办理异地就医备案，哪些情况可以线下进行报销？

A2：因公、探亲假期间、法定假期间外出，在市外门诊紧急抢救的医疗费用可尝试线下报销。

Q3：夫妻双方都有生育保险，生孩子能不能同时享受医保报销？

A3：女职工享受生育医疗费用和生育津贴，男职工享受护理假津贴。

Q4：新生儿医疗费用能报销吗？

A4：新生儿的医疗费用不能用父母的医疗保险报销；新生儿的父母双方或任一方已经在武汉市参保并且符合待遇享受条件的，或新生儿具有武汉市户籍，就可以免缴出生当年的城乡居民医保费，其新生儿在出生90日及以内（含出生当日）办理参保登记手续，从出生之日起享受居民医保待遇，新生儿在出生的90日后办理居民医保参保登记或参保缴费的，从参保登记或参保缴费的次月起开始享受居民医保待遇。

Q5：职工必须在同一家单位交满一年才可以申领失业金吗？

A5：不是，不同单位缴纳失业保险累计缴满12个月以上即可。

Q6：外地缴纳的失业保险可以累计到武汉吗？

A6：武汉市可以接受失业保险的统筹转移。

Q7：在异地（非参保地）受伤，可以申报工伤吗？

A7：可以，在异地受伤需于参保地申报工伤；申报材料需体现职工在异地的原因，如因工出差／长期外派等。

Q8：公积金贷款利率如何计算？

A8：（1）住房公积金贷款期限五年以下（含五年），首套个人住房公积金贷款年利率为2.75%；五年以上首套个人住房公积金贷款年利率为3.25%；二套个人住房公积金贷款年利率按同期首套公积金贷款利率的1.1倍执行。

（2）贷款期限在一年（含一年）以内的实行合同利率，遇人民银行贷款利率调整，不分段计息；贷款期限在一年以上的，遇人民银行贷款利率调整，其利率当年内不作调整，具体调整时间为次年的1月1日，按相应的利率档次执行新的利率。

参考内容

【15-1】《武汉市医疗保障局关于印发〈武汉市职工基本医疗保险实施细则〉的通知》（武医保规〔2022〕2号）

【15-2】《湖北省工伤保险实施办法》（湖北省人民政府令第375号）

【15-3】《湖北省工伤职工停工留薪期管理办法》（鄂人社规〔2016〕5号）

长 沙

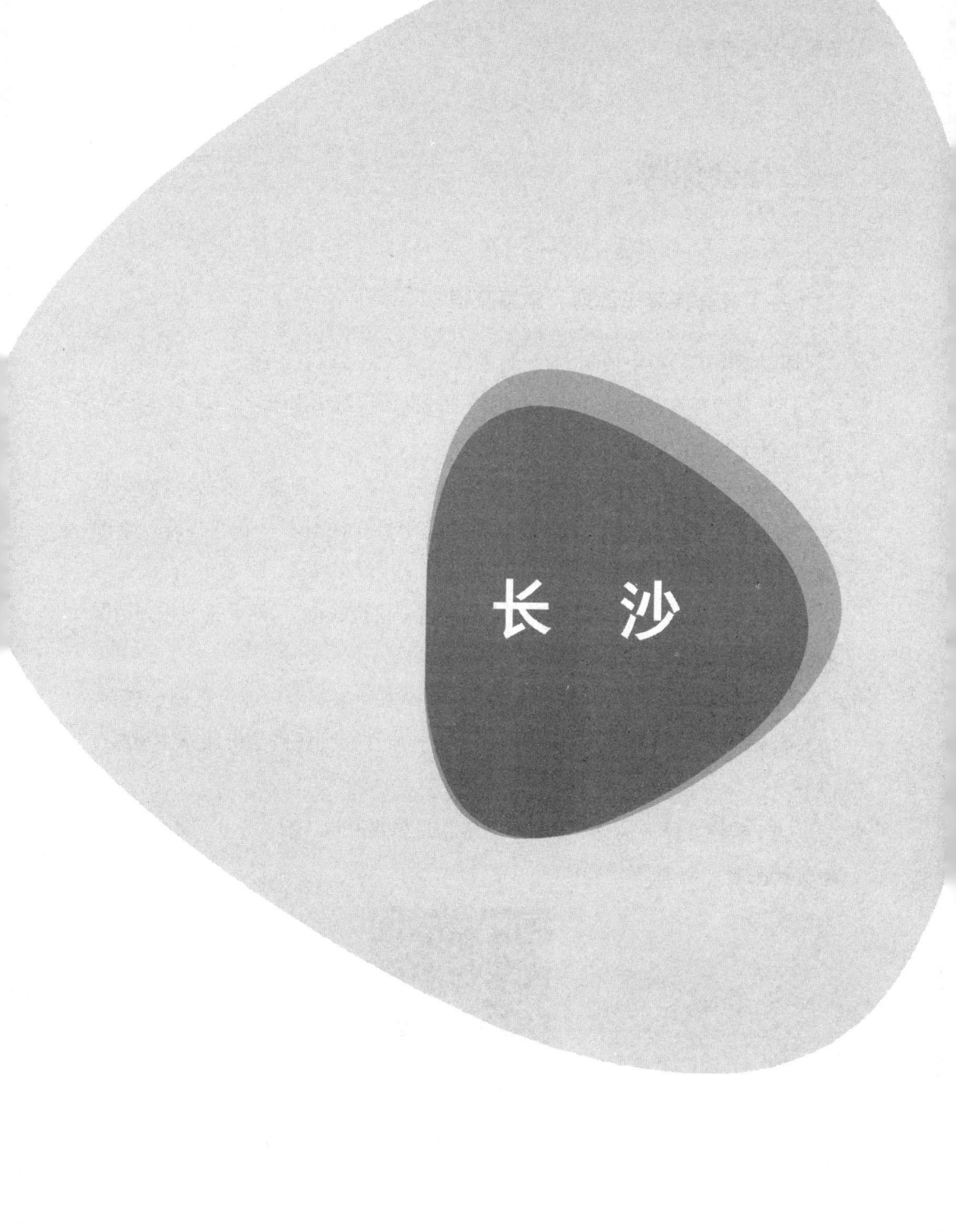

一、社会保障

（一）社会保障卡办理、申领流程

职工参保次月可申请制卡。

1. 本人持有效身份证件到社会保障卡经办窗口现场申领。

2. 网上自助申领：

步骤一：关注"智慧人社"微信公众号，进入"智慧人社"，进入"我的"进行登录绑定身份证等信息（首次使用需先注册）—在"我的"中的"服务城市"需注意选择长沙。

步骤二：登录后进入"首页"中的"制卡进度查询"，然后按照相关情况进行办理。

（1）若该社保卡信息栏显示该职工社保卡处于制卡中或者已制卡成功，请在制卡成功后按照该栏提供的地址信息到所在银行凭借身份证原件领取社保卡。

（2）若该社保卡信息栏显示社保卡信息采集有误（或为空），进入"线上申领社保卡"，按照提示操作。

"智慧人社"微信公众号

表 16-1

各制卡中心名称	咨询电话	地址
长沙市社会保障卡管理服务中心	0731-84159912	芙蓉区建湘南路151号
芙蓉区社会保障卡管理服务中心	0731-84683594	芙蓉区远大一路280号
天心区社会保障卡管理服务中心	0731-85899272	天心区湘府中路298号
岳麓区社会保障卡管理服务中心	0731-85819736	岳麓区桐梓坡西路168号
开福区社会保障卡管理服务中心	0731-85358479	开福区盛世路26号
雨花区社会保障卡管理服务中心	0731-85881954	雨花区香樟东路2号
高新区社会保障卡管理服务中心	0731-88982982	高新区麓谷大道658号
长沙县社会保障卡管理服务中心	0731-84069832	长沙县星沙街道开元路222号
望城区社会保障卡管理服务中心	0731-88079137	望城区望府路198号

（二）社会保障卡补卡方式

1. 社保卡挂失

（1）拨打发卡银行服务电话口头挂失，自口头挂失之日起5—7天尽快办理书面挂失手续，否则口头挂失不再有效，卡片恢复使用；

（2）本人凭身份证原件到发卡的社保卡服务中心办理正式挂失手续。

2. 社保卡补办

社保卡遗失并已办理挂失手续，发卡的社保卡服务中心已受理书面挂失业务方能办理补卡手续。本人凭身份证原件到发卡的社保卡服务中心办理，经工作人员查验证件、受理业务后，缴纳补卡换卡工本费并索取收费票据，同时妥善保管好受理回执。

二、医疗

（一）医保费用报销比例

1. 门诊

（1）门诊报销适用于全省职工医保参保人员（含灵活就业人员）；

（2）医保电子凭证、身份证、社会保障卡三者之一均可作为报销凭证；

（3）门诊费用报销在医院直接结算，参保人员只需支付个人自付部分费用即可；

（4）在职职工慢特病政策范围内门诊医疗费用按80%比例支付，退休人员慢特病政策范围内门诊医疗费用按85%比例支付。

表 16-2

	医保定点医疗机构		
	一级及基层	二级	三级
起付标准	无起付标准	50元/次，累计不超过200元	100元/次，累计不超过300元
报销比例	70%	60%	60%
报销限额	在职职工150元，退休员工2000元		

来源：《湖南省医疗保障局关于调整优化职工基本医疗保险普通门诊统筹政策的通知》

2. 住院

（1）一个结算年度内，参保人员在同级别医疗机构多次住院的，第二次及以上起付标准按50%计算，起付标准年度累计不超过2000元；

（2）退休人员在不同级别医疗机构住院的支付比例分别提高2个百分点。

表 16-3

医保定点医疗机构					
	基层	一级	二级	三级	省部属
起付标准	200元	500元	800元	1100元	1600元
报销比例	93%	92%	90%	85%	80%
报销限额	住院（含参照住院待遇进行管理、"双通道"药品单行支付管理）医疗费用的最高实际支付限额为15万元				

来源《湖南省人民政府办公厅关于印发〈湖南省职工基本医疗保险实施办法〉的通知》[16-1]

（二）本地医保报销流程

参保人员出院时持社保卡（身份证或户口本）在定点医院结算窗口结算即可。

（三）异地医保报销流程

异地安置人员在备案地住院

（1）条件：①已办理异地安置手续的参保人员住院医疗费用；②因私外出突发急诊必须住院治疗的医疗费用；③所患疾病因受市内定点医疗条件限制无法进行治疗或因患者病情需要，确需进一步转院诊治人员。

（2）基础信息：员工办理异地就医备案前需办理且领取社保卡。

（3）办理方式：①下载湘医保APP，登录绑定个人账户信息，点击"异地就医备案"，进行备案申请。②员工异地就医医院为户籍地，仅需上传社保卡、身份证备案即可；若非户籍地、非参保地区，需要提供就医地区居住证，并携带社保卡、身份证进行备案。

温馨提示：

（1）参保人员应当在参保地或异地医保定点医疗机构就医。除危急重症患者抢救外，在非医保定点医疗机构发生的医疗费用不予支付。

（2）异地长期居住或临时外出就医的参保人员办理异地就医备案后可以享受异地就医直接结算服务。

（3）异地长期居住人员在备案地就医结算时，医保基金的起付标准、支付比例、最高支付限额原则上执行参保地标准。异地转诊人员和异地急诊抢救人员支付比例下降5个百分点，未备案、非急诊且未转诊的异地就医人员支付比例下降10个百分点。

三、生育

（一）生育待遇包含的项目

1. 生育医疗费（包括产检费用）；
2. 生育津贴。

（二）实时结算项目

本地生育医疗费用。

（三）手工报销项目

异地生育医疗费用（包括产检费用）、生育津贴。

（四）生育保险报销流程

1. 基本条件

生育住院费用报销：参保人员参保缴费月的下月起，可享受生育住院费用报销待遇。

2. 申领时间

职工生产或终止妊娠后即可开始办理。

3.费用报销

（1）本地

参保女职工怀孕20周至分娩前，应到长沙市内生育保险定点医疗机构中选择一家作为妊娠诊断、检查和分娩的定点医疗机构。选择后，携带社会保障卡、准生证到定点医疗机构医保科进行备案登记。

职工持社保卡在医院办理入院手续，费用在医院使用职工生育保险直接结算。

（2）异地

参保人员在省内异地就医联网定点医疗机构就医的，可凭本人社保卡或身份证直接办理住院登记手续，直接结算，其他异地生育情况需携带材料线下进行报销。

报销材料：社保卡、夫妻双方身份证、生育证、新生儿出生证、诊断证明（加盖医院章）、住院病案首页复印件（加盖医院公章）、入院记录（加盖医院公章）、出院记录（加盖医院公章）、住院原始发票（加盖医院公章）、费用明细汇总清单（加盖医院公章）、产前检查门诊发票（加盖医院公章）。

（五）生育津贴领取流程

基本条件：参保人员参保缴费月的下月起，连续缴费10个月之后方可申领生育津贴待遇。

1.办理时间

职工生产后即可办理。

2.办理地点

根据参保区域，去到相关区域政务服务大厅生育保险窗口办理。

3.办理材料

（1）女职工生育津贴：生育津贴申领表、新生儿出生医学证明、职工身份证、若难产需难产病历材料［①病案首页，诊断证明或出院记录；②医保结算单。（①、②任意一项）］。

（2）男职工生育津贴：生育津贴（一次性生育补助）申领表、男职工收款银行卡、男职工身份证原件、生育证或生育电子凭证复印件、新生儿出生医学证明原件、住院病案首页复印件（医院盖公章）、诊断证明（医院盖公章）、出院记录（医院盖公章）、住院费用发票（原件）。

（3）终止妊娠生育津贴：生育津贴申领表、职工身份证、诊断证明、妊娠B超单原件。

温馨提示：在一个保险年度内享受一次终止妊娠待遇。

四、工伤

（一）工伤定点医院

查询网址：下载我的长沙APP—工伤定点医院。

（二）工伤待遇

1. 医疗费用报销

职工已被认定为工伤。

2. 一次性伤残补助金

（1）职工已被认定为工伤；

（2）职工已评定伤残等级。

3. 按月伤残津贴

（1）职工已被认定为工伤；

（2）保留与用人单位的劳动关系，退出工作岗位；

（3）因工致残被鉴定为1—4级伤残（5—6级伤残津贴由用人单位发放）。

4. 一次性伤残就业补助金（单位支付）

（1）职工已被认定为工伤；

（2）职工本人提出，与用人单位解除或者终止劳动关系；

（3）因工致残被鉴定为5—10级伤残。

5.一次性医疗补助金（工伤科支付）

（1）职工已被认定为工伤；

（2）职工本人提出，与用人单位解除或者终止劳动关系；

（3）因工致残被鉴定为5—10级伤残；

（4）用人单位已向职工支付了"一次性伤残就业补助金"。

6.停工留薪期待遇

工伤职工应及时将工伤医疗机构出具的诊断证明或者休假证明报送给所在单位。由单位根据工伤医疗机构的诊断证明，按照《停工留薪期目录》，确定工伤职工的停工留薪期，并书面通知工伤职工本人。停工留薪期内，原工资福利待遇不变，由所在单位按月发放。（停工留薪期一般不超过12个月）。

温馨提示：职工在外地发生工伤住院，须在事故发生日起的5个工作日内办理异地就医备案（如未备案，异地医疗费用不予报销），职工只能就近就医，不能转院治疗，且在工伤医疗费用未报销完成前不能办理停保。

表16-4　工伤（亡）补助待遇

补偿类别		按月伤残津贴	一次性伤残补助金	一次性医疗补助金（解除劳动关系才支付）	一次性伤残就业补助金（解除劳动关系才支付）
完全丧失劳动能力	一级	本人工资×90%	本人工资×27个月	不可解除	不可解除
	二级	本人工资×85%	本人工资×25个月		
	三级	本人工资×80%	本人工资×23个月		
	四级	本人工资×75%	本人工资×21个月		

续表

补偿类别			按月伤残津贴	一次性伤残补助金	一次性医疗补助金（解除劳动关系才支付）	一次性伤残就业补助金（解除劳动关系才支付）
因工伤残待遇	大部分丧失劳动能力	五级	本人工资×70%（单位支付）	本人工资×18个月	本人工资×24个月	本人工资×36个月
		六级	本人工资×60%（单位支付）	本人工资×16个月	本人工资×18个月	本人工资×30个月
	部分丧失劳动能力	七级	无	本人工资×13个月	本人工资×15个月	本人工资×15个月
		八级		本人工资×11个月	本人工资×10个月	本人工资×10个月
		九级		本人工资×9个月	本人工资×8个月	本人工资×8个月
		十级		本人工资×7个月	本人工资×6个月	本人工资×6个月
	停工留薪期待遇		停工留薪期内，原工资福利待遇不变，由所在单位按月发放（停工留薪期一般不超过12个月）			
	住院伙食补助		职工住院治疗工伤期间，由工伤保险基金支付住院伙食补助费（标准：20元/天）			
	工伤医疗费		治疗工伤所需费用符合工伤保险诊疗项目目录、工伤保险药品目录、工伤保险服务标准的，从工伤保险基金支付			
	辅助器具费		需要配置辅助器具的，经劳动能力鉴定委员会确认，符合规定的费用标准从工伤保险基金支付			

续表

补偿类别		按月伤残津贴	一次性伤残补助金	一次性医疗补助金（解除劳动关系才支付）	一次性伤残就业补助金（解除劳动关系才支付）
生活护理费	全部护理依赖			统筹地区上年度职工月平均工资×50%	伤残鉴定后经劳动能力鉴定委员会确认需要护理的，按月发给
	大部分护理依赖			统筹地区上年度职工月平均工资×40%	
	部分护理依赖			统筹地区上年度职工月平均工资×30%	
因工死亡待遇	一次性工亡补助金	上年度全国城镇居民人均可支配收入×20倍			
	丧葬补助金	统筹地区上年度职工月平均工资×6个月			
	供养亲属抚恤金（按月发给）备注：供养亲属抚恤金之和不高于工亡职工生前本人工资	配偶：工亡职工本人工资×40%			
		其他供养亲属：工亡职工本人工资×30%			
		孤寡老人或孤儿：上述标准的基础上增加工亡职工本人工资×10%			

来源：长沙市人力资源和社会保障局（http://rsj.changsha.gov.cn/zxzx_0/tzgg_131288/shbx_131290/202204/t20220406_10522528.html）

五、失业

（一）失业金申领时间及周期

一般在停保3个月内。

（二）失业金发放标准

失业金发放金额＝长沙最低工资标准×90%×领取时间。

领取时间：1个月≤失业保险参保年限≤24个月。

以后每增加1年缴费年限，增发2个月的失业保险金，最长期限不超过24个月。

表 16-5

累计缴费时间	领取期限
满1年不足2年	4个月
满2年不足3年	6个月
满3年不足4年	8个月
满4年不足5年	10个月
满5年不足6年	12个月
满6年不足7年	14个月
满7年不足8年	16个月
满8年不足9年	18个月
满9年不足10年	20个月
满10年不足11年	22个月
11年及以上	24个月

来源：长沙市人民政府（http://www.changsha.gov.cn/szf/ztzl/yzs/jycy/jycycjwt/202212/t20221212_10933747.html）

1.失业人员在领取失业保险金期间重新就业后足额缴费一年以上且再次解除劳动关系失业的,缴费时间重新计算,其领取失业保险金的期限可以与前次失业应领取而尚未领取的失业保险金的期限合并计算,但最长不得超过24个月。

2.失业人员在领取失业保险金期间重新就业后不满一年再次解除劳动关系失业的,可以继续申领前次失业应领取而尚未领取的失业保险金。

(三)失业金申领材料清单/信息

1.现场办理

《就业失业登记证》或《就业创业登记证》;本人身份证;社保卡。

(1)《就业失业登记证》需职工前往户籍所在地、常住地或单位所在社区、乡镇(村)公共就业服务机构进行就业失业登记;省内进行登记的以系统录入为准;省外进行登记的需看证件原件并收复印件。

(2)办理该证件时,提供职工的离职证明即可。

表 16-6

序号	参保地	办理地址
1	长沙市本级及市内五区	芙蓉中路一段669号市人社局二楼政务中心30—31号窗口
		岳麓区金星路市政府二办市政务中心一楼A34号窗口
		芙蓉区人民东路189号区政务服务中心26号窗口
		天心区湘府中路258号区政务服务中心19号窗口
		雨花区朝晖路499号区人社局二楼大厅11号窗口
		开福区盛世路1号区政务服务中心15窗口
		岳麓区金星北路517号区政务服务中心34号窗口
2	长沙县	长沙县望仙东路598号县政务中心二楼F区29—35号窗口
3	望城区	望城区望府路198号区政务服务中心一楼17号窗口

续表

序号	参保地	办理地址
4	浏阳市	浏阳市白沙东路8号市民之家二楼50号窗口
5	宁乡市	宁乡市花明北路市民之家90—91号窗口

2. 线上办理

关注"智慧人社"微信公众号，点击"智慧人社"—"失业保险专题"—"失业保险金申领"办理。

六、退休

1. 申请所需材料

（1）长沙市企业职工领取养老保险待遇资格确认表；

（2）本人身份证；

（3）一寸彩照一张；

（4）人事档案。

2. 退休申请审批流程

（1）单位经办人或本人携带规定材料到社保经办机构办理；

（2）工作人员对提交的材料进行初审、复审，认定参保人员出生年月、工作时间、退休时间等关键信息，无误后出具《长沙市企业职工基本养老保险参保人员退休资格确认表》；

（3）申请人对上述确认表上的出生年月、参加工作时间、视同缴费年限等关键信息进行核对，确认签字；

（4）工作人员发放退休证，经办人凭退休证办理养老待遇。

七、公积金

（一）公积金常见提取类型

1. 离职提取；
2. 租房提取；
3. 购房提取。

（二）公积金提取条件及金额

1. 离职提取：公积金账户封存 6 个月及以上，可申请提取账户全部余额（离职提取后在原单位开户的，一年内不得以任何形式补缴）。

2. 租房提取：每次提取金额不得超过近 1 年的实际汇缴额（在长沙市无自有产权住房）。

3. 购房提取：同一套房屋产权所有人的提取总额不得超过购买该房屋的首付款金额，一次性付款的提取总额不得超过购买该房屋的总价款，提取金额至住房公积金账户金额的百元位。

（三）公积金异地转移

1. 将其他城市的公积金转移至长沙市

（1）办理条件：

① 职工在长沙住房公积金管理中心缴存单位建立劳动关系并设立住房公积金账户；

② 在长沙住房公积金管理中心连续正常缴纳住房公积金 6 个月及以上（长株潭三地市公积金以及湖南省公积金之间转移没有缴存时间要求）。

（2）办理途径：

登录公积金中心官网网上业务大厅（www.csgjj.com.cn）—选择"个人用户"登录—①刷脸登录：输入身份证—登录—手机支付宝识别二维码—刷脸

成功；②短信登录：输入身份证和手机验证码登录；③输入身份证和登录密码登录—登录成功—点击"我要转入"—选择"个人异地转入"—填写转出地公积金中心全称、转出地缴存单位全称、转出地公积金个人账号后，提交即可。

长沙公积金中心官网网上业务大厅

2.将长沙市的公积金转移至其他城市

个人公积金账户为已封存未冻结状态，且异地的公积金中心同意接收，可携带有效身份证件前往转入地公积金中心办理，具体细节以转入地要求为准。（长株潭三地市公积金以及湖南省公积金之间转移没有缴存时间要求）。

答疑解惑

Q1：公积金提取是否需要单位开具提取凭证？

A1：公积金提取无须单位开具任何凭证。

Q2：如何查询自己的社保缴纳证明？

A2：①养老、失业、工伤保险：职工本人登录长沙市12333公共服务平台，网址链接：http://www.cs12333.com/revision/，选择进入个人用户登录—录入个人身份证号和密码（首次登录需先注册）—个人查询—应缴实缴；

②医疗保险：下载湘医保APP—缴费记录。

Q3：如何查询自己的公积金缴纳证明？

A3：①进入长沙住房公积金管理中心官网（https://www.csgjj.com.cn/login.do），选择个人用户进行登录（首次登录需先进行注册）；

②进入"缴存明细查询"—"个人缴存记录导出"（导出pdf版本即可）。

Q4：如何查询自己的社保公积金个人账号？

A4：①职工本人查询社保编号方式为：职工本人登录长沙市12333公共服务平台（http://www.cs12333.com/revision/），登录即可看到社保账户；

②职工本人查询公积金账号方式为：职工本人登录长沙住房公积金官网，首页即可看到公积金账号。

Q5：如何将本市的社保转移至其他城市？

A5：长沙社保转出以转入地的政策为准。

Q6：公积金贷款最高可贷额度是多少？个人可贷额度如何计算？

A6：长沙市住房公积金最高贷款额度70万元，生育三孩的职工家庭住房公积金最高贷款额度80万元。

贷款额度=（职工住房公积金账户余额+配偶住房公积金账户余额）×n倍数。2023年n为16倍。

职工家庭的可贷额度，在最高贷款额度内按照贷款额度计算公式、首付款比例、还贷能力情况等进行测算，取测算结果的最低值。如公积金贷款额度不足，职工可以申请组合贷款。按贷款额度计算公式测算，职工家庭贷款额度低于20万元的按20万元核定。职工家庭近12个月办理了公积金提取的（租房提取除外）和灵活就业人员不适用前款最低贷款20万元的规定。

Q7：在异地产生住院费用如何报销？

A7：异地就医备案成功的情况下，职工可在异地医院申请线上刷卡结算（使用湖南省社保卡），职工仅需支付个人医疗部分费用即可。没有异地备案的职工在异地发生医疗费用的，须自行垫付，携带医疗票据及证明材料（医院材料全套加盖医院公章），前往长沙市政务服务大厅办理手工报销，报销比例和审核结果以柜台反馈为准。

Q8：医保个账每个月有多少钱入账？

A8：2023年医保个账组成如下：

①在职职工个人账户由个人缴纳的基本医疗保险费计入，计入标准为本人参保缴费基数的2%；

②退休人员个人账户由统筹基金按定额划入，划入额度按2021年度全省企业退休人员和机关事业单位退休人员基本养老金平均水平的2%确定，即75元/月。

参考内容

【16-1】《湖南省人民政府办公厅关于印发〈湖南省职工基本医疗保险实施办法〉的通知》（湘政办发〔2022〕66号）

广　州

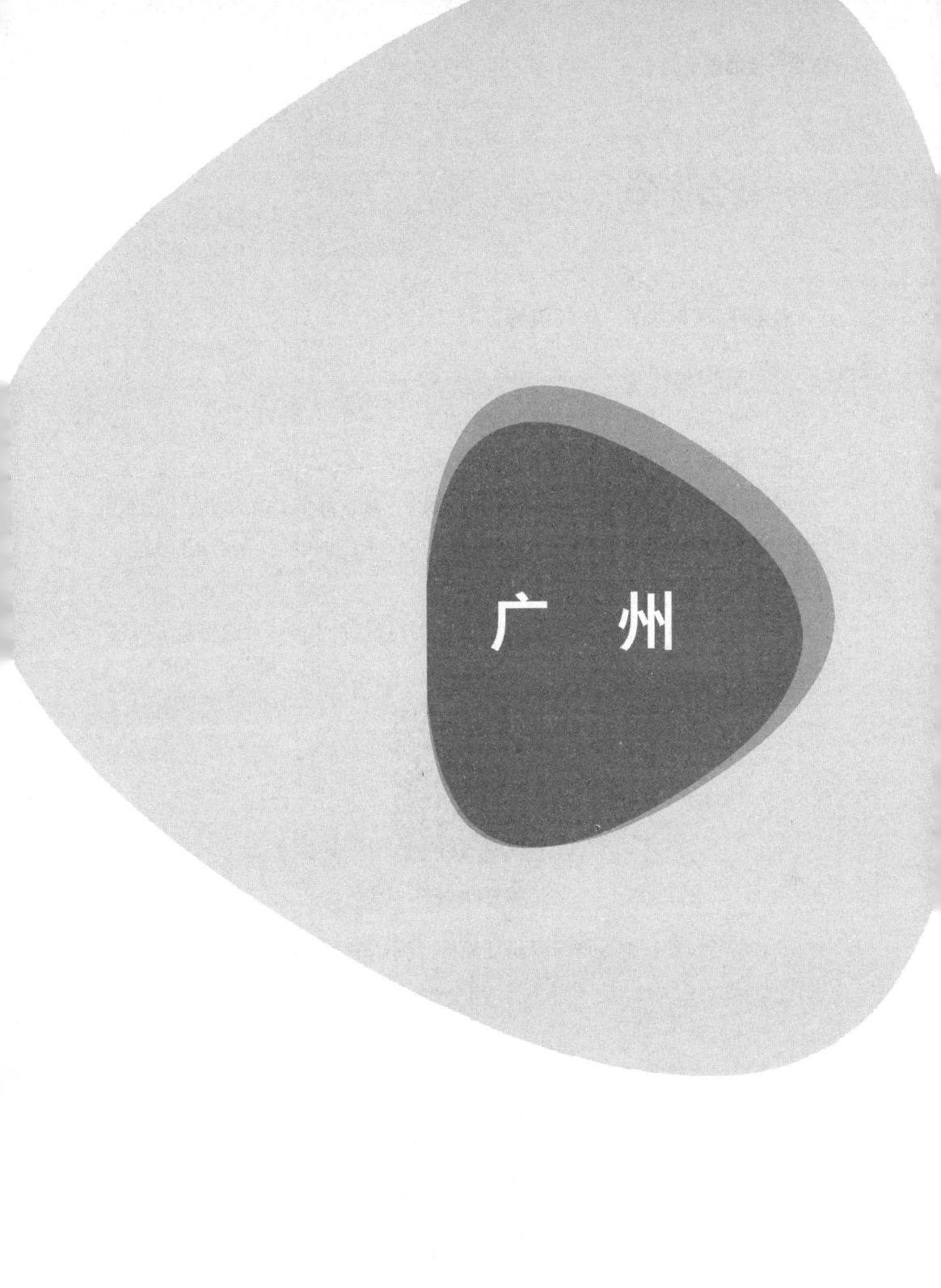

一、社会保障

社会保障卡办理、申领流程

1. 申领条件

在广州参保且没有广州社保卡或医保卡。

2. 注意事项

如已有广州市医保卡，可正常使用医保卡。建议尽早更换为社保卡，原因是医保卡无金融账户，无接收生育、医疗和工伤手工报销款及养老金等功能。

3. 申领方式

（1）网上办理：下载穗好办 APP，点击社保栏目中的"社会保障卡申领"进行办理。

穗好办 APP

（2）现场办理：本人携带身份证原件，到社保卡任意服务银行网点办理（银行网点查询：关注"广州人社"微信公众号—社保通—社会保障卡—网点信息—查询）。

部分银行支持即时制卡，网点详见：

社保卡服务银行网点

"广州人社"微信公众号

4. 社会保障卡发卡进度查询

下载登录穗好办 APP—点击社保栏目中的"社会保障卡申领"—制卡进度查询。

5. 社会保障卡补办或换卡

(1)网上办理：手机下载穗好办 APP 直接网上办理挂失补卡、换卡。

(2)现场办理：补卡需本人拨打 020-12345 热线进行挂失，携带身份证原件到社保卡原发卡银行任一社保卡服务网点补卡（换卡需带旧医保卡，补、换卡工本费 20 元）。

二、医疗

（一）医保费用报销比例

1. 门诊

基层医疗机构：规定标准为 80%；非基层中医医疗机构、专科和其他医疗机构为 65%[17-1]。

2. 住院

一级定点医疗机构为 90%，二级定点医疗机构为 85%，三级定点医疗机构为 80%[17-1]。

（二）本地医保报销流程

1. 门诊

携带社保卡直接在选定的医疗机构联网结算报销（当年度首次就医前需先办理定点）。

2. 住院

本人持社保卡原件至广州市内任一定点医疗机构窗口办理住院登记时主动告知已缴纳职工医保→出院时直接联网结算报销。

（三）异地医保报销指南

1. 异地医院可联网结算报销：持广州市社保卡原件在医院窗口办理入院登记并主动告知缴纳广州市职工医保且已办异地就医备案→出院时用社保卡直接联网结算报销。

2. 异地医院无法联网结算报销：住院费用先行垫付，提供广州市社保卡、住院病案首页和出院小结、诊断证明书、住院发票、费用明细清单等材料至广州市内任一医保局办理报销。

温馨提示：长期异地就医备案时，须选择普通门诊待遇方式：门诊包干和门诊直接结算。包干支付至个人社保卡，即异地普通门诊费用无法报销，只能报住院产生的费用。门诊直接结算可享受异地普通门诊报销待遇。

三、生育

（一）生育待遇包含的项目

1. 女职工生育医疗费用：产检和分娩；
2. 女职工生育津贴；
3. 男职工未就业配偶无生育津贴，只能报销生育医疗费用。

（二）实时结算项目

职工在广州产检和分娩费用（按时足额缴费的，自缴费次月起，职工在怀孕12周左右至分娩前在医院挂号处已办理生育就医确认情况下）。

（三）手工报销项目

1. 按时足额缴费的，自缴费次月起，职工在怀孕12周左右至分娩前已办理生育就医确认情况下的异地产检或异地分娩费用；

2. 未办理生育就医确认产生的产检及分娩费用（2022年12月前发生的生育医疗费用按定额60%的比例报销，2022年12月后发生的医疗费用按照报销标准降低10%报销）；

3. 异地产生的未就业配偶产检和分娩费用。

（四）生育保险报销流程

1. 办理条件

（1）按时足额缴费的，自缴费次月起，其职工享受生育医疗费用和生育津贴待遇；

（2）符合国家计划生育政策，办理时社保足额正常在缴；

（3）职工（满足条件）分娩次月起可办，并在分娩之日起算3年内[17-2]完成办理，逾期医保局将不受理。

2. 办理流程

（1）已办理生育就医确认的，在广州市内或市外允许联网结算的定点医疗机构直接联网结算；

（2）由单位经办人（代办人）携带相关材料，到广州市医保经办机构前台或通过广东政务服务网（后续需按医保局要求邮寄材料）办理零星报销手续；

（3）广州市医保经办机构受理、审核和结算参保人零星报销的医疗费用；

（4）应支付医疗费用由社保基金中心拨付。

（五）生育津贴领取流程

1. 登录广东政务服务网（www.gdzwfw.gov.cn/）。

广东政务服务网

2. 在搜索栏搜索"生育津贴"，弹出窗口定位到广州市。

3. 选择"生育津贴支付"，点击后选择"市本级"，点击确认（如您对办理条件与所需材料等有不清楚的，也可先点击"查看指南"后再办理）。

4. 点击进去后，选择"在线办理"，微信扫脸登录。

5. 按网办流程实名认证后进行信息自检，选择"自然人""一般情形""经办的分中心"；"经办人信息"填写经办人材料，如为参保人本人办理的，填写参保人本人信息；"申请主体信息"填写参保人本人材料。

  例如：广州A公司，法人代表张三，人事部李四申请其职工王五的生育津贴，则经办人信息中，经办人姓名填写李四，证件信息填写李四的身份证号码，手机号码与联系地址填写李四手机号码与联系地址。

  申请主体信息中，填写参保人本人（王五）的姓名，身份证号码，手机号码与联系地址。

6. 完成信息自检后，按要求填写表单：填写"申请单位""账户类型""银行账号""账号户名""填写账号开户行及支行""生育或计生手术时间"，并可进一步核实参保人信息。

7. 填写完表单，上传相关材料。

8.完成材料上传后,点击"确认提交"。如有问题,您所选择的医保分中心将通过电话或短信与您联系。

四、工伤

(一)申请主体及申请时限

根据《广东省工伤保险条例》第十二条的规定,用人单位应当在职工发生事故伤害或者按照职业病防治法规定被诊断、鉴定为职业病后的第一个工作日,通知参加工伤保险所在地市、县(区)社会保险行政部门及社会保险经办机构,并自事故伤害发生之日或者按照职业病防治法规定被诊断、鉴定为职业病之日起三十日内,向参加工伤保险所在地市、县(区)社会保险行政部门提出工伤认定申请。遇有特殊情况,经报社会保险行政部门同意,申请时限可以适当延长。

用人单位未按照前款规定提出工伤认定申请的,该职工或者其近亲属、工会组织自事故伤害发生之日或者按照职业病防治法规定被诊断、鉴定为职业病之日起一年内,可以直接向用人单位参加工伤保险所在地市、县(区)社会保险行政部门提出工伤认定申请;未参加工伤保险的,向用人单位生产经营所在地市、县(区)社会保险行政部门提出工伤认定申请。

用人单位未在本条第一款规定的时限内提交工伤认定申请的,在提出工伤认定申请之前发生的符合本条例规定的工伤待遇等有关费用由用人单位承担。【17-3】

(二)申报工伤认定的材料

1. 工伤认定申请表;
2. 用人单位与劳动者存在劳动关系(包括事实劳动关系)的证明材料;
3. 医疗诊断证明或者职业病诊断证明书(或者职业病诊断鉴定书);
4. 职工死亡的,提交死亡证明;

5. 事故发生近 2 个月的考勤或其他有效证明，出差或外勤时发生事故的，还需提供出差／外勤审批证明、交通票等；

6. 现场证人（知情人）的书面证明；

7. 在上下班途中，受到非本人主要责任的交通事故或者城市轨道交通、客运轮渡、火车事故伤害的，提供交通事故责任认定书复印件、居住地暂住证或其他住址证明（如租赁合同、房产证等）复印件、上班路线图（可以手绘或网上截取路线图，须注明住宅地、公司、出事地点、勘验时间、地址、勘验人、绘制人签名及日期）；

8. 根据实际情况需提供的其他相关材料。

（三）工伤待遇

表 17-1　工伤保险待遇享受明细

工伤保险待遇大项	工伤保险待遇小项	标准	支付标准
医疗康复待遇	住院费	工伤保险住院服务标准	按当地标准报销（详见工伤三大目录）
	医疗费	工伤保险诊疗项目目录	
	药费	工伤保险药品目录	
	住院伙食补助费	因工出差伙食补助标准	按当地标准报销（不低于统筹地区因工出差伙食补助标准的 70% 支付）
	交通、食宿费	（经批准转外地治疗的）按因工出差标准	按当地标准报销
医疗康复待遇	辅助器具费	国家规定的标准	按国家标准报销（辅助器具应当限于辅助日常生活及生产劳动之必需，并采用国内市场的普及型产品。工伤职工选择其他型号产品，费用高出普及型的部分，由个人自付）

广 州

续表

工伤保险待遇大项	工伤保险待遇小项	标准	支付标准
医疗康复待遇	护理费	停工留薪期间护理费 按实发生	应当参照当地护工从事同等级别护理的劳务报酬标准向工伤职工支付
停工留薪期工资待遇	工资	停工接受工伤医疗的工资待遇 一般为12个月，最长不超过24个月伤情严重或者情况特殊可适当延长，但延长不得超过12个月	本人工资（原工资福利）
伤残待遇（经劳动能力鉴定评定级别的）	一次性伤残补助金	一级 27个月	本人工资 不低于本人受伤前12个月月平均缴费基数，且不低于全统筹区（省/市间取其值高者）上年度职工月平均工资的60%，不高于全统筹区（省/市间取其值高者）上年度职工月平均工资300%的
		二级 25个月	
		三级 23个月	
		四级 21个月	
		五级 18个月	
		六级 16个月	
		七级 13个月	
		八级 11个月	
		九级 9个月	
		十级 7个月	
	伤残津贴	一级 90%	本人工资 按月支付，直至本人死亡（伤残津贴低于当地最低工资标准的补足差额）
		二级 85%	
		三级 80%	
		四级 75%	
		五级 70%	本人工资
		六级 60%	

续表

工伤保险待遇大项	工伤保险待遇小项	标准		支付标准
	生活护理费	一级	60%	以全省上年度职工月平均工资的一定比例按月计发
		二级	50%	
		三级	40%	
		四级	30%	
死亡待遇	丧葬补助金	6个月		全省上年度职工月平均工资
	供养亲属抚恤金	配偶每月40%		本人工资（核定的各供养亲属的抚恤金之和不应高于因工死亡职工生前的工资）
		其他人每月30%		
		孤老或孤儿再加10%		
	一次性工亡补助金	20倍		上年度全国城镇居民人均可支配收入
一次性伤残就业补助金及一次性工伤医疗补助金	一次伤残就业补助金	五级	50个月	本人工资（解除或终止劳动合同后支付）不低于本人解除/终止劳动关系前12个月月平均缴费基数，且不低于全统筹区（省/市间取其值高者）上年度职工月平均工资的60%，不高于全统筹区（省/市间取其值高者）上年度职工月平均工资300%的
		六级	40个月	
		七级	25个月	
		八级	15个月	
		九级	8个月	
		十级	4个月	
	一次性工伤医疗补助金	五级	10个月	
		六级	8个月	
		七级	6个月	
		八级	4个月	
		九级	2个月	
		十级	1个月	

来源：《工伤保险条例》《广东省工伤保险条例》

五、失业

（一）失业保险金申领时间及周期

1. 申领时间：应在终止/解除劳动关系或劳动争议的裁决、判决生效之日起60日内。

2. 办理周期：

（1）办理成功后当场可告知办理情况；

（2）待遇于次月15日左右发放。

（二）失业金发放标准[17-4]

1. 失业人员缴费时间1年至4年的，每满1年，失业保险金领取期限增加1个月；4年以上的，超过4年的部分，每满半年，失业保险金领取期限增加1个月；失业保险金领取期限最长为24个月。

2. 失业人员领取失业保险金后重新就业并参加失业保险的，缴费时间重新计算；再次失业的，失业保险金领取期限与前次失业应当领取而尚未领取的期限合并计算，最长不超过24个月。

3. 失业金发放标准：广州市最低工资标准×90%。

（三）失业金申领材料清单/信息

1.《就业创业证》电子件（由社保部门通过数据共享向就业部门获取，如特殊情形无法获取的可由个人提供）。

2. 已激活金融功能的社会保障（市民）卡或广州开设的活期类银行结算存折/银行卡，如提供银行卡（反面须有持卡人签名；复印件需个人签名并注明"与原件相符"）。

3. 职工户口簿（本市户籍在我市按月享受待遇的，或者非本市户籍选择不在我市按月享受待遇的须提供）。

4.本人有效身份证明（具体包括社会保障市民卡、居民身份证、港澳居民来往内地通行证、台湾居民来往大陆通行证、护照等）。

5.如有《广州市职工劳动手册》或《广州市流动人员劳动手册》的一并提供。

6.如有可视同缴纳年限的服现役年限未录入，需提供军人服现役年限视同失业保险缴费年限证明及军官（文职干部）转业（复员）证，或者士官（义务兵）退出现役证。

7.如职工在最后参保单位参保未满6个月的，还需提供劳动合同、工资发放银行流水、个税申报证明等材料，具体需以官方审核为准。

六、退休

（一）广州退休条件

表17-2

户籍	参保情况	条件
广州市户籍	只在广州市参保	达到法定退休年龄，且累计缴纳养老保险满15年
	存在异地参保	达到法定退休年龄，且累计缴纳养老保险满15年，最后参保地为广州
		达到法定退休年龄，且累计缴纳养老保险满15年，最后参保地不是广州的，在广东省外其他省份均未累计缴纳满10年
非广州市户籍	只在广州市参保	达到法定退休年龄，且累计缴纳养老保险满15年
	存在异地参保	达到法定退休年龄，且累计缴纳养老保险满15年，在广东省缴纳养老保险满10年，最后参保地为广州

备注：1.属于存在异地参保的，在达到退休年龄前，在广州市正常参保状态下，需将广东省内外养老保险转入广州。
2.户籍为广东省且在广州市累计缴满5年社保的人员，在达到退休年龄时仍未达到缴费年限，想在广州领取养老金的，可在税局申请延缴。

来源：广州人社官方微信公众号

（二）广州退休手续时限

1. 时限：待遇享受时间退休次月，退休批准后的第二个月开始领取养老金，待遇可以往前补发。

2. 周期：45个工作日内办妥。

（三）广州退休手续材料

1. 按月领取基本养老金

（1）《企业职工基本养老保险参保人历史信息审核申报表》；

（2）《企业职工基本养老保险待遇申请表》；

（3）职工身份证复印件；

（4）职工社保卡复印件；

（5）职工户口本首页及本人页复印件。

2. 退休前出境定居或死亡

（1）《广州市基本养老保险个人账户手册》或《广州市职工劳动手册》；

（2）《个人账户储存额继承（退还）审批表》一式三份；

（3）出境定居的：出境定居的证明材料及复印件（出境卡或公安局出境的证明或派出所注销的户口等）；

（4）死亡的：死亡的证明材料复印件（《殓葬证》或《死亡报告书》等）。

3. 非本市城镇户口职工，未达到退休年龄，离开本市时申领一次性个人账户储存额

（1）《广州市基本养老保险个人账户手册》；

（2）单位经办人身份证；

（3）社保机构指定银行结算账户存折原件及复印件；

（4）社会保险登记证。

（四）广州退休手续地点与流程

1. 单位办理：单位所属区任一政务服务中心办理。

2. 职工办理：就近街道政务服务中心办理。

七、公积金

（一）公积金常见提取类型和办理途径

1. 常见提取类型：租房提取、购房提取、离职销户提取。

2. 提取途径：网上办理或银行前台办理。

（1）网上办理：关注"广州住房公积金管理中心"微信公众号，按业务类型提醒操作。

（2）前台办理：职工本人携带材料前往广州市公积金归集业务银行网点办理提取。

温馨提示：登录"广州住房公积金管理中心"官网—办事服务一栏，可查看相应提取类型所需条件及材料。

广州住房公积金管理中心

（二）公积金提取条件

1. 租房提取：缴存人及配偶、未成年子女在本市行政区域内均无自有产权住房且租房自住。

温馨提示：有租赁合同已登记备案的，需在租赁房屋实际居住。

2. 购房按揭（按月还贷）提取：2019年1月1日后提交的住房公积金贷款申请及2019年1月1日前未通过公积金中心资格审批的住房公积金贷款。

3. 离职销户提取（以下条件需同时满足）：

（1）非广州市户籍；

（2）离职后社保及公积金停缴6个月（含）以上，且没有在异地缴纳公积金。

（三）公积金提取金额

1. 租房提取

提取频次：每 3 个月可以提取一次。

提取额度：

（1）无备案租赁合同的：2015 年 1 月至 2022 年 4 月为 600 元／人／月，2022 年 5 月起为 900 元／人／月，2023 年 5 月起为 1400 元／人／月。

A. 申请人在 2015 年 1 月 1 日前开户的，可提取额度从 2015 年 1 月 1 日起算，算至提取当月。

B. 申请人在 2015 年 1 月 1 日后开户的，可提取额度从首次汇缴月份起算，算至提取当月。

C. 在 2015 年 1 月 1 日之后，提取当月之前，申请人曾以其他部分提取条件申请过提取的，可提取额度从末次提取的次月起算，算至提取当月。

D. 在 2015 年 1 月 1 日之后，提取当月之前，申请人曾以销户提取条件申请过提取，之后又重新开户的，可提取额度从销户后首次汇缴的月份起算，算至提取当月。

（2）有备案租赁合同的：月租金超过本市上年度职工月平均工资 2 倍的 40%，超出部分租金均不计入提取额度。提取额度不超过备案证明中租赁期限的起始月至申请提取当月的租金，且不超过实际已支付的租金。

2. 购房按揭（按月还贷）提取

因贷款方式不同，提取频次和提取额度不一，您可登录广州住房公积金管理中心—办事指南—按揭购买自住住房提取办理指南（按月还贷）进行查询。

3. 离职销户提取

提取额度：提取全额。

答疑解惑

Q1: 如何查询自己的社保缴纳证明？

A1:（1）线上：三险（失业、养老、工伤）：登录"广东省人力资源和社会保障厅网上服务平台"—个人登录—广东省统一身份认证平台—微信扫码实名登录—社会保险参保缴费记录查询—个人权益记录（参保证明）查询打印—社会保险参保证明（个人）。

医疗保险（含生育）：微信搜索"粤医保"实名认证登录后—业务办理"查看更多"—业务办理—个人缴费历史打印。

（2）线下：持广州社保卡或有效身份证原件到广州市内任一社保经办窗口办理，注意医疗和生育保险明细需在市内任一医保局申请打印。地址可致电 020-12345 咨询。

Q2: 如何查询自己的公积金缴纳证明？

A2:（1）线上：搜索广州住房公积金管理中心个人网上业务（https://gr.gzgjj.gov.cn/center/login.html），登录个人账户。查询步骤：信息查询—个人信息查询—个人缴存明细—选择数据范围后点击查询、打印；或关注"广州住房公积金管理中心"微信公众号—查询办理—信息查询—缴存明细—登录—按年份查询。

（2）线下：携带有效身份证原件到广州市住房公积金中心前台申请打印。

Q3: 如何将本市的社保转移至其他城市？

A3: 广州社保停保并取得参保凭证后再到异地申办社保转入，具体办理手续请以当地政策为准。

Q4: 社保和公积金每年几月开始调整基数？

A4: 广州地区社保和公积金每年在 7 月左右开始调整基数。

广　州

Q5：没有社保卡如何报销费用？

A5：（1）普通门诊：①新参保尚未制卡领卡或职工丢失社保卡且已挂失，需携带身份证原件在医院窗口登记备案，待领卡后至医保局办理报销，或登录广东政务服务网网上办理报销；②忘带社保卡的，医保局不受理此类报销，职工可与医院协商。

（2）住院：①尝试使用有效身份证实现联网结算报销；②职工忘带社保卡，医院先挂账，职工后续带社保卡至窗口结算报销；③新参保尚未制卡领卡或职工丢失社保卡且已挂失，待领卡后至医保局办理报销，或登录广东政务服务网网上办理报销。

备注：异地就医时须提前进行异地就医备案，备案后费用才能报销。

Q6：离开本市至外地的缴存职工，能否取出住房公积金？

A6：可以办理离职销户提取。未在广州缴纳社保的情况下，需要公积金参保单位出具离职证明。

Q7：如何查询自己的公积金个人账号？

A7：广州地区职工个人账号一般为身份证号+"00"，个别职工公积金个人账号为身份证号+"01"或"02"，极少数职工公积金个人账号非常特殊无规律。

职工可携带身份证原件至公积金中心前台查询；也可登录广州住房公积金管理中心个人网厅（https://gr.gzgjj.gov.cn/login.do）查询。

Q8：如何办理公积金转移？

A8：（1）本市转出到其他城市：职工在广州市内公积金停保后在异地参保，符合异地公积金转入条件后在异地办理公积金转入业务即可。

（2）其他城市转入本市：职工在广州市参保成功并稳定缴存半年（提出申请前12个月内至少6个自然月在广州市正常汇缴住房公积金，账户为缴存状态）可通过网上或者前台申请转入，网上通过关注"广州市住房公积金管理中心"微信公众号—全部业务—缴存业务（异地账户转入），也可由个人携带身份证原件或者由用人单位前往公积金中心现场办理。

参考内容

【17-1】《广州市医疗保障局、广州市财政局、广州市卫生健康委员会关于广州市职工医疗保险和生育保险待遇标准的通知》(穗医保规字〔2022〕2号)

【17-2】《广东省职工生育保险规定》(广东省人民政府令第298号)

【17-3】《广东省工伤保险条例》(广东省第十三届人民代表大会常务委员会公告第37号)

【17-4】《广东省失业保险条例》(广东省第十三届人民代表大会常务委员会公告第115号)

深 圳

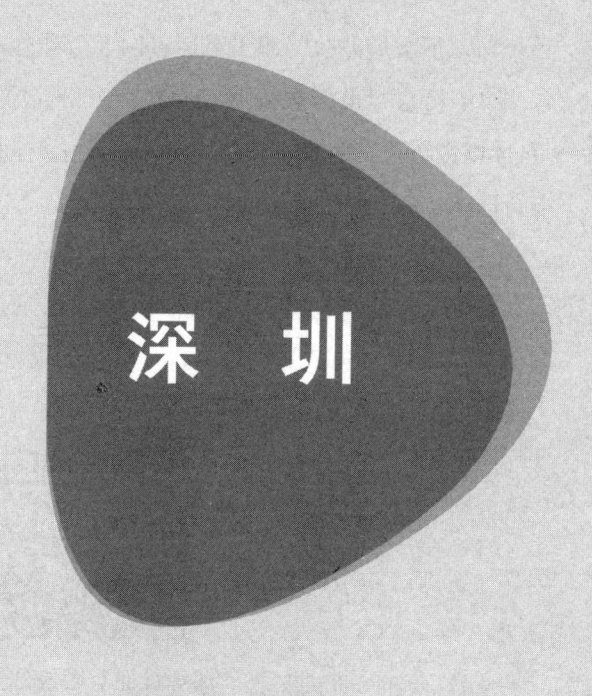

一、社会保障

社会保障卡办理、申领流程

1. 深圳本地办公的职工可通过以下两种方式办理：

（1）可自行携带数码照相回执，身份证原件，在职证明或薪资流水证明（具体以银行要求为准）去银行办理，出卡时间：一个月左右，银行可由职工自行选择。

（2）职工可关注"深圳社保"微信公众号，点击"便民服务"—"办理金融社保卡"选择想要办理的银行，按照提示填写信息，提交材料即可。如职工信息审核无误，一个月左右，可收到银行取卡通知，届时请职工本人带上身份证原件到银行取卡并激活。

"深圳社保"微信公众号

2. 深圳外地办公的职工可通过"建行到家"微信小程序，个人申请制卡，领卡方式选择邮寄领卡，邮寄地址须选择职工本人可当面签收的地址，2个月左右出卡，所需材料为：

（1）数码照相回执原件（深圳任意一家照相馆办理，也可在淘宝上搜索社保回执办理，回执上需职工亲自签名）；

（2）职工身份证扫描复印件一份（身份证复印件不能是照片截图，须是身份证扫描复印件，身份证有效期不可提供已过期的）。

3. 办理机构：

工商银行、农业银行、中国银行、建设银行、交通银行、邮储银行、广发银行、浦发银行、华夏银行、兴业银行、北京银行、上海银行、华润银行、平安银行、光大银行、招商银行、深圳农商行、民生银行、中信银行。

二、医疗

（一）医保费用报销比例

1. 门诊[18-1]

一档医疗参保人：市内任一定点医疗机构持卡就医。

表 18-1

门诊待遇		一档	二档
报销比例	一级以下医疗机构	75%（退休人员、年满60周岁及以上的80%）	
	二级医院	65%（退休人员、年满60周岁及以上的70%）	
	三级医院	55%（退休人员、年满60周岁及以上的60%）	
报销限额		本市上上年度在岗职工年平均工资的6% （2024年上限为9885元） (退休人员为7%，2024年上限11532元)	本市上上年度在岗职工年平均工资的1.5% （2024年上限为2471元） (退休人员为3.5%，2024年上限为5766元)

备注：退休人员支付比例提高 5 个百分点。统筹基金支付比例和限额以外的部分，由参保人的个人账户支付，个人账户不足的由个人自付。

来源：《深圳市人民政府办公厅关于实施〈广东省职工基本医疗保险门诊共济保障实施办法〉有关事项的通知》

二档（住院医疗）、三档（劳务工医疗）：无个人账户，一个医保年度支付限额1000元。其中属于基本医疗保险药品目录中甲类药品和乙类药品的，分别由社区门诊统筹基金按80%和60%的比例支付；属于基本医疗保险目录内单项诊疗项目或医用材料的，由社区门诊统筹基金支付90%，但最高支付金额不超过120元。

2. 住院

（1）住院起付标准

表 18-2

定点医疗机构等级	起付标准
一级	100元
二级	200元
三级	300元
市外定点医院	无备案：1000元
	有备案：400元

（2）住院待遇

表 18-3

住院待遇	报销比例			省内市外定点		省外医院		急诊入院（临时备案）
	市内一级	市内二级	市内三级	有转诊或正常备案	无转诊或备案	有转诊或正常备案	无转诊或备案	
医疗一档	94%	92%	90%	同市内一致	市内同等级医院报销比例×90%	同市内一致	市内同等级医院报销比例×80%	市内同等级医院报销比例×90%
医疗二档	92%	91%	90%					

备注：千元以上医用材料需提供产地（国产/进口）证明，进口材料报销90%，国产材料报销95%。

来源：《深圳市医疗保障局、深圳市财政局关于进一步做好异地就医医疗费用直接结算工作的通知》

（二）本地医保报销流程

1. 申请人提交申请材料

提交材料地点：街道行政服务大厅综合窗口。

2. 街道行政服务大厅受理申请

（1）受理部门自收到申请材料之日起5日内对申请材料进行审核，并决定是否受理；

（2）申请材料不齐全的，在上述5日内一次性告知申请人需补正的全部内容；

（3）申请人应当自收到《补正材料通知书》之日起5日内补正材料；

（4）逾期不补正，视为撤回申请；

（5）但补正材料后，申请人可在法定有效期内重新申请。

3. 申请完成

街道行政服务大厅审查材料并批准申请，申请人领取《社会医保医疗费用报销单》后，予以报销。

（三）异地医保报销流程

1. 符合条件人群

（1）异地安置退休人员，指退休后在异地定居并且户籍迁入定居地的人员。

（2）异地长期居住人员，指近期拟在或已在异地同一地区连续居住生活半年以上的人员。

（3）常驻异地工作人员（常用备案类型），指本市用人单位长期派驻异地工作的在职职工。

（4）异地转诊就医人员，指符合我市转诊规定转往市外就医的人员。

（5）异地急诊抢救人员，指因工作、旅游等原因在异地急诊抢救的人员。

（6）其他临时外出就医人员，指除以上情形外的其他异地就医人员。

2. 基本条件

已在深圳市办理过异地就医备案。

3. 门诊医疗费用报销

（1）必备材料

① 参保人社会保障卡，委托他人代办的应当同时提供代办人身份证（验原件，收复印件）；

② 加盖医院公章的原始收费收据（财政部门印制或税务部门印制）（收原件）；

③ 加盖医院公章的费用明细清单（收原件）；

④ 参保人银行储蓄卡（未办理金融社保卡的参保人提供）（验原件，收复印件）。

（2）补充材料

① 申请门诊大病费用报销的需提供：用药方案或治疗计划，需加盖医院公章（收原件）；

② 根据国家、广东省及深圳市有关规定完成审核所需提供的其他材料，需加盖医院公章（如使用医保目录中有限用范围的药品、诊疗项目、服务设施的，需提供相应的临床诊断证明、检查和检验报告单等材料。可由参保人首次提供或者经经办部门发出补正通知书后再次提供）（收原件）。

4. 普通医疗住院费用报销

（1）必备材料

① 参保人社会保障卡。委托他人代办的应当同时提供代办人身份证（验原件，收复印件）；

② 加盖医院公章的原始收费收据（财政部门印制或税务部门印制）（收原件）；

③ 加盖医院公章的费用明细清单（收原件）；

④ 加盖医院公章的出院记录或者出院小结（收原件）；

⑤ 参保人银行储蓄卡（未办理金融社保卡的参保人提供）（验原件，收复印件）。

（2）补充材料

① 使用单价1000元以上的一次性医用材料、安装或者置换人工器官的，需提供材料条形码复印件或者医院出具的确认为国产或者进口材料的证明，需加盖医院公章（收原件）。

② 申请意外伤害情形报销的，需同时填写《深圳市社会保险意外伤害病人受伤经过确认书》；同时需要提供入院记录（收原件）。

③ 根据国家、广东省及深圳市有关规定完成审核所需提供的其他材料，需加盖医院公章（如使用医保目录中有限用范围的药品、诊疗项目、服务设施的，需提供相应的临床诊断证明、检查和检验报告单等材料。可由参保人首次提供或者经经办部门发出补正通知书后再次提供）（收原件）。

温馨提示：

（1）参保人应该在医疗费用发生之日（住院从出院日）起12个月内办理，逾期不予受理；

（2）各地报销办理材料可能有所不同，建议咨询办理点工作人员。

三、生育

（一）生育待遇包含的项目

1. 生育医疗费用：产检和分娩；
2. 生育津贴；
3. 男职工未就业配偶无生育津贴。

（二）实时结算项目

在深圳本地定点医院分娩的费用及产前检查可直接刷卡记账报销。

（三）手工报销项目

1. 生育医疗费用：产检和分娩；

2. 生育津贴。

（四）生育保险报销流程

1. 用自己生育保险报销所需的材料

（1）本人社保卡或身份证原件及复印件；

（2）原始收费凭证（如就诊收据等）原件；

（3）医疗费用明细清单原件及复印件；

（4）疾病诊断证明书/出院小结原件及复印件；

（5）出生医学证明/婴儿死亡证明原件及复印件；

（6）计划生育证明原件及复印件。

温馨提示：

深圳市内开具的计划生育证明无须提供原件；参保单位外派的非深户籍参保人在市外开具"计划生育证明"的，可提供长期居住地或户籍所在地计生部门出具的"计划生育证明"；未就业配偶可提供户籍所在地的"计划生育证明"；已取消计划生育证明的城市需提供计生部门开具的证明该次生育为符合计划生育政策内生育的证明。

2. 用配偶生育保险所需的材料

（1）本人社保卡或身份证原件及复印件；

（2）原始收费凭证（如就诊收据等）原件；

（3）医疗费用明细清单原件及复印件；

（4）疾病诊断证明书/出院小结原件及复印件；

（5）出生医学证明/婴儿死亡证明原件及复印件；

（6）计划生育证明原件及复印件；

（7）结婚证原件及复印件；

（8）失业登记证明原件及复印件；

（9）配偶的身份证原件及复印件。

温馨提示：

（1）深圳市内开具的失业登记证明无须提供原件；市外劳动部门出具的失业登记证明，验原件收复印件。

（2）深圳市内开具的计划生育证明无须提供原件；参保单位外派的非深户籍参保人在市外开具"计划生育证明"的，可提供长期居住地或户籍所在地计生部门出具的"计划生育证明"；未就业配偶可提供户籍所在地的"计划生育证明"；已取消计划生育证明的城市需提供计生部门开具的证明该次生育为符合计划生育政策内生育的证明。

3. 深圳市生育保险报销申报流程

（1）申请人向社保机构提交上述材料；

（2）医疗生育待遇审核部门对所提交材料进行审核，材料不齐的发出《一次性补正材料通知书》；

（3）审核通过后由参保人签字确认报销金额，交财务逐级审核后支付。

温馨提示：

生育保险参保人次月起即可享受生育医疗费用；分娩、终止妊娠或施行计划生育手术次日起3年内[18-2]申请报销。

4. 深圳市生育保险报销标准

（1）产前检查费用

参保人可以提供婴儿的出生证明，可一次性报销2000元的产前检查费用。

（2）分娩费用

① 顺产报销标准为2700元。

② 难产（剖宫产）报销标准为5200元。

温馨提示：每多生一个宝宝报销增加1000元。

（五）生育津贴领取流程

1. 领取条件

（1）职工分娩/终止妊娠/实施计划生育手术，参保次月即可享受生育医疗费用，休完基本产假即可申请生育津贴；

（2）职工分娩/终止妊娠/实施计划生育手术的上月，正常参加职工生育保险；

（3）职工分娩/终止妊娠/实施计划生育手术的当月至休假结束当月由同一用人单位为其正常缴纳生育保险费用；

（4）用人单位已按规定向职工逐月垫付生育津贴。

2. 申领材料

（1）用人单位垫付生育津贴的凭证（工资表和用人单位垫付生育津贴承诺书）；

（2）本人社保卡或身份证；

（3）相关医疗机构诊断证明；

（4）计划生育证明；

（5）出生医学证明/婴儿死亡证明。

3. 申请流程

（1）网上办理流程

① 申请用人单位确认已按照规定逐月支付职工生育津贴之后，登录广东省政务服务网，在"企业网上申报"系统进行申请，并根据页面提示上传图片格式材料。

② 受理用人单位在网上提交申请后，系统后台自动即时受理。

③ 承办审核（10日）工作人员对申请单位的申请条件、申请材料、待遇类别进行审核，并作出初步决定。

④ 复核审批（5日）审批人核对相应信息并确认无误后，作出审批通过的决定，出具《深圳市职工生育保险津贴申领业务待遇核准决定书》。作出审批不通过的决定，出具《深圳市职工生育保险津贴申领业务待遇不予核准决定书》。如审批人在核对信息时发现承办人审核结果有误的，可将任务退回给承办人重新承办。情形复杂20日内不能作出决定的，经本行政机关负责人批准，可以延长10日。

⑤ 办结与送达业务办结之后，文书根据参保人意愿选择邮寄送达或现场

送达。

（2）窗口办理流程

① 申请用人单位确认已按照规定逐月支付职工生育津贴之后，用人单位经办人到达服务大厅，在大厅工作人员的指引下登录广东省政务服务网，填写生育津贴申报信息，并根据提示上传图片格式材料。

② 受理用人单位在网上提交申请后，系统后台自动即时受理。

③ 承办审核（10日）工作人员对申请单位的申请条件、申请材料、待遇类别进行审核，并作出初步决定。

④ 复核审批（5日）审批人核对相应信息并确认无误后，作出审批通过的决定，出具《深圳市职工生育保险津贴申领业务待遇核准决定书》。作出审批不通过的决定，出具《深圳市职工生育保险津贴申领业务待遇不予核准决定书》。如审批人在核对信息时发现承办人审核结果有误的，可将任务退回给承办人重新承办。情形复杂20日内不能作出决定的，经本行政机关负责人批准，可以延长10日。

⑤ 办结与送达业务办结之后，文书根据参保人意愿选择邮寄送达或者现场送达。

四、工伤

（一）工伤定点医院

深圳市社会保险基金管理局：https://hrss.sz.gov.cn/szsi/。

（二）工伤待遇

表18-4　工伤保险待遇享受明细

支付项目		内容或标准
工伤保险基金支付的各项待遇	1.工伤医疗费	治疗工伤所需费用符合工伤保险诊疗项目目录、工伤保险药品目录、工伤保险住院服务标准的，从工伤保险基金支付
	2.康复性治疗费	需在深圳市内指定的医疗康复机构进行康复治疗，可按规定报销 康复机构：http://hrss.sz.gov.cn/szsi/zxbs/wscx/ddyb/gs/
	3.一次性伤残补助金	一级伤残：本人工资×27个月 二级伤残：本人工资×25个月 三级伤残：本人工资×23个月 四级伤残：本人工资×21个月 五级伤残：本人工资×18个月 六级伤残：本人工资×16个月 七级伤残：本人工资×13个月 八级伤残：本人工资×11个月 九级伤残：本人工资×9个月 十级伤残：本人工资×7个月
	4.一级至六级伤残职工的伤残津贴	一级伤残：本人工资×90% 二级伤残：本人工资×85% 三级伤残：本人工资×80% 四级伤残：本人工资×75% 五级伤残：本人工资×70% 六级伤残：本人工资×60%
	5.供养直系亲属抚恤金	按照工亡职工本人工资，配偶40%，其他亲属30%，孤寡老人或孤儿在此标准上增发10%，各供养亲属抚恤金之和不大于本人工资
	6.丧葬补助金	广东省上年度职工月平均工资×6个月
	7.一次性工亡补助金	上一年度全国城镇居民人均可支配收入×20倍
	8.一次性工伤医疗补助金	五级伤残：本人工资×10个月 六级伤残：本人工资×8个月 七级伤残：本人工资×6个月 八级伤残：本人工资×4个月 九级伤残：本人工资×2个月 十级伤残：本人工资×1个月

续表

	支付项目	内容或标准
工伤保险基金支付的各项待遇	9.辅助器具配置费	经市劳鉴委确认同意的100%报销
	10.住院伙食补助费	每人50元/天
	11.劳动能力鉴定费	工伤保险保障时间内无须垫付
	12.经批准的外地就医的交通、食宿费	交通费据实报销；住宿费≤530元/天；伙食费=50元/天
用人单位支付待遇	1.停工留薪期的工资福利待遇	受伤前12个月平均工资（不足12个月的，按实际月计算，但不低于受伤时深圳市上年职工月平均工资的60%）
	2.停工留薪期的生活护理费	一级伤残：广东省上年职工月平均工资×60% 二级伤残：广东省上年职工月平均工资×50% 三级伤残：广东省上年职工月平均工资×40% 四级伤残：广东省上年职工月平均工资×30%
	3.五级、六级伤残职工的伤残津贴	五级伤残：本人工资×70% 六级伤残：本人工资×60%
	4.一次性伤残就业补助金	五级伤残：本人工资×18个月 六级伤残：本人工资×16个月 七级伤残：本人工资×13个月 八级伤残：本人工资×11个月 九级伤残：本人工资×9个月 十级伤残：本人工资×7个月

备注：1. 本人工资，是指工伤职工在本单位因工作遭受事故伤害或者患职业病前12个月平均月缴费工资。本单位为工伤职工缴纳工伤保险费不足12个月的，以实际月数计算平均月缴费工资。本人工资高于全省上年度职工月平均工资300%的，按照全省上年度职工月平均工资的300%计算；本人工资低于全省上年度职工月平均工资60%的，按照全省上年度职工月平均工资的60%计算。

2. 原工资福利待遇，是指工伤职工在本单位受工伤前12个月的平均工资福利待遇。工伤职工在本单位工作不足 12 个月的，以实际月数计算平均工资福利待遇。

用人单位所在地地级以上市职工月平均工资高于全省职工月平均工资的，计算相关工伤保险待遇使用的全省职工月平均工资按照该地级以上市职工月平均工资执行。

来源：《广东省工伤保险条例》

（三）申报工伤认定材料

1. 职工死亡的，提交死亡证明；

2. 在工作时间和工作场所内，因履行工作职责受到暴力等意外伤害的，提交公安部门的证明或者其他相关证明；

3. 因工外出期间，由于工作原因受到伤害或者发生事故下落不明的，提交公安部门或者相关部门的证明；

4. 在上下班途中，受到非本人主要责任的交通事故或者城市轨道交通、客运轮渡、火车事故伤害的，提交公安、交通管理部门或者其他相关部门的证明；

5. 在工作时间和工作岗位，突发疾病死亡或者在 48 小时之内经抢救无效死亡的，提交医疗机构的抢救证明或者其他相关证明；

6. 在抢险救灾等维护国家利益、公共利益活动中受到伤害的，提交民政部门或者其他相关部门的证明；

7. 在服役期间因战、因公致残的军人，退出现役到用人单位后旧伤复发的，提交《中华人民共和国残疾军人证》；

8. 根据实际情况需提供的其他相关材料。

（四）停工留薪期

职工因工伤需要暂停工作接受工伤医疗的，在停工留薪期内，原工资福利待遇不变，由所在单位按月支付。停工留薪期根据医疗终结期确定，由劳动能力鉴定委员会确认，最长不超过 24 个月。

工伤职工鉴定伤残等级后，停发原待遇，按照本章的有关规定享受伤残待遇。工伤职工在鉴定伤残等级后仍需治疗的，经劳动能力鉴定委员会批准，一级至四级伤残，享受伤残津贴和工伤医疗待遇；五级至十级伤残，享受工伤医疗和停工留薪期待遇。

经劳动能力鉴定委员会确认可以进行康复的，工伤职工在签订服务协议的康复机构发生的符合规定的工伤康复费用，从工伤保险基金支付。

工伤职工在停工留薪期间生活不能自理需要护理的，由所在单位负责。所在单位未派人护理的，应当参照当地护工从事同等级别护理的劳务报酬标准向工伤职工支付护理费。生活不能自理的工伤职工在停工留薪期需要护理的，由所在单位负责。

五、失业

（一）失业金申领

1. 申领时间：在解除劳动合同之日起一个月内向办理失业保险业务机构申领手续。

2. 申领周期：次月发放。

（二）失业金发放标准[18-3]

1. 按月领取失业保险金，失业保险金标准为本市月最低工资标准的90%（深圳最低工资为2360元）。

2. 缴费年限1年至4年的，每满1年，领取期限增加1个月。

3. 缴费年限4年以上的，超过4年的部分，每满半年，领取期限增加1个月。每次领取失业保险金的期限最长不超过24个月。

（三）失业金申领材料清单/信息

1. 被委托人身份证原件；
2. 《深圳市失业人员按月领取失业保险待遇申请表》；
3. 授权委托书；
4. 身份证原件；
5. 社保卡原件。

六、公积金

（一）公积金提取条件

1. 购房提取

职工或其家庭成员（配偶和未成年子女）在深圳市内或异地购买住房（含商品房、政策性住房或保障性住房），且购房发票或契税税票未过3年。2010年9月30日之后购买的第三套及以上住房（包括异地）不得提取。

2. 租房提取

职工本人及其家庭成员（配偶及未成年子女）在本市范围内无住房的。

3. 还贷提取

偿还深圳市内具有所有权的住房贷款。

4. 其他住房消费提取

职工本人及其家庭成员发生除购买住房、支付房租、偿还购买本市范围内住房贷款本息外的其他住房消费。

（二）公积金提取金额

1. 购房提取

一套房为购房总价款，同时不超过账户余额；二套房为账户余额的60%；三套房及以上为账户余额的60%（2010年9月30日后购房的，不予提取）。

2. 租房提取

申请当月月应缴存额×65%×可提取月份。可提取月份为上次提取的次月至本次提取的月份数，若从未办理过提取业务，则为初始缴存月份至本次提取的月份数。

3. 还贷提取

首套房月提取额为实际月供，二套房月提取额为申请月应缴存额的60%。一年一次还贷提取最多可追溯前24个月的未提取额。

4. 其他住房消费提取

申请当月月应缴存额×40%×可提取月份。可提取月份为上次提取的次月至本次提取的月份数，若从未办理过提取业务，则为初始缴存月份至本次提取的月份数。

（三）公积金异地转移

1. 基本材料

职工身份证、《深圳市住房公积金个人账户异地转入申请表》。

2. 预约

申请人可以在"粤省事"微信小程序中获取预约办理的入口，进入后点击"更多"，然后就能发现"个人账户异地转入"，点击后按照提示填写即可预约。

3. 申请

申请人需要携带好材料在预约的时间内前往现场窗口办理符合申请资格且材料齐全、符合法定形式的当场给予受理。

4. 办结

一般办结需要11个工作日，申请人可以随时留意短信信息等。

温馨提示：《深圳市住房公积金个人账户异地转入申请表》，如果是专办员办理的，须加盖单位公章。职工办理的，只需职工本人签字。申请表无加盖异地住房公积金管理机构业务章的，须提供转出地住房公积金个人账户转入我市证明原件及复印件一份（无原件的须盖章）。

答疑解惑

Q1：如何查询自己的社保缴纳证明？

A1：（1）关注"深圳人社""深圳社保"微信公众号，关注后在便民服务点击"个人业务办理"，注册账户登录后可查询打印参保缴费记录；

（2）登录"粤省事"微信小程序—热门服务—社保医保，进行查询打印；

（3）打开支付宝—选择市民中心—点击社保查询—绑定电子社保卡后，便可查询参保缴费记录；

（4）职工登录广东政务服务网个人社保网上服务系统（https://sipub.sz.gov.cn/hspms/），进入网页，点击省政务服务网认证入口，使用微信扫码登录，进入页面首页—查询服务，再根据自己的需求进行点击查询；

（5）下载 i 深圳 APP—首页点击"社保"—查询社保参保情况；

（6）持本人身份证或社保卡原件至深圳任意一家社保局自助终端查询打印，参保人按照自助终端提示，申请打印社会保险缴费记录。

Q2：如何将本市的社保转移至其他城市？

A2：线上办理：单位停保后，职工登录广东政务服务网个人社保网上服务系统（https://sipub.sz.gov.cn/hspms/）或搜索深圳社保局个人网上服务系统，在线办理—转移申请管理—养老保险参保凭证申请/基本医疗保险关系转移接续—转出申请；

线下办理：提供身份证原件或社保卡原件到就近深圳市社保局自助机打印转出凭证。

温馨提示：自 2021 年 4 月 1 日起，参保人在省内流动就业参保的，不再办理省内养老保险关系转移接续手续。

Q3：社保和公积金每年几月开始调整基数？

A3：每年 7 月进行年度社保公积金调基，如需调整医疗档次，仅可在每年 7 月 1 日—20 日调整。

深 圳

Q4：如何查询自己的公积金缴纳证明？

A4：（1）"粤省事"微信小程序—服务—公积金，进行查询打印；

（2）打开支付宝—市民中心—深圳公积金，通过人脸识别登录公积金账户查询；

（3）下载 i 深圳 APP—首页点击"公积金"—查询公积金参保情况；

（4）持身份证原件到公积金归集银行查询打印，拨打公积金客服热线0755-12329 查询。

Q5：如何查询自己的公积金个人账号？

A5：打开支付宝—市民中心—深圳公积金，通过人脸识别登录公积金账户查询。

Q6：如何将本市的公积金转移至其他城市？

A6：职工已与深圳市单位终止劳动关系并已办理账户封存手续的，可在异地公积金中心设立住房公积金账户后，向异地公积金中心申请将在深圳市缴存的住房公积金转移至异地，深圳市公积金管理中心通过转移接续平台协助办理，职工无须到深圳柜台申请。

Q7：住房公积金租房提取是否需要租赁合同？

A7：无须提供租赁合同。

Q8：异地贷款所购的住房是否可以进行深圳住房公积金的还贷提取？

A8：不能。深圳住房公积金提取用于偿还贷款本息的住房仅限本市范围内的商品住房、政策性住房和保障性住房。

Q9：公积金贷款支持的住房类型有哪些？

A9：本市行政区域内的保障性住房、人才住房和商品住房（住宅类）。

Q10：公积金贷款最高可贷额度是多少？

A10：职工个人申请的，单套住房的公积金贷款最高额度为 50 万元，申请人与共同申请人一并申请，且共同申请人参与额度计算的，单套住房的公积金贷款最高额度为 90 万元。

参考内容

【18-1】《深圳市医疗保障办法》(深圳市人民政府令第 358 号)

【18-2】《广东省人口与计划生育条例》(广东省第十三届人民代表大会常务委员会公告第 94 号)

【18-3】《广东省失业保险条例》(广东省第十三届人民代表大会常务委员会公告第 115 号)

海 口

一、社会保障

社会保障卡办理、申领流程

1. 海口市社保卡申领指南

2. 海口市社保卡激活指南

3. 海口市电子社保卡申领指南

4. 社会保障卡密码修改与重置办理指南

本人携带有效身份证件原件和社会保障卡前往海南农信社（农商行）任一网点进行办理，办理时间参照银行营业时间。

5. 社会保障卡挂失与解挂办理指南

（1）挂失

本人办理：提供本人有效身份证件原件。

他人代办（社会保障卡持卡人具有完全民事行为能力，意识清醒的情况下可委托他人代理）：双方有效身份证件原件。

办理地点：海南农信社（农商行）任一网点。

温馨提示：挂失分为正式挂失和临时挂失，临时挂失时效分为15天或长期，持卡人选择临时挂失15天的，临时挂失生效满15天后，持卡人未办理正式挂失手续的，社会保障卡将自动解挂，恢复正常状态。临时挂失有限期为长期的，须由持卡人办理解除挂失后，方可解除该卡的挂失状态，恢复正常使用。

（2）解挂

提供材料：提供本人有效身份证件原件和社会保障卡（须由本人办理）。

办理地点：海南农信社（农商行）任一网点。

6.社保卡使用

社会保障卡一卡通具有身份信息识别、公共管理、自助业务查询和办理、缴费、待遇发放等基本功能，以及人力资源和社会保障、医疗健康、城市交通和公共服务、旅游文化、工会会员服务、志愿者服务、本地居民优惠、金融服务、其他政府公共服务和政务管理等应用功能。

（1）药店买药及门诊就医：职工可持社保卡直接在海南省内定点零售药店和定点医疗机构刷取社保卡个人账户余额买药就医。

（2）住院就医报销：职工持身份证和社保卡可在海南省内医保定点医疗机构住院就医，出院时可直接刷卡结算。

二、医疗

（一）医保费用起付标准及报销比例[19-1]

1.门诊

（1）起付标准：三级定点医疗机构100元、二级定点医疗机构50元、一级定点医疗机构 10 元。普通门诊起付标准与门诊慢性特殊疾病、住院起付标准合并计算。若普通门诊已付起付标准，门诊慢性特殊疾病、住院可扣减；若门诊慢性特殊疾病或住院已付起付标准，普通门诊无须再付。

（2）报销比例：参保人员就医发生符合医保规定的普通门诊医疗费用，在年度起付标准以上、最高支付标准以下的，由医保统筹基金和参保人员按比例分担。三级定点医疗机构统筹基金支付比例和个人负担比例分别是 50% 和 50%；二级定点医疗机构统筹基金支付比例和个人负担比例分别是 60% 和 40%；一级定点医疗机构统筹基金支付比例和个人负担比例分别是 70% 和 30%。

温馨提示：普通门诊年度累计最高支付标准（含一般诊疗费）：在职人员为 1500 元、退休人员为 2000 元，计入统筹基金年度最高支付标准内。

2. 住院

（1）起付标准：一个自然年度内，从业人员在定点医疗机构住院起付标准为：一级定点医疗机构 300 元，二级定点医疗机构 600 元，三级定点医疗机构 800 元；退休人员在定点医疗机构住院起付标准为：一级定点医疗机构 200 元，二级定点医疗机构 400 元，三级定点医疗机构 600 元。

（2）报销比例：符合条件足额享受待遇的参保人在起付标准以上、最高支付限额以下医疗费用的分担比例为从业人员在一级定点医疗机构就医的，统筹基金支付比例和个人负担比例分别是 90% 和 10%；在二级定点医疗机构就医的，统筹基金支付比例和个人负担比例分别是 88% 和 12%；在三级定点医疗机构就医的，统筹基金支付比例和个人负担比例分别是 85% 和 15%。退休人员在定点医疗机构就医的，统筹基金支付比例和个人负担比例分别是 90% 和 10%。

温馨提示：一个自然年度内，参保人住院统筹基金最高支付限额（包括门诊和门诊慢性特殊疾病）为 26 万元。一个自然年度内，参保人多次普通门诊、门诊慢性特殊疾病、住院治疗且所在定点医疗机构级别不同的，起付标准累计计算。

（二）本地医保报销流程

1. 参保人在海南省内定点医疗机构凭居民身份证、医保电子凭证或社会保障卡就医，产生符合规定的就医费用，可以在定点医疗机构直接报销。

2. 统筹基金支付的部分，定点医疗机构和医保经办机构自行结算；参保人自付的部分，既可用本人个人医保账户余额支付，也可通过现金、微信、银行卡等方式结算。

（三）异地医保报销流程

1. 异地就医备案人员范围【19-2】

（1）跨省异地长期居住人员：异地安置退休人员、异地长期居住人员、常驻异地工作人员等长期在参保地以外工作、居住、生活的人员。

（2）跨省临时外出就医人员：因病情需要转诊至省外异地治疗人员；因工作、旅游等原因在参保地以外急诊治疗或抢救人员；患有各种恶性肿瘤、器官移植、罕见病及精神类疾病的参保人员。

（3）其他跨省外出就医人员：上述两类情形以外的其他外出就医人员。

2. 报销比例

跨省异地就医直接结算的基本医疗费用（含住院、普通门诊、门诊慢特病），执行就医地的医保目录和相关规定，执行海南省基本医疗保险的待遇标准及门诊慢特疾病病种。

（1）办理跨省异地长期居住备案人员可以在备案地和参保地双向享受医保待遇，结算时不降低报销比例。

（2）跨省临时外出就医人员，办理或补办跨省异地就医备案手续的，结算时不降低报销比例。

（3）其他跨省外出就医人员，通过个人承诺制方式办理跨省异地就医备案手续的，结算时其基本医疗保险待遇降低二十个百分点。

3. 跨省异地就医备案办理渠道

线下办理：参保人员可在参保地医保经办机构窗口办理异地就医备案。

线上办理：参保人员可通过国家医保服务平台（含国家医保APP、"国家异地就医备案"微信小程序、"国务院客户端"微信小程序）、海南医保服务平台（含海南医保APP、"海南医保"微信小程序或支付宝小程序）、海易办APP等多种渠道申请办理登记备案手续。

温馨提示：参保人可根据就医需求通过以上线上或线下渠道办理变更、取消备案手续。

4. 跨省异地就医备案办理所需材料

（1）异地安置退休人员、异地长期居住人员（含退休人员、灵活就业人员、享受失业保险待遇期间人员、城乡居民参保人员）：需提供《海南省跨省异地就医备案个人承诺书》并履行承诺相关要求。

（2）常驻异地工作人员：需提供异地工作证明材料（参保地工作单位派出说明、异地工作单位证明、工作合同任选其一）。

（3）跨省临时外出就医人员：

① 因病情需要转诊至省外异地治疗人员提供《海南省基本医疗保险参保人员转诊异地结算申请表》；

② 患有恶性肿瘤、器官移植、罕见病及精神类疾病的参保人员可凭以下任一材料申请：具有转诊资质的定点医疗机构开具的提出转诊建议的出院小结、疾病诊断书、相关确诊疾病的检查报告（可不提供《转诊异地结算申请表》）；

③ 因工作、旅游等原因在参保地以外急诊治疗或抢救人员在异地就医时，需定点医疗机构出具急诊、抢救的相关疾病诊断证明材料（定点医疗机构应为参保人员在线上传"门诊急诊转诊标志"或"住院类型—急诊"标识），参保人员即应视同已备案。

5. 异地就医备案有效期

（1）跨省异地长期居住人员办理异地就医备案手续后，备案长期有效；备案后在备案地和参保地双向享受医保待遇，结算时不降低报销比例。

（2）跨省临时外出就医人员、其他跨省外出就医人员备案有效期为1年（住院），有效期内可在就医地多次就诊并享受跨省异地就医直接结算服务。

（3）转诊治疗如超过1年，凭《转诊异地结算申请表》，提前向经办机构申请延期；备案有效期内可根据就医实际情况取消备案；备案有效期已经超过并且未延期的，自动取消。

6.报销指南

参保人员在就医地跨省联网定点医药机构就医购药时，应主动表明参保身份，出示医保电子凭证或社会保障卡等有效凭证。就医地已开通异地联网结算的，按规定实行即时结算；未实现异地联网结算的，由参保患者先行垫付再回参保所在地按规定报销。

三、生育

（一）生育待遇包含的项目

1.生育医疗费用：产检和分娩；

2.生育津贴；

3.男职工未就业配偶无生育津贴。

（二）实时结算项目

产生符合规定的分娩费用以及产前检查费用，可以在海南省内定点医疗机构直接报销。

（三）手工报销项目

生育津贴。

（四）生育保险报销流程

1.职工分娩出院后，且满足申领条件的，个人可在定点医院机构直接刷社保卡结算；

2. 海南省外生育需办理生育备案，分娩出院后需提交材料至海口市社保局申领生育医疗费。

（1）提前进行生育异地备案：

线上办理：个人进入"海南医保"微信小程序进行备案；

线下申请：携带居民身份证或社会保障卡、生育服务证或生育登记证明、结婚证、医院的孕期产妇保健手册到海口市社保局办理，现场办结。

（2）生育医疗费用报销材料：

①加盖医院公章的住院票据（原件）；

②加盖医院公章的出院小结（原件）；

③加盖公章的住院医疗费用明细汇总清单（原件）；

④生育服务证（或生育登记证明）的原件及复印件；

⑤出生医学证明的原件及复印件；

⑥身份证（男配偶报销的还需提供结婚证、双方身份证原件及复印件）；

⑦本人社保卡原件及复印件。

（3）流产医疗费用报销材料：

①加盖医院公章的住院票据（原件）；

②加盖医院公章的疾病诊断证明书；

③B超结果；

④结婚证的原件及复印件；

⑤本人社保卡原件及复印件。

（五）生育津贴领取流程

顺产3个月后/剖腹产4个月后/计划生育手术1个月后，且满足申领条件的，由参保单位登录海南医保公共平台或前往海口市社保局进行申请，在从业人员生育或者施行计划生育手术次日起1年内申请。

线上平台申请流程：

1. 登录海南医保服务平台（https://ybj.hainan.gov.cn/hallEnter/#/unitLogin），首次登录的单位需维护单位基本户信息。

2.选择生育津贴支付—输入职工身份证信息搜索后进入职工申请生育津贴界面—根据职工生育信息录入提交—30个工作日内审核反馈结果（审核通过的会进行核定并转账）。

线下临柜申请：

1.提交生育津贴申请表至海口市社保局，生育津贴表需填写完整单位信息和职工生育信息并加盖单位公章。

2.办理地址：海南省海口市美兰区海甸岛怡心路9号（海口市社保局）。

四、工伤

（一）工伤待遇

表19-1 工伤保险待遇享受明细

	待遇项目	计发标准
工伤保险基金支付的各项待遇	工伤医疗费	（符合诊疗项目目录、药品目录、住院服务标准）按规定标准支付
	康复（旧病复发）费用	（符合诊疗项目目录、药品目录、住院服务标准）按规定标准支付
	一次性伤残补助金（本人工资为受伤前12个月平均缴费工资）	一级伤残：本人工资×27个月 二级伤残：本人工资×25个月 三级伤残：本人工资×23个月 四级伤残：本人工资×21个月 五级伤残：本人工资×18个月 六级伤残：本人工资×16个月 七级伤残：本人工资×13个月 八级伤残：本人工资×11个月 九级伤残：本人工资×9个月 十级伤残：本人工资×7个月

续表

	待遇项目	计发标准
工伤保险基金支付的各项待遇	一级至四级伤残职工的伤残津贴（按月支付）（本人工资为受伤前12个月平均缴费工资）	一级伤残：本人工资×90% 二级伤残：本人工资×85% 三级伤残：本人工资×80% 四级伤残：本人工资×75%
	生活护理费	生活完全不能自理：全省上年度职工月平均工资×50% 生活大部分不能自理：全省上年度职工月平均工资×40% 生活部分不能自理：全省上年度职工月平均工资×30%
	供养直系亲属抚恤金（按月支付，本人工资为受伤前12个月平均缴费工资）	按照工亡职工本人工资，配偶40%，其他亲属30%，孤寡老人或孤儿在此标准上增发10%，各供养亲属抚恤金之和不大于本人工资
	丧葬补助金	上年度全省职工月平均工资×6个月
	一次性工亡补助金	上一年度全国城镇居民人均可支配收入×20倍
	一次性工伤医疗补助金	五级伤残：本市上年度职工月平均工资×18个月 六级伤残：本市上年度职工月平均工资×16个月 七级伤残：本市上年度职工月平均工资×14个月 八级伤残：本市上年度职工月平均工资×12个月 九级伤残：本市上年度职工月平均工资×10个月 十级伤残：本市上年度职工月平均工资×8个月
	辅助器具配置费	按规定项目、标准支付
	住院伙食补助费	停工留薪期内为50元/天，停工留薪期外为25元/天
	工伤预防费	工伤保险基金上年度收入的15%
	统筹地区外就医的交通、食宿费	省级机关事业单位因工出差标准
企业支付待遇	停工留薪期工资	工伤人员在停工留薪期，按原标准享受工资福利待遇
	停工留薪期护理费	由单位派人或聘人护理，不派也不聘人护理的，按全省上年度在岗职工月平均工资标准每月向工伤人员支付护理费用

续表

待遇项目	计发标准
企业支付待遇	五级、六级伤残职工的伤残津贴（按月支付） 备注：本人工资为受伤前12个月平均缴费工资	五级伤残：本人工资×70% 六级伤残：本人工资×60%
	一次性伤残就业补助金 备注：本人工资为受伤前12个月平均缴费工资	五级伤残：本人工资×40个月 六级伤残：本人工资×30个月 七级伤残：本人工资×20个月 八级伤残：本人工资×16个月 九级伤残：本人工资×12个月 十级伤残：本人工资×9个月

来源：《工伤保险条例》

（二）申报工伤认定材料

1. 常规材料

（1）工伤认定申请表；

（2）劳动关系证明材料；

（3）医疗病历材料；

（4）考勤记录；

（5）用人单位注册登记材料；

（6）发生工伤现场2名目击证人旁证材料及证人身份证复印件；

（7）办理工伤认定申请授权委托书；

（8）受伤害职工的身份证复印件。

2. 有下列情形之一的，还应当分别提交相应证据

（1）职工死亡的，提交死亡证明；

（2）在工作时间和工作场所内，因履行工作职责受到暴力等意外伤害的，提交公安部门的证明或者其他相关证明；

（3）因工外出期间，由于工作原因受到伤害或者发生事故下落不明的，提交公安部门的证明或者相关部门的证明；

（4）上下班途中，受到非本人主要责任的交通事故或者城市轨道交通、客运轮渡、火车事故伤害的，提交公安机关交通管理部门或者其他相关部门的证明；

（5）在工作时间和工作岗位，突发疾病死亡或者在48小时之内经抢救无效死亡的，提交医疗机构的抢救证明；

（6）在抢险救灾等维护国家利益、公共利益活动中受到伤害的，提交民政部门或者其他相关部门的证明；

（7）属于因战、因公负伤致残的转业、复员军人，旧伤复发的，提交《革命伤残军人证》及劳动能力鉴定机构对旧伤复发的确认。

工伤认定申请表应当包括事故发生的时间、地点、原因以及职工伤害程度的基本情况。

工伤认定申请人提供材料不完整的，社会保险行政部门应当一次性书面告知工伤认定申请人需要补正的全部材料。申请人按照书面告知要求补正材料后，社会保险行政部门应当受理。

（三）工伤劳动能力鉴定

1. 职工发生工伤，经治疗伤情相对稳定后存在残疾、影响劳动能力的，应当进行劳动能力鉴定。

2. 劳动能力鉴定由用人单位、工伤职工或者其直系亲属向设区的市级劳动能力鉴定委员会提出申请，并提供工伤认定决定和职工工伤医疗的有关材料。

五、失业

（一）失业金申领时间及办理方式

失业人员应当自终止或者解除劳动关系之日起60日内，到失业保险经办机构办理失业登记和领取失业保险金的手续，或通过登录海南政务服务网、海南省人力资源和社会保障网上业务大厅、"电子社保卡"微信小程序、海南一卡通（原海南人社）APP 等方式办理失业保险相关业务。

（二）失业金发放标准[19-3]

1. 缴费满 1 年以上的，累计缴费时间每满 5 个月，核定领取失业保险金的期限为 1 个月。

2. 按前款规定办法计算，累计缴费时间满 5 年不足 10 年，计算领取期限超过 18 个月的，按 18 个月核定；累计缴费时间 10 年以上，计算领取期限超过 24 个月的，按 24 个月核定。

3. 失业人员重新就业后再次失业的，其领取失业保险金的期限可以与前次失业应当领取而尚未领取的失业保险金的期限合并计算，但最长不得超过 24 个月。

4. 失业人员在领取失业保险金期间重新就业后不满 1 年再次失业的，可以继续领取前次失业应当领取而尚未领取的失业保险金，但领取的期限最长不得超过 24 个月。

5. 失业保险金的计发标准为失业前 12 个月的本人缴纳失业保险费月平均工资的 60%。

6. 按前款规定标准计算的失业保险金，高于或者等于本省一类地区规定的职工最低月工资标准的，按照一类地区最低月工资标准的 98% 发放；低于或者等于海口市城市居民最低生活保障标准的 150%，按照海口市城市居民最低生活保障标准的 150% 发放。

（三）失业金申领材料清单/信息

1. 单位办理停保时离职原因为本人意愿中断就业，网上申领填写完整个人信息后提交即可。

2. 线下办理材料：

（1）本人有效身份证和社保卡原件及复印件；

（2）如有就业创业证或失业保险手册须一同携带；

（3）如有视同缴费年限的请提交个人档案；

（4）单位解除或终止劳动合同的证明（原件）。

六、退休

（一）办理离退休手续的审批程序

1. 退休办理材料

（1）《海南省企业养老保险参保人退休待遇申领表》一式2份（如退休当月还在单位参保需在单位意见栏加盖单位公章）；

（2）人事档案（封口盖章）或劳动合同或就业失业证；

（3）《基本养老保险个人账号对账单》2张（社保局服务窗口提供）；

（4）居民身份证复印件两份（验原件）；

（5）户口本首页及本人姓名页复印件各两张（验原件）；

（6）社保卡复印件两张；

（7）岗位说明（女性退休当月还由单位参保需提供）。

2. 其他补充材料

（1）如认定外省档案视同缴费年限，需提供《关于参保人社会保险协查函》（由本局开具）；

（2）申请享受计划生育奖励金的，须提交经计生部门审批的《海南省独生子女父母或无子女人员退休时加发退休费或基本养老金申请审批表》。

（二）退休流程

办理退休时间为到龄当月1日至20日，参保人本人携带退休材料前往海口市社保局办理。

七、公积金

（一）公积金查询

1.线上查询：可通过海南政务服务网、海易办 APP 等方式查询；

2.线下查询：职工本人携带身份证原件前往海口市住房公积金管理局查询。

（二）公积金提取

1.提取条件

（1）购买商品住房（职工购买商品住房的，自购房合同备案之日起 1 年内办理购房提取住房公积金，购房合同备案超过 1 年的不予办理）；

（2）购买二手住房（职工购买二手自住住房的，自房产过户之日起 1 年内办理购房提取住房公积金，房产过户超过 1 年的不予办理）；

（3）购买保障性住房（职工购买经济适用房、限价商品房等保障性住房的，自购房合同备案或签订购房合同/协议之日起 1 年内办理购房提取住房公积金，购房合同备案或购房合同/协议超过 1 年的不予办理）；

（4）购买拆迁安置房（职工购买拆迁安置自住住房的，自支付购买拆迁安置房差价款之日起 1 年内，拆迁安置协议超过 1 年的不予办理）；

（5）建造、翻建、大修自住住房（职工建造、翻建自住住房的，自许可证件签发日期 1 年内办理建房提取住房公积金，超过规定时间 1 年的不予办理）；

（6）偿还自住住房贷款本息（职工贷款购买普通商品住宅、公寓、别墅等自住住房或建造、翻建、大修自住住房的，可在贷款有效期内提取住房公积金用于偿还自住住房贷款本息）；

（7）租房提取（职工办理租房提取前已连续足额汇缴满 3 个月，职工所租赁的住房应当具有合法权属或取得有效的房屋租赁备案证明）；

（8）退休提取；

（9）出境定居；

（10）港澳台职工返回港澳台；

（11）完全丧失劳动能力；

（12）死亡或被宣告死亡；

（13）风灾、水灾等自然灾害造成本省自住住房损失（因风灾、水灾、震灾、火灾、雷电和泥石流等其他自然灾害造成本省内自住住房损失，并列入当地政府灾害认定职能部门核准住房受损名单的，缴存职工应于职能部门下发核准受损名单文件后三个月内申请提取本人或配偶的住房公积金账户余额）；

（14）离职提取，与单位解除或终止劳动关系的缴存职工，符合以下条件之一的，可申请销户提取本人住房公积金账户余额资金：

① 非本省户籍，在我省的住房公积金及城镇职工养老保险停缴满6个月以上，且未在外省继续缴存住房公积金的；

② 本省户籍，在我省的住房公积金及城镇职工养老保险停缴满24个月以上，且未在外省继续缴存住房公积金的。

2. 提取方式

（1）线上办理：登录海南政务服务网（https://wssp.hainan.gov.cn/hnwt/home），进入海南省住房公积金管理局网上办事大厅根据业务类型进行办理。

（2）线下办理：职工本人携带材料前往海口市住房公积金管理局公积金办理提取，海口市住房公积金管理局地址为海南省海口市美兰区世纪大道16号。

（三）公积金异地转移

1. 转入

（1）办理条件：在海南开设公积金账户并稳定缴存半年以上。

（2）办理流程：

① 线上：个人登录海南政务服务网进入海南省住房公积金管理局网上办

事大厅进行办理；

②线下：个人持身份证原件到海口市公积金管理局柜台办理。

温馨提示：*职工必须提供正确的转出地公积金中心名称、原缴存单位名称、原个人住房公积金账号信息。*

2. 转出

个人在海口公积金停保后在异地参保，符合异地公积金转入条件后在异地办理公积金转入业务即可。

温馨提示：*海南省内为统筹公积金，省内各市县无须办理转移。*

答疑解惑

Q1：如何查询自己的社保缴纳证明？

A1：①登录海南省人力资源和社会保障政务服务平台（https://ggfw.hainan.gov.cn/zwfwpt/#/）—选择个人账户注册登录—个人服务—职工社保—个人缴费清单查询打印—在线办理—选择险种查询社保缴纳证明。

②个人携带身份证原件前往海口市社保局柜面查询。

Q2：如何将本市的社保转移至其他城市？

A2：海南省内为统筹社保，省内各市县无须办理转移；转移至海南省外城市，自停保次日起，在参保地申请养老、医疗、失业缴费凭证，该凭证为转移使用，凭该凭证原件及其他材料提交到转入地社保经办机构申请转入。

Q3：社保和公积金每年几月开始调整基数？

A3：社保和公积金每年1月申报工资时进行调整。

Q4：如何查询自己的公积金个人账号？

A4：海口市缴纳公积金人员的公积金个人账号为个人身份证号。

Q5：如何查询自己的公积金缴纳证明？

A5：线上查询：登录海南省政务服务网（https://wssp.hainan.gov.cn/hnwt/home）—选择个人账户注册登录—选择主题集成—选择海南省住房公积金管理局网上办事大厅—选择个人业务—使用支付宝扫取界面弹出的二维码并刷脸登录—选择个人明细查询。

温馨提示：线上网厅仅支持2017年5月8日后的数据查询。

线下查询：个人携带身份证原件前往海口市公积金管理局查询。

参考内容

【19-1】《海南省城镇从业人员基本医疗保险条例实施细则》（海南省人民政府令第313号）

【19-2】《海南省医疗保障局、海南省财政厅、海南省医疗保险服务中心关于进一步做好基本医疗保险跨省异地就医直接结算工作的通知》（琼医保规〔2022〕2号）

【19-3】《海南省城镇从业人员失业保险条例实施细则》（海南省政府令第238号）

重 庆

一、社会保障

（一）社会保障卡办理、申领流程

1. 线上办理

职工本人注册登录重庆人社 APP—办事—社会保障卡—社会保障卡申领，按照提示操作，社保卡即可邮寄到家，制卡周期 7 天左右。

重庆人社 APP

2. 线下办理

职工本人持身份证原件到社保局办理，当场办结。

（二）社会保障卡制卡进度查询

1. 职工线上制卡

可在重庆人社 APP 查询制卡进度（领卡之后需激活）。

2. 单位线下制卡

登录重庆市人力资源和社会保障局官网（https://rlsbj.cq.gov.cn/）查询，或持本人身份证原件至社保局查询。

重庆市人力资源和社会保障局官网

（三）社保卡补办

1. 线上办理

登录重庆人社 APP—办事—社会保障卡—社会保障卡补领、换领、换发，按照提示操作，社保卡即可邮寄到家。

扫描以下二维码下载重庆人社 APP：

安卓客户端：

苹果客户端：

2. 线下办理

职工本人持身份证原件到社保局办理，当场办结。

二、医疗

（一）医保费用报销比例

1. 门诊

仅特病支持报销，且支付限额与住院合并计算。

2. 住院

在职职工：

一级定点医疗机构：90%；二级定点医疗机构：87%；三级定点医疗机构：85%。

退休人员：95%。

（二）本地医保报销流程

1. 职工患病需住院时，医疗账户无欠费，本市定点医院可持社保卡实时结算；自费部分由个人承担，医保报销范围内由医保基金承担。

2. 如果由个人定点医院转到二级或三级医院，使用医保卡结算方式同上。

3. 病情危急，在非个人定点医院住院抢救的，5日内到市医保中心办理急诊抢救病种认定，认定属于急诊抢救病种后，即可用医保卡在抢救医院结算。

4. 如需转外地治疗，经医院、医保中心同意，办理转诊手续。外地发生费用先由个人自费结算，诊治结束后，备齐材料经社区劳动保障工作站报销。

5. 如已完成特殊规定病种（癌症、尿毒症、器官移植）认定，住院时即可用医保卡结算。门诊治疗拿药时，仍然使用医保卡，先个人自费结算，自己结算的票据本年度内经社区劳动保障工作站报销。

6. 特殊情况，如需做白内障超声乳化人工晶体植入，则自选一家有能力的医院（不一定是个人定点医院）。不用住院，直接门诊手术，仍可使用医保卡，先由个人自费结算，诊治结束后，经社区劳动保障工作站报销。

（三）异地医保报销流程

1. 需具备条件

（1）办理跨省异地就医备案登记手续；

（2）持有本人社会保障卡，并可以正常使用；

（3）选择就医的医疗机构已接入全国异地就医结算平台。

2. 如何办理异地就医备案手续

（1）异地安置退休人员、异地长期居住人员、常驻异地工作人员由参保人、参保人所在单位或其委托人通过经办服务窗口、电话（传真）、手机 APP 等多种渠道办理备案登记。

在办理备案时，到北京市、天津市、上海市、海南省和西藏自治区等实行了省级统筹的省市就医，备案到就医省市即可。其他省需选到统筹地区。

例如，四川省医保没有省级统筹，备案时就要选择四川省下面的各统筹区（成都市、广安市等）。

长期异地就医备案常用方式：登录国家医保服务平台 APP—在线办理—异地备案—异地就医备案申请。

（2）转诊到市外住院就医的人员

由负责其诊治的市内三级定点医疗机构填写《跨省转诊转院就医备案表》，交经办机构完成备案登记，经办机构不再审批盖章。

（3）市外突发疾病临时住院就医的人员

应当在住院后由参保人、参保人所在单位或其委托人向参保所在区县及时备案，可通过电话（传真）、手机 APP 等多种渠道办理备案，最迟应在出院前完成备案手续。

临时异地就医备案常用方式：登录重庆市政府 APP—个人办事—搜索"异地就医备案"—跨省临时外出就医人员。

3. 报销费用种类

住院医疗费用可以报销，门诊（含特病门诊）等费用未纳入直接结算范围。

（四）结算方式

1. 如已备案成功，参保人员在异地联网医院应持本人社保卡就医，出院时，只需要结清应由个人承担的费用，医保支付费用由医保和就医医院结算。

2. 异地就医结算时，执行就医地省市的医保目录（药品目录、诊疗目录、服务设施标准）。

医保基金起付标准、支付比例、最高支付限额等待遇政策执行重庆的政策。

3. 我市参保人员异地就医实行"一单制"结算，参保人员在异地发生的住院医疗费用中基本医疗保险、职工大额医保（或城乡居民大病保险）等一次性结清。

三、生育

（一）生育待遇包含的项目

1. 生育津贴；
2. 生育医疗费。

（二）实时结算项目

生育医疗费用；计划生育手术费用；产检费用。

（三）手工报销项目

生育津贴及产检费用（如未线上结算的产检费用需线下报销）。

（四）生育津贴计发

生育津贴按照职工所在用人单位上年度月平均工资计发。
生育津贴 = 单位上年度月平均工资 ÷30 天 × 产假天数。

（五）用人单位上年度月平均工资

用人单位上年度月平均工资，按照本单位向医疗保险经办机构申报的上一年度参保职工月平均工资之和除以其 12 月底在职职工人数确定。用人单位无上年度职工月平均工资的，生育津贴以本单位本年度职工月平均工资为基数计算。

（六）生育医疗费用报销流程

1. 市内生育医疗费用报销流程（定点医院）

持社保卡实时结算。

2. 市外生育医疗费用报销流程

需进行手工报销（产前检查费、部分生育并发症医疗费用需手工报销），所需材料如下：

（1）《重庆市生育保险待遇申请表》；

（2）婴儿出生证明原件及复印件；

（3）出院证明原件（注明住院起止时间、胎儿数、是否顺产等情况，并加盖医院公章）；

（4）产前检查须提供发票原件和一一对应的检查报告单；

（5）生育医疗费用须提供发票原件（电子发票需承诺）、住院明细总清单；

（6）如有生产前门诊治疗并发症的费用，需提交并发症诊断证明书、相关医疗费用发票、治疗费用明细、处方、检查报告单、门诊病历；

（7）如在重庆市外就医，通过国家异地就医结算信息系统无法查询到医院等级，需额外提供医院级别证明，无法确定级别的视为一级医院。境外就医不报销医疗费。

温馨提示： 因各区县实际办理所需材料不同，故以实际办理提供材料为准。

3. 参保女职工在生育或终止妊娠后申请生育津贴材料

（1）《重庆市生育保险待遇申请表》；

（2）婴儿出生证明原件及复印件；

（3）出院证明原件（注明住院起止时间、胎儿数、是否顺产等情况，并加盖医院公章）；

（4）产前检查须提供发票原件和一一对应的检查报告单；

（5）生育医疗费用须提供发票原件（电子发票须承诺）、住院明细总清单；

（6）如有生产前门诊治疗并发症的费用，需提交并发症诊断证明书、相关医疗费用发票、治疗费用明细、处方、检查报告单、门诊病历；

（7）如在重庆市外就医，通过国家异地就医结算信息系统无法查询到医院等级，需额外提供医院级别证明，无法确定级别的视为一级医院。境外就医不报销医疗费。

温馨提示：因各区县实际办理所需材料不同，故以实际办理提供材料为准。

（七）生育津贴领取流程

1. 申领生育津贴所需材料

（1）《重庆市生育保险待遇申请表》；

（2）婴儿出生证明原件及复印件；

（3）出院证明原件（注明住院起止时间、胎儿数、是否顺产等情况，并加盖医院公章）；

（4）产前检查须提供发票原件和一一对应的检查报告单；

（5）生育医疗费用须提供发票原件（电子发票须承诺）、住院明细总清单；

（6）如有生产前门诊治疗并发症的费用，需提交并发症诊断证明书、相关医疗费用发票、治疗费用明细、处方、检查报告单、门诊病历；

（7）如在重庆市外就医，通过国家异地就医结算信息系统无法查询到医院等级，需额外提供医院级别证明，无法确定级别的视为一级医院。境外就医不报销医疗费。

温馨提示：因各区县实际办理所需材料不同，故以实际办理提供材料为准；生育假期按照《女职工劳动保护特别规定》等有关规定执行。

2. 生育津贴领取流程

（1）参保职工本人或书面委托人于分娩或终止妊娠后，由单位经办人持以上材料到经办机构申领，经办机构按月发放。

（2）经办机构接到申领生育保险待遇的材料后，对符合本办法规定条件的，应于90日内核发有关待遇；对不符合条件的，应当面告知经办人。

四、工伤

（一）工伤待遇

表 20-1　工伤保险待遇享受明细表

支付项目		内容或标准
工伤保险基金支付的各项待遇	1.工伤医疗费	治疗工伤所需费用符合工伤保险诊疗项目目录、工伤保险药品目录、工伤保险住院服务标准的，从工伤保险基金支付
	2.康复性治疗费	经分中心工伤科开具资格确认书后方可享受
	3.一次性伤残补助金	一级伤残：本人工资×27个月 二级伤残：本人工资×25个月 三级伤残：本人工资×23个月 四级伤残：本人工资×21个月 五级伤残：本人工资×18个月 六级伤残：本人工资×16个月 七级伤残：本人工资×13个月 八级伤残：本人工资×11个月 九级伤残：本人工资×9个月 十级伤残：本人工资×7个月
	4.一级至四级伤残职工的伤残津贴	一级伤残：本人工资×90% 二级伤残：本人工资×85% 三级伤残：本人工资×80% 四级伤残：本人工资×75%
	5.生活护理费	生活完全不能自理：本市上年度月平均工资×50% 生活大部分不能自理：本市上年度月平均工资×40% 生活部分不能自理：本市上年度月平均工资×30%
	6.供养直系亲属抚恤金	按照工亡职工本人工资，配偶40%，其他亲属30%，孤寡老人或孤儿在此标准上增发10%，各供养亲属抚恤金之和不大于本人工资
	7.丧葬补助金	本市上年度职工月平均工资×6个月

续表

支付项目	内容或标准
工伤保险基金支付的各项待遇 8.一次性工亡补助金	上一年度全国城镇居民人均可支配收入×20倍
9.一次性工伤医疗补助金	五级伤残：本市上年度职工月平均工资×12个月 六级伤残：本市上年度职工月平均工资×10个月 七级伤残：本市上年度职工月平均工资×8个月 八级伤残：本市上年度职工月平均工资×6个月 九级伤残：本市上年度职工月平均工资×4个月 十级伤残：本市上年度职工月平均工资×2个月
10.辅助器具配置费	经劳动能力鉴定后到分中心开具限额通知书后方可享受
11.住院伙食补助费	每人8元/天
12.劳动能力鉴定费	凭票报销
13.经批准的外地就医的交通费、食宿费	交通费据实报销；住宿费≤150元/天；伙食费=50元/天
用人单位支付待遇 1.停工留薪期的工资福利待遇	停工留薪期内，原工资福利待遇不变，由所在单位按月支付
2.停工留薪期的生活护理费	生活护理费按照生活完全不能自理、生活大部分不能自理或者生活部分不能自理3个不同等级支付，其标准分别为统筹地区上年度职工月平均工资的50%、40%或者30%
3.五级、六级伤残职工的伤残津贴	五级伤残：本人工资×70% 六级伤残：本人工资×60%
4.一次性伤残就业补助金	五级伤残：本市上年度职工月平均工资×60个月 六级伤残：本市上年度职工月平均工资×48个月 七级伤残：本市上年度职工月平均工资×15个月 八级伤残：本市上年度职工月平均工资×12个月 九级伤残：本市上年度职工月平均工资×9个月 十级伤残：本市上年度职工月平均工资×6个月

来源：《工伤保险条例》

（二）申报工伤认定材料

1. 工伤认定申请表；

2. 与用人单位存在劳动关系（包括事实劳动关系）的证明材料；

3. 医疗诊断证明或者职业病诊断证明书（或者职业病诊断鉴定书）；

4. 职工死亡的，提交死亡证明及近亲属身份证复印件及关系证明材料（如结婚证、户口本复印件等）；

5. 在工作时间和工作岗位，突发疾病死亡或者在 48 小时之内经抢救无效死亡的，提交医疗机构的抢救证明或者其他相关证明；

6. 因工外出期间，由于工作原因受到伤害或者发生事故下落不明的，提交公安部门或者相关部门的证明；

7. 在工作时间和工作场所内，因履行工作职责受到暴力等意外伤害的，提交公安部门的证明或者其他相关证明；

8. 在上下班途中，受到非本人主要责任的交通事故或者城市轨道交通、客运轮渡、火车事故伤害的，提交交通事故认定书或道路交通事故证明、上下班路线示意图、居住证明等材料；

9. 住院病历原件或复印件；

10. 证人证言 2 份（含证人身份证复印件）；

11. 根据实际情况需提供的其他相关材料。

工伤认定申请表应当包括事故发生的时间、地点、原因以及职工受伤害程度等基本情况。

工伤认定申请人提供材料不完整的，社会保险行政部门应当一次性书面告知工伤认定申请人需要补正的全部材料。申请人按照书面告知要求补正材料后，社会保险行政部门应当受理。

（三）停工留薪期

职工遭受事故伤害或者患职业病后需要暂停工作、接受治疗的，用人单位应按照《重庆市工伤职工停工留薪期分类目录》规定，为工伤职工确定停工留薪期限。

职工因工作遭受事故伤害或者患职业病需要暂停工作接受工伤医疗的，在停工留薪期内，原工资福利待遇不变，由所在单位按月支付。

停工留薪期一般不超过 12 个月。伤情严重或者情况特殊，经设区的市级劳动能力鉴定委员会确认，可以适当延长，但延长不得超过12个月。工伤职工评定伤残等级后，停发原待遇，按照本章的有关规定享受伤残待遇。工伤职工在停工留薪期满后仍需治疗的，继续享受工伤医疗待遇。

生活不能自理的工伤职工在停工留薪期需要护理的，由所在单位负责。

五、失业

（一）失业金申领时间及周期

不限制申领时间。

（二）失业金发放标准

表 20-2

累计缴费时间	失业金发放月数
累计缴费时间满1年不足2年	3个月
累计缴费时间满2年不足3年	6个月
累计缴费时间满3年不足4年	9个月
累计缴费时间满4年不足5年	12个月
累计缴费时间满5年不足7年	15个月
累计缴费时间满7年	16个月

备注：累计缴纳7年以上，每增加1年，领取期限增加1个月，最长不超过24个月（2024年发放标准为1680元/月）。

来源:《重庆市失业保险条例》

（三）申领方式

线上申领：登录重庆人社 APP—办事—就业创业—失业保险金申领，根据提示操作即可。

六、退休

（一）退休审批条件

1. 达到法定正常退休年龄：男性年满 60 周岁；女性工人或非管理岗位年满 50 周岁，干部或管理岗位人员年满 55 周岁（离开干部或管理岗位两年及其以上的，年满 50 周岁及以上）。

2. 个人参保人员达到法定正常退休年龄：男性年满 60 周岁；女性 1996 年 1 月 1 日前参加基本养老保险的，年满 50 周岁，1996 年 1 月 1 日及其以后参加基本养老保险且无视同缴费年限的，年满 55 周岁。

3. 缴费年限（含视同缴费年限，不含折算工龄）累计满 15 年及其以上，其中实际缴费年限不得低于 5 年。

（二）退休审批材料

达到正常退休年龄当月，在参保地的社会保险局申请办理退休审批手续。需要提交以下材料：

1. 《重庆市人社服务打包办"职工退休"事项申报表》。
2. 社保卡原件及复印件。
3. 居民身份证原件及复印件。
4. 职工近期劳动合同原件。
5. 独生证原件及复印件（1996 年前参加养老保险的才提供）。
6. 个人档案（若 1993 年前无国家认可的工龄可不提供个人档案，如：农转非人员、个体工商户及其雇工）。

7.享受特殊待遇的人员，还需提供以下材料：

（1）享受高海拔增发待遇

在高海拔地区工作的，需原工作（服役）地县级以上劳动保障行政部门或部队师以上政治机关出具在海拔3500米以上地区累计工作时间的证明。曾服役的部队精减改编，原师部撤销，无法出具证明的，则由原师部上级部门出具相关证明。经区县（自治县、市）社会保险经办机构、劳动保障行政部门审核审批后，与档案原始记载一致并符合条件的，可按规定增发养老金。

（2）享受特殊贡献待遇的人员

荣获全国、全市（省）和中央各部（委）"劳动英雄""劳动模范""先进生产（工作）者""标兵"等称号的职工，以及部队军以上单位授予"战斗英雄"称号、荣立"一等功"的转业、复员军人，在退休时仍保持其荣誉的，需提供经市人力资源和社会保障行政部门审批的《退休人员享受特殊贡献待遇报批表》和《重大贡献的退休人员提高退休费比例报批表》。

（3）享受高级专家津贴的人员

做出重大贡献的专业技术人员和管理人员，需提供市人力资源和社会保障行政部门审批的《退休人员享受特殊贡献待遇报批表》和《重大贡献的退休人员提高退休费比例报批表》。

（4）享受终生无子女、孤寡人员津贴的人员

需提供由其居住地的乡（民族乡）、镇人民政府或街道办事处出具的书面证明。

对终生无子女（含事实上无子女、过继子女）的退休人员，津贴标准为每月发给20元生活补助费。对终生无子女的孤寡退休人员，每月发给30元生活补助费。

温馨提示：领取上述生活补助费的人员再婚、生育、抱养或过继子女等，相应调整生活补助费标准或停止支付生活补助费。

（5）享受独生子女津贴的人员

需提供由街道（乡镇）计划生育办公室审核盖章的独生子女光荣证复印

件及相关证明。

1996年1月1日以前参加工作，且持有独生子女光荣证的职工，退休时增发3%的基本养老金。

温馨提示：因各区县实际办理所需材料不同，故以实际办理提供材料为准。

七、公积金

（一）公积金提取条件

公积金联名卡状态正常，且只有一个公积金账号。

（二）常见公积金提取类型及提取金额

1. 偿还公积金贷款提取

职工或其配偶偿还公积金贷款（含组合贷款、贴息贷款）本息的，在还款期限内每年可提取一次，职工、配偶及参贷人提取金额之和不超过对应时段已偿还的贷款本息额。

2. 租房提取

（1）租赁公租房：按照实际房租支出提取，夫妻双方合计提取金额不超过一年的租赁费用。

（2）租赁商品房：提取金额不超过一年的提取限额。

① 单身职工提取限额为：主城区1500元/月（18000元/年）；主城区以外区县1200元/月（14400元/年）。

② 夫妻双方提取限额为：主城区3000元/月（36000元/年）；主城区以外区县2400元/月（28800元/年）。

答疑解惑

Q1：距离上次提取未满一年，是否支持办理再次提取？

A1：每年只能办理一次提取手续（前后提取时间间隔1年以上），销户提取和提前还清贷款除外，职工结清贷款的，借款人及配偶可在结清贷款之日起1年内再提取一次住房公积金。

Q2：公积金提取职工需提供哪些材料？

A2：具体提取类型对应的材料不一，登录官网"重庆市住房公积金管理中心"—业务指南—公积金提取指南，查阅对应类型准备材料。

Q3：职工以商业贷款购房，配偶名下有公积金贷款，是否支持按照还商业贷款本息办理公积金提取？

A3：职工配偶名下有公积金贷款，必须先把公贷结清后，才能以还商贷本息办理提取。

Q4：提取是否支持本人办理？

A4：线上提取：重庆市线上提取功能已覆盖，租房提取、偿还公贷提取、偿还可协查银行商贷提取均可尝试线上提取；

线下提取：在职提取由单位统一办理，离职提取由职工本人或代办人办理。

Q5：公积金贷款的基本规定？

A5：贷款条件：单位在职职工住房公积金账户开户满6个月且处于正常状态、申请公积金贷款前6个月及以上按时足额连续缴存住房公积金。

贷款额度：住房公积金个人住房贷款个人可贷额度为住房公积金账户余额的25倍，个人最高额度50万元，多子女缴存职工家庭个人最高额度60万元；夫妻参贷的可贷额度为缴存职工及其配偶的个人可贷额度相加计算，且单笔住房公积金贷款总额不得超过100万元；多子女缴存职工家庭贷款总额不得超过 120 万元。

最高贷款额度：所购房屋价值的 80%。

可贷额度：（1）可贷总额度 = 借款人家庭月收入之和的 50% × 贷款月数；（2）住房公积金资金可贷额度 = 借款人及配偶住房公积金账户余额之和 × 25 倍。

贷款期限：最长期限为 30 年，且贷款到期日不超过借款人法定退休时间后 5 年。

温馨提示：其他政策规定详见官网"重庆市住房公积金管理中心"—业务指南—公积金贷款指南。

Q6：户口性质为农村，是否支持提取公积金？

A6：2021 年 1 月起，已取消农村户口提取类型。如职工（含配偶）名下有房，可选择购房或还房贷提取；如职工（含配偶）名下无房，可选择租房提取。

Q7：公积金提取到账周期？

A7：线上提取：提交信息后 3 个工作日左右，节假日顺延；线下提取：递交材料之后 1 个月左右。

成都

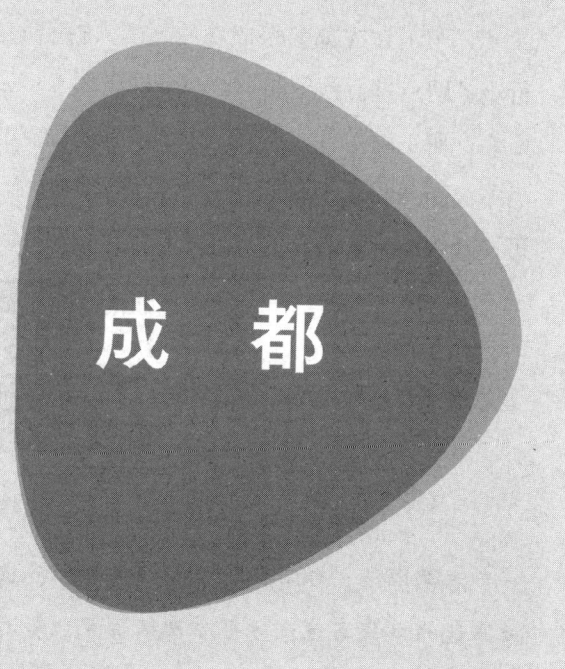

一、社会保障卡

（一）社会保障卡办理、申领流程

1. 职工在成都参保成功后，本人持有效身份证件至成都市社会保障卡银行服务网点进行预约制卡，当场即可领卡。

2. 职工可关注"成都人社局"微信公众号进行线上申请办理；制卡完成后本人持身份证原件至申办时所选择的领卡点领取（如需邮寄，线上申领时可选择领取方式为邮寄，并填写收件信息）；制卡周期为2个月左右。

"成都人社局"微信公众号

温馨提示：目前成都市制作银行卡审核较为严格，一般要求职工有成都市本地户口或居住证方可办理银行卡，如选择线下制卡，职工可提前致电所选银行网点核实具体要求。

（二）查询账户余额、刷卡明细

搜索"成都医保公共服务平台"微信小程序—服务—个人账户明细查询。

（三）社会保障卡怎样进行挂失补办

1. 挂失

（1）线上挂失：天府市民云、支付宝、银联云闪付、平安城市一卡通等APP及"成都人社局"微信公众号，可进行线上挂失办理；

（2）线下挂失：持身份证件可在全省任一社保卡服务网点或原卡银行网点挂失；

（3）电话挂失：拨打 028-12333 挂失。

2. 社保卡补办

本人持有效身份证到市内原合作银行即时制卡网点办理补办新卡，具体费用请咨询银行网点。

（四）修改和重置密码

1. 密码修改：知道原密码的情况下，可以在药店、自助服务一体机或者成都市任意社会保障卡服务网点修改，省内其他市州社保经办大厅也可以修改。

2. 密码重置：成都市社会保障卡人社服务网点、自助服务一体机或者省内其他市州社保经办大厅均可办理密码重置。

（五）注销

1. 未激活的社保卡可通过"成都人社局"微信公众号，点击"微服务"—"新社保卡"—"社保卡注销"；

2. 已激活的社保卡需先到成都市任意社会保障卡服务网点解除社保账户功能，再到银行卡制卡网点注销金融账户。

（六）电子社保卡

微信搜索"电子社保卡"，点击"我的社保卡"，点击立即添加，随后按要求操作绑定个人的社保卡即可（须先持有实体社保卡）。

二、医疗

（一）医保费用报销比例及起付线

1. 门诊

（1）从 2023 年 1 月 1 日起，将成都市职工医保参保人员普通门诊费用纳入职工医保统筹基金支付范围；

一个自然年度内累计计算，在职职工起付线为 200 元，退休人员起付线为 150 元；

三级定点医疗机构和符合条件的定点零售药店：在职职工 50%，退休人员 60%；

二级及以下定点医疗机构：在职职工 60%，退休人员 70%；

年度支付限额：在职职工为 2000 元 / 年，退休人员为 2500 元 / 年；

单统筹参保人员年度支付限额：在职职工为 880 元 / 年，退休人员为 1100 元 / 年。

（2）特殊门诊（如原发性高血压、糖尿病等）起付标准与住院起付标准一致，年满 100 周岁以上的不计起付标准。

2. 住院

表 21-1

参保类别	报销比例和起付标准	
城镇职工基本医疗	报销比例	乡镇卫生院、社区卫生服务中心 95%
		一级医疗机构 92%
		二级医疗机构 90%
		三级医疗机构 85%

续表

参保类别	报销比例和起付标准	
城镇职工基本医疗	起付标准	乡镇卫生院、社区卫生服务中心160元
		一级医疗机构200元
		二级医疗机构400元
		三级医疗机构800元
城乡居民基本医疗	报销比例（成年高档缴费参保人员住院医疗费用）	乡镇卫生院、社区卫生服务中心95%
		一级医疗机构87%
		二级医疗机构82%
		三级医疗机构68%
	起付标准	乡镇卫生院、社区卫生服务中心100元
		一级医疗机构100元
		二级医疗机构200元
		三级医疗机构500元
学生儿童档参保人员（含大学生）	报销比例	乡镇卫生院、社区卫生服务中心95%
		一级医疗机构85%
		二级医疗机构75%
		三级医疗机构60%

来源：《成都市城镇职工基本医疗保险办法》《成都市医疗保障局关于明确城乡居民基本医疗保险住院医疗费用报销比例的通知》

（二）本地医保报销方式

1. 入出院时刷社保卡，出院时自动结算可报销部分；如不支持刷社保卡结算，可线下报销（门诊只能刷卡结算报销，不可线下报销）。

2. 线下报销材料及时限见后文（四）。

（三）异地就医备案

1. 办理条件

已办理参保登记，并处于缴费状态。

2. 适用人群

（1）异地安置退休人员；

（2）异地长期居住人员；

（3）常驻异地工作人员；

（4）异地转诊就医人员；

（5）其他跨省临时外出就医人员。

3. 办理材料

（1）户籍证明（身份证、户口簿）；

（2）居住证明（居住证，社区、街道、公安机关出具的居住证明，租房合同，房产证）；

（3）工作证明（加盖单位公章的工作证明、单位在异地的租房合同）；

（4）成都市三级定点医疗机构出示的3个月内的病情证明；

（5）入院证明或病案首页。

4. 办理方式

（1）线上办理：下载国家医保服务平台APP—绑定登录账号—首页—在线办理—异地备案—按照备案类型填写信息，拍照/扫描上传材料（材料都需原件）；

（2）电话备案：拨打"028-68381086"进行备案；

（3）线下办理：参保人本人或代办人持相关材料到参保地医保经办机构备案；

（4）市外转诊：参保人员在成都市三级医院即可办理。

5. 办理时限与费用

当场办结，不收费。

6.特殊说明

（1）转诊备案的有效期为1年，除转诊外的其他备案类型长期有效，申请后6个月内不能注销，换区参保需重新备案；

（2）如需更换备案城市，须先注销之前的备案；

（3）目前，成都市职工医保参保人员在四川省内、重庆市、云南省、贵州省、西藏自治区异地就医免备案。

（四）异地医保或本地医保线下报销流程

1.报销条件

（1）医保已连续不间断缴费满6个月后住院；

（2）社保定点医院就医。

2.报销材料

（1）财务、税务部门制作或监制的医疗收费专用票据原件（加盖医院财务专用章），如为电子票据，请彩打后在空白处写明"此发票为第一次打印，且未在其他地方使用过"，并签字按手印写日期；

（2）出院病情证明（加盖医疗机构公章）；

（3）患者或家属签字认可的费用清单原件（加盖医疗机构公章）；

（4）身份证复印件；

（5）成都市已开通金融功能的社保卡复印件〔如无成都市社保卡，则提供本人建设银行卡、工商银行卡、中国银行卡、农业银行卡（大成都范围内的借记卡）复印件，天府可另外提供成都银行卡复印件；武侯可另外提供成都银行卡、农商银行卡复印件；高新可另外提供中国邮政储蓄银行卡、交通银行卡复印件〕；

（6）住院、外伤住院需提供住院期间的全套住院病案（加盖医院病案专用章）以及外伤承诺书；

（7）入院记录复印件（加盖医疗机构公章）；

（8）急诊病情证明（加盖医院急诊病情专用章）。

3. 办理地址

参保所在区医保局或街道办。

4. 办理时限

出院之日起 90 天内办理。

三、生育

（一）生育待遇包含的项目

1. 产前检查费

参保女职工在办理生育登记后，发生的门诊产前常规检查费，按以下标准实行定额支付：生产或怀孕满 7 个月以上终止妊娠 700 元；怀孕满 4 个月不满 7 个月终止妊娠 500 元；怀孕未满 4 个月终止妊娠 300 元。

2. 生育医疗费

参保女职工因分娩、终止妊娠发生的医疗费用，包括接生费、手术费、住院床位费和药品等费用，按以下标准实行定额支付：

（1）顺产 2000 元；难产（含剖宫产）3000 元；生产多胞胎的每多一个婴儿增加 400 元。

（2）怀孕满 7 个月以上终止妊娠 2000 元（施行剖宫术的增加 1000 元）；怀孕满 4 个月不满 7 个月终止妊娠 1000 元；怀孕不满 4 个月终止妊娠 500 元。

3. 生育津贴

在生育或终止妊娠前已办理生育登记的女职工享受生育津贴。计算公式为：

职工生育或终止妊娠时所在参保单位上年度职工月平均工资 ×12（月份）÷365（天数）× 具体天数 = 生育津贴

具体天数：顺产 98 天；难产 113 天；多胞胎，每多生育 1 个婴儿增加 15 天；怀孕满 7 个月以上终止妊娠 98 天；怀孕满 4 个月不满 7 个月终止妊娠 42

天；怀孕未满 4 个月终止妊娠 15 天。

生育津贴由医疗保险经办机构支付给用人单位，经办机构拨付的费用不足以支付的，其差额由女职工所在单位补足。

（二）实时结算项目

已在医院刷社保卡结算产前检查费及生育医疗费，生育津贴在社保经办系统报销即可，无须线下报销。

（三）手工报销项目

生育医疗费、产前检查费、生育津贴、计划生育手术费。

（四）生育保险报销流程（产前检查费+生育医疗费+生育津贴一同报销）

1. 报销条件

（1）符合计划生育法律、法规；

（2）参保人员连续不间断足额缴纳生育保险费满 6 个月后次月生育或施行计划生育手术的且生育或施行计划生育手术当月已缴纳生育保险费。

2. 办理流程

自生育之日起 12 个月内持报销所需材料到参保所属的经办机构申报。

（1）窗口工作人员审核材料（依规确定受理或不予受理，不予受理应当告知理由，并一次性告知补正材料）；

（2）材料审核无误后受理申报并书面登记；

（3）材料审核无误后受理并登记；

（4）窗口工作人员进行核定支付。

3. 申请材料

（1）单位职工参保人员：

① 电脑填写并打印《成都市生育、计划生育手术医疗费审批表》一式 2 份加盖公章（个体参保人员直接在经办窗口填写）；

②财政供养单位电脑填写并打印《非财政供养人员申领生育津贴登记表》1份加盖公章；

③财政（税务部门）制作或监制医疗服务收费专用票据（加盖医疗机构收费专用章）原件；

④出院证明（加盖病情证明专用章）原件；

⑤生育服务证复印件；

⑥身份证复印件；

⑦委托他人申请办理的，代办人须持报销人及代办人的身份证原件；

⑧住院费用清单原件（带医院鲜章）。

（2）个体参保人员：

①电脑填写并打印《成都市生育、计划生育手术医疗费审批表》一式2份加盖公章（个体参保人员直接在经办窗口填写）；

②财政（税务部门）制作或监制医疗服务收费专用票据（加盖医疗机构收费专用章）原件；

③出院证明（加盖病情证明专用章）原件；

④生育服务证复印件；

⑤属于市本级参保的个体人员提供本人在本市中国工商银行、中国农业银行、中国建设银行任何一家银行的结算性存折或银行卡（已在大成都范围内办理并激活中华人民共和国社会保障卡的人员不需要提供）；委托他人申请办理的，代办人需持报销人及代办人的身份证原件；

⑥报销人身份证复印件。

4. 注意事项

（1）异地生育不需要在生育前备案；

（2）个人结算性存折/卡为本人在本市中国工商银行、中国农业银行、中国建设银行任何一家银行的；

（3）区（市）县经办机构的经办流程和申请材料可能有部分差别，具体情况请向区（市）县经办机构咨询。

四、工伤

（一）工伤待遇

表 21-2 工伤保险待遇享受明细

支付项目		内容或标准
工伤保险基金支付的各项待遇	1.工伤医疗费	治疗工伤所需费用符合工伤保险诊疗项目目录、工伤保险药品目录、工伤保险住院服务标准的，从工伤保险基金支付
	2.康复性治疗费	员工向社保局工伤报销柜台提交康复治疗申请，经审核确认批复后可享受报销
	3.一次性伤残补助金	一级伤残：本人工资×27个月 二级伤残：本人工资×25个月 三级伤残：本人工资×23个月 四级伤残：本人工资×21个月 五级伤残：本人工资×18个月 六级伤残：本人工资×16个月 七级伤残：本人工资×13个月 八级伤残：本人工资×11个月 九级伤残：本人工资×9个月 十级伤残：本人工资×7个月
	4.一级至四级伤残职工的伤残津贴	一级伤残：本人工资×90% 二级伤残：本人工资×85% 三级伤残：本人工资×80% 四级伤残：本人工资×75%
	5.生活护理费	生活完全不能自理：上年度省社会平均工资×50% 生活大部分不能自理：上年度省社会平均工资×40% 生活部分不能自理：上年度省社会平均工资×30%
	6.供养直系亲属抚恤金	按照工亡职工本人工资，配偶40%，其他亲属30%，孤寡老人或孤儿在此标准上增发10%，核定的各供养亲属抚恤金之和不大于本人工资

续表

支付项目	内容或标准
7.丧葬补助金	上年度本地区职工平均工资×6个月
8.一次性工亡补助金	上一年度全国城镇居民人均可支配收入×20倍
9.一次性医疗补助金	五级伤残：上年度省社会平均工资×14个月 六级伤残：上年度省社会平均工资×12个月 七级伤残：上年度省社会平均工资×10个月 八级伤残：上年度省社会平均工资×8个月 九级伤残：上年度省社会平均工资×6个月 十级伤残：上年度省社会平均工资×4个月
用人单位支付待遇 1.停工留薪期的工资福利待遇	原工资福利待遇不变，由所在单位按月支付，停工留薪期一般不超过12个月
2.停工留薪期的生活护理费	生活不能自理的工伤职工在停工留薪期间需要护理的，由所在单位负责
3.五级、六级伤残职工的伤残津贴	五级伤残：本人工资×70% 六级伤残：本人工资×60%
4.一次性就业补助金	五级伤残：上年度省社会平均工资×60个月 六级伤残：上年度省社会平均工资×48个月 七级伤残：上年度省社会平均工资×26个月 八级伤残：上年度省社会平均工资×18个月 九级伤残：上年度省社会平均工资×10个月 十级伤残：上年度省社会平均工资×6个月

来源：《工伤保险条例》《四川省工伤保险条例》《〈四川省工伤保险条例〉实施办法》

（二）申报工伤认定材料

1. 职工死亡的，提交死亡证明；

2. 在工作时间和工作场所内，因履行工作职责受到暴力等意外伤害的，提交公安部门的证明或者其他相关证明；

3. 因工外出期间，由于工作原因受到伤害或者发生事故下落不明的，提交公安部门或者相关部门的证明；

4.在上下班途中，受到非本人主要责任的交通事故或者城市轨道交通、客运轮渡、火车事故伤害的，提交公安、交通管理部门或者其他相关部门的证明；

5.在工作时间和工作岗位，突发疾病死亡或者在48小时之内经抢救无效死亡的，提交医疗机构的抢救证明或者其他相关证明；

6.在抢险救灾等维护国家利益、公共利益活动中受到伤害的，提交民政部门或者其他相关部门的证明；

7.在服役期间因战、因公致残的军人，退出现役到用人单位后旧伤复发的，提交《中华人民共和国残疾军人证》；

8.根据实际情况需提供的其他相关材料。

（三）停工留薪期

职工遭受事故伤害或者患职业病后需要暂停工作、接受治疗的，用人单位应按照《成都市工伤职工停工留薪期管理办法（暂行）》，为工伤职工确定停工留薪期限，出具《工伤职工停工留薪期确定通知书》。

职工因工作遭受事故伤害或者患职业病需要暂停工作接受工伤医疗的，在停工留薪期内，原工资福利待遇不变，由所在单位按月支付。

停工留薪期一般不超过12个月。伤情严重或者情况特殊，经设区的市级劳动能力鉴定委员会确认，可以适当延长，但延长不得超过12个月。工伤职工评定伤残等级后，停发原待遇，按照本章的有关规定享受伤残待遇。工伤职工在停工留薪期满后仍需治疗的，继续享受工伤医疗待遇。

生活不能自理的工伤职工在停工留薪期需要护理的，由所在单位负责。

五、失业

（一）失业金申领时间及周期

表 21-3

缴纳时长	享受保险金期限
失业保险缴费满1年不满2年的	可领取3个月失业保险金
失业保险缴费满2年不满3年的	可领取6个月失业保险金
失业保险缴费满3年不满5年的	可领取12个月失业保险金
失业保险缴费满5年不满8年的	可领取15个月失业保险金
失业保险缴费满8年不满10年的	可领取18个月失业保险金
失业保险缴费满10年以上的	可领取24个月失业保险金

来源：《四川省失业保险条例》

（二）失业金发放标准[21-1]

1. 四川天府新区、成都东部新区、成都高新区、锦江区、青羊区、金牛区、武侯区、成华区、龙泉驿区、青白江区、新都区、温江区、双流区、郫都区、新津区 1680 元/月；

2. 简阳市、都江堰市、彭州市、邛崃市、崇州市、金堂县、大邑县、蒲江县 1576 元/月。

（三）失业金申领材料清单/信息

1. 线上申领

"成都市就业局"微信公众号

2. 线下申领

（1）单位对职工解除劳动关系的离职证明；

（2）失业人员身份证复印件（同页正反面）；

（3）新社保卡或银行卡复印件。

六、退休

（一）办理条件

1. 按照规定参加成都养老保险，累计缴费达到最低年限；
2. 达到法定退休年龄。

（二）办理材料

1. 身份证；

2. 户口本；

3. 退休申请表；

4. 社保卡或银行卡；

5. 劳动合同原件及复印件（参保单位与合同主体需一致）；

6. 原始档案（如有需携带）；

7. 独生子女证原件（如有需携带）。

（三）办理流程

1. 职工本人向单位提出退休申请，单位操作减员；

2. 用人单位将职工原始档案等材料上报参保社保经办机构；

3. 社保机构对材料进行审核，符合条件的，批准退休。

（四）成都退休养老金是多少钱一个月[21-2]

对于成都退休养老金是多少钱一个月，没有固定的金额，是按照养老金发放的公式进行发放的。

基本养老金＝基础养老金＋个人账户养老金＋过渡性养老金＋增发养老金

基础养老金＝（退休上一年四川省在岗职工月平均工资＋退休上一年四川省在岗职工月平均工资×个人平均缴费工资指数）÷2×累计缴费年限（含视为缴费年限）×1%

个人账户养老金＝退休时个人账户累计储存额÷退休年龄对应的计发月数

过渡性养老金＝（退休时上一年四川省在岗职工月平均工资＋上一年四川省在岗职工月平均工资×个人平均缴费工资指数）÷2×1995年12月31日以前未建立个人账户的累计缴费年限×1.3%

增发养老金＝上一年四川省在岗职工月平均工资×个人平均缴费工资指数×累计缴费年限（含视为缴费年限）×增发比例

七、公积金

（一）公积金提取条件

1.职工有下列情况之一的，可申请提取本人及其配偶住房公积金

（1）购买、建造、翻建、大修自住住房；

（2）偿还自住住房贷款本息；

（3）本市无房职工租房自住；

（4）本人或配偶、父母、子女发生重大疾病，造成家庭生活严重困难；

（5）遭遇突发重大自然灾害，造成家庭生活严重困难；

（6）被纳入本市城镇居民最低生活保障范围；

（7）在本市行政区域内出资为拥有所有权的既有住宅增设电梯。

2.职工有下列情况之一的，可申请提取本人住房公积金

（1）离休、退休；

（2）完全丧失劳动能力，并与单位终止劳动关系；

（3）出境定居；

（4）与单位终止劳动关系两年仍未重新就业；

（5）非本市户籍职工与单位解除或终止劳动关系，未在异地继续缴存，账户封存或托管满半年；

（6）职工死亡或者被宣告死亡的，由职工的合法继承人或者受遗赠人申请提取职工个人住房公积金账户内存储余额。

（二）公积金提取金额

不超过账户余额；不超过实际支付费用（二者取最低）。

温馨提示：办理提取业务需先通过成都公积金APP或"成都住房公积金"微信公众号办理提取预约。

| APP | 微信服务号 | 微信订阅号 | 微信小程序 |

答疑解惑

Q1：职工与单位解除劳动关系后，怎样提取住房公积金？

A1：①非本市籍职工与单位解除或终止劳动关系，未在异地继续缴存，账户封存或托管满半年；②与单位终止劳动关系两年仍未重新就业，公积金账户封存已满 24 个月。

Q2：在外地购买的自住住房，能否提取住房公积金？

A2：可以，缴存职工发生住房消费，申请提取住房公积金，房屋地址应当在职工本人、配偶户籍所在地或工作所在地（所在地是否认可建议与当地确认）。

Q3：一次性付清或商业贷款购买的自住住房能否提取公积金？可以全部取完吗？

A3：可以提取，但不可超过商品房或再交易住房规定的提取额度。

Q4：购买商铺、车库、办公性质房屋能否提取住房公积金？

A4：不能，原建设部《住房公积金管理条例释义》明确规定：购买的定义是指职工买下住房，拥有所购住房的所有权。住房可以是商品房、经济适用房、私产房等，不包括商铺、车库、办公性质房屋、工业产权房、"小产权"房。

Q5：职工以前在其他城市办过社保卡的可以直接用吗？

A5：职工原社保卡属四川省外的，在成都市参保后需要在成都市重新办理社保卡；原社保卡属四川省其他城市的，可通过"成都人社局"微信公众号或线下社保卡网点办理归属地转入后即可使用。

Q6：职工生产时未连续缴满 6 个月可以继续缴纳满 6 个月后申请报销或通过配偶进行报销吗？

A6：成都生育报销需要产前连续缴纳满 6 个月，产前未缴满的即不能报销；女方不符合报销条件的可尝试通过配偶申请报销医疗费和产前检查费，但配偶也需满足产前连续缴纳满 6 个月。

Q7：异地就医住院未提前办理备案还能报销吗？

A7：四川省内、重庆市、云南省、贵州省、西藏自治区异地就医免备案，其余城市就医未办理备案的出院后 3 个月内仍可在成都医保局申请报销，但报销比例会有所降低。

参考内容

【21-1】《成都市人民政府关于调整全市最低工资标准的通知》（成府发〔2022〕11 号）

【21-2】《四川省劳动和社会保障厅关于印发〈四川省完善企业职工基本养老保险制度实施办法〉的通知》（川劳社发〔2006〕17 号）

昆　明

一、社会保障

（一）社保卡办理流程（仅适用于未有制卡记录的）

1. 办理方式

（1）职工个人线上办理：云南人社 APP—社保卡服务—制卡申请；

（2）线下办理：职工自行前往参保地医保中心开具新发卡通知单后到指定银行快速制卡。

2. 办理所需材料

（1）身份证原件（有效期须超过一个月）；

（2）一张彩色电子照片［照片尺寸为 358×441（宽×高）像素，照片大小为 20—60KB，照片格式为 .jpg 或 .png，照片必须为白色背景，近期免冠照片，清晰不模糊，不可以有白边］。

3. 办理周期

（1）线下制卡：立即下卡；

（2）线上制卡：1—2 个月。

（二）社保卡金融账户激活（开通）

需职工携带社保卡去对应的银行开通金融服务。

（三）社保卡挂失及补办

1. 办理流程

线上：云南人社 APP；

线下：医保经办机构窗口挂失、卡片所属银行网点挂失；

电话挂失：0871-12333。

温馨提示：电话挂失属于临时封锁，封锁最长 30 天，超过 30 天未办理遗失补卡自动解封。

二代社保卡挂失时，社保功能和金融功能皆不可用，重新补办二代社保卡后，无论金融功能是否激活，对应银行卡号均变更，医保个人编码保持不变。

2. 补办

携带本人身份证到对应银行网点补办。

3. 办理时限

现场制卡当天下卡。

4. 办理费用

无费用。

（四）社保卡的使用

1. 药店买药：云南省内定点医疗机构使用个人账户购买药品。

2. 门诊及住院就医：门诊（昆明市内定点医疗机构门诊刷卡结算）；住院（云南省内定点医疗机构住院报销刷卡结算）。

定点医疗机构查询：登录云南省医疗保障局官网（https://ylbz.yn.gov.cn/），进入首页"政务服务"板块，输入您拟就医的医疗机构查询其是否为定点医疗机构。

二、医疗

（一）医保费用报销比例

1. 门诊

（1）起付标准：一级医疗机构 30 元；二级医疗机构 60 元；三级医疗机构 90 元。

（2）补助比例：

① 一级医疗机构：在职职工 60%，退休职工 65%；

② 二级医疗机构：在职职工 55%，退休职工 60%；

③ 三级医疗机构：在职职工 50%，退休职工 55%。

2. 住院

在职及退休人员每年（按年累计）最高可报 50 万元（包含基本医疗 8 万元，8 万元以上为大额医疗）。

（1）一级医院：在职职工报销比例为 91%，退休人员报销比例为 95%；

（2）二级医院：在职职工报销比例为 88%，退休人员报销比例为 92%；

（3）三级医院：在职职工报销比例为 85%，退休人员报销比例为 89%；

（4）起付标准：一级医院 400 元，二级医院 550 元，三级医院 880 元；

（5）昆明市外医院住院起付标准为：880 元。

（二）手工报销材料

非突发急救、非异地安置的费用报销的情况：正常使用社保卡结算，手工报销主要为正常待遇期但刷卡异常未能刷卡结算、需先补缴再报销、社保卡未支出等情况。

表 22-1

材料/报销类型	突发疾病急诊抢救费用报销	异地安置人员费用报销	非突发急救、非异地安置的费用报销	办理异地转院备案材料	转外就医费用报销
身份证、医保卡复印件（开具卡待制证明）	√	√	√		√
住院发票原件（医院盖章）	√	√	√		√
住院用药、治疗明细原件（医院盖章）	√	√	√		√
出院证复印件（医院盖章）	√	√	√		√
急诊诊断证明或抢救记录或病危通知书	√				
中国银行卡复印件或存折复印件	√	√	√		√
异地安置备案表		√			
三级医院出具的云南省基本医疗保险跨省异地就医备案表原件				√	√

来源：云南省昆明市官渡区社保局窗口

（三）异地医保报销流程

1. 适用人群

异地安置退休人员、常驻异地工作人员、异地长期居住人员、临时外出就医人员［异地转诊就医人员、因出差或旅游等原因在异地突发疾病急诊抢救人员以及其他情形跨统筹区（含跨参保地和安置地）临时外出就医人员］。

2. 享受范围

办理异地就医后异地就医备案地定点医疗机构住院可使用。

3. 生效时间

医保费用到账后，异地就医备案成功后，次日开始享受医疗待遇。

4. 报销比例

（1）省内异地就医

门诊、住院医疗费用，起付标准、支付比例、最高支付限额执行与昆明市本地就医相同待遇政策。

（2）跨省异地就医

① 直接结算的门诊医疗费用，起付标准、支付比例、最高支付限额执行与昆明市本地就医相同待遇政策。

② 直接结算的住院医疗费用，按以下情况执行：

A.职工医保异地长期居住人员的起付标准、统筹基金支付比例、最高支付限额与昆明市本地就医相同。

B.职工医保临时外出就医人员、居民医保异地长期居住人员和临时外出就医人员，最高支付限额与昆明市本地就医相同，起付标准统一按三级医疗机构执行。在出院前完成备案手续的，统筹基金支付比例在三级医疗机构支付比例的基础上降低5个百分点；在出院后补办备案手续的，降低10个百分点。

表22-2　参保人异地就医待遇

人员类别	就诊行为	住院就医地点	起付标准	在三级医院报销比例的基础上降低报销比例	省内就医
职工医保异地长期居住人员	备案地就医	备案地定点医疗机构	同昆明市本地就医	0	免备案/不降低报销比例
	无备案自行就医	其他统筹区定点医疗机构	同昆明市三级医院起付标准	10%，出院前补备案的降报5%	
职工医保临时外出就医人员、居民医保异地长期居住人员、居民医保临时外出就医人员	转外就医	省外定点医疗机构	同昆明市三级医院起付标准	5%	
	急诊抢救				
	无备案自行就医	省外定点医疗机构	同昆明市三级医院起付标准	10%，出院前补备案的降报5%	

来源："安宁市医疗保障局"微信公众号2023年2月22日发文

5.办理流程

（1）线上备案

参保人员跨省异地就医前，可通过国家医保服务平台网站（https://fuwu.

nhsa.gov.cn）、国家医保服务平台 APP、"国家异地就医备案"微信小程序、"国务院客户端"微信小程序办理异地就医备案手续。

（2）电话备案

可拨打各区窗口电话进行备案登记。

（3）窗口备案

可以直接至各区医保窗口办理。

6.备案有效期

（1）异地长期居住人员：长期有效。

（2）临时外出就医人员：6个月。

7.特殊规定

昆明市城镇职工临时外出就医人员至重庆市、贵州省全域及四川省本级、成都市、宜宾市、泸州市等省市跨省异地区域内就医可以免备案，执行就医地目录，最高支付限额与昆明市本地就医相同，起付标准统一按三级医疗机构执行，统筹基金支付比例在三级医疗机构支付比例的基础上降低5个百分点，昆明市城镇职工异地长期居住人员至上述地区就医仍需备案，未备案的，视同临时外出就医人员。

三、生育

（一）生育待遇申领流程

1.生育医疗费：省内出院时可直接刷卡结算（其他原因未刷卡结算可手工报销）。

2.生育津贴：由用人单位向医保中心提交申请材料申请受理。

温馨提示：自生育或手术后1年内到医保中心办理。

（二）是否需办理生育备案

不需要。

(三)生育保险可享受的待遇

1. 生育医疗费

按照医疗包干费标准支付。

2. 生育津贴

生育津贴(产假工资)=月平均缴费基数(元)÷30(天)×假期天数,新成立单位按上一年度全区城镇在岗职工平均工资,由社保局计发;月平均缴费基数按生育上一年度单位月平均医疗保险缴费基数核算。

温馨提示:男职工报销未就业配偶生育保险仅享受生育医疗费(不享受生育津贴)。

3. 生育医疗费和生育津贴的产假天数规定

表22-3

序号	类别	医疗包干费	假期
1	顺产	2500元	158天
2	难产(产钳助产和胎头吸引)	3000元	158+15=173天
3	剖宫产	4000元	158+15=173天
4	妊娠4个月以上流产(含人流)	2000元	42天
5	妊娠4个月以下流产(含人流)	600元	15天
6	放置宫内节育器(含宫内节育器)	450元	7天
7	摘取宫内节育器	150元	7天
8	输卵管结扎术	2000元	30天
9	输精管结扎术	1000元	15天
10	输卵管复通术	2500元	30天
11	输精管复通术	2000元	15天

备注:生育多胞胎的每多生育一个婴儿增加产假15天。

来源:《昆明市人民政府关于印发昆明市生育保险和职工基本医疗保险合并实施试行办法的通知》[1]

---

[1] 本规定已被废止,但未有相关新规定出台,表格中内容供读者参考。

（四）享受生育保险待遇的条件

1. 符合计划生育政策；
2. 连续参保缴费满 12 个月以上（从其符合生育保险待遇的行为发生之月起向前计算）；
3. 分娩或手术时及休产假期间需正常参保缴费；
4. 生育前 12 个月中如一部分为灵活就业/居民，一部分为职工，只可报销生育医疗补贴费用；
5. 如在外省参保后转昆明续保，须确保生育保险的连续性（不能断缴）。

温馨提示：

（1）职工截止分娩或手术当日未缴满 12 个月的，则本孕次或手术无法申领相关待遇；

（2）不孕不育类治疗不可享受生育待遇；

（3）如在国外生育后需要提供发票申报待遇，只可申报生育医疗费用，无津贴申领资格。

（五）生育待遇申领所需材料

表 22-4

	生育	流产	放环、取环	输卵管结扎、复通	输精管结扎、复通
《生育保险待遇申报表》	●	●	●	●	●
身份证、医保卡复印件	●	●	●	●	●
发票原件（盖章）	●	●	●	●	●
出院证原件（住院）	●	●		●	●
诊断证明原件（门诊）		●	●	●	●
准生证原件及复印件	●				

续表

	生育	流产	放环、取环	输卵管结扎、复通	输精管结扎、复通
出生证原件及复印件	●				
结婚证原件及复印件		●	●	●	●
单位开户银行许可证复印件	●	●	●	●	●
配偶未就业证明告知承诺书	男职工报销未就业配偶待遇需提供				

来源：云南省昆明市官渡区社保局窗口

四、工伤

（一）工伤待遇

1. 工伤医疗待遇

表22-5

项目	计发基数及标准	支付方式
医疗费	签订服务协议的医疗机构内，复核规定范围内的医疗费	基金支付
康复费	签订服务协议的医疗机构内，复核规定范围内的康复费	基金支付
辅助器具费	经劳动能力鉴定委员会确认需安装辅助器具的，发生符合支付标准的辅助器具配置费用	基金支付
住院伙食费	职工治疗工伤住院期间的伙食费用，按当地标准支付	基金支付
异地就医交通、食宿费	经医疗机构出具证明，报经办机构同意，工伤职工到统筹地区以外就医所需的交通、食宿费用，按当地标准支付	基金支付

昆 明

续表

项目	计发基数及标准	支付方式
停工留薪期待遇	经劳动能力鉴定委员会确认的停工留薪期期间，按原单位工资待遇支付	单位支付
护理	生活不能自理的工伤职工在停工留薪期间需要护理的	单位负责

2. 一次性待遇（劳动能力鉴定后）

表 22-6

项目	计发基数	计发标准		支付方式
一次性伤残补助金	本人工资	一级	27个月	基金支付
		二级	25个月	
		三级	23个月	
		四级	21个月	
		五级	18个月	
		六级	16个月	
		七级	13个月	
		八级	11个月	
		九级	9个月	
		十级	7个月	
一次性工伤医疗补助金	解除或者终止劳动关系时统筹地上年度职工月平均工资	一级	退出工作岗位，保留劳动关系	基金支付
		二级		
		三级		
		四级		
		五级	15个月	
		六级	13个月	
		七级	8个月	
		八级	6个月	
		九级	3个月	
		十级	2个月	

续表

项目	计发基数	计发标准		支付方式
一次性伤残就业补助金	解除或者终止劳动关系时统筹地上年度职工月平均工资	一级	退出工作岗位，保留劳动关系	单位支付
		二级		
		三级		
		四级		
		五级	33个月	
		六级	29个月	
		七级	22个月	
		八级	18个月	
		九级	13个月	
		十级	7个月	

3. 长期待遇（劳动能力鉴定后）

表22-7

项目	计发基数	计发标准		支付方式
伤残津贴	本人工资	一级	90%	基金按月支付
		二级	85%	
		三级	80%	
		四级	75%	
		五级	70%	保留劳动关系，难以安排工作的，由单位按月支付
		六级	60%	
生活护理费	统筹地区上年度职工月平均工资	完全不能自理	50%	基金按月支付
		大部分不能自理	40%	
		部分不能自理	30%	

4. 工亡待遇

表 22-8

项目	计发基数	计发标准		支付方式
丧葬补助金	统筹地区上年度职工月平均工资	6个月		基金支付
一次性工亡补助金	上年度全国城镇居民人均可支配收入	20倍		基金支付
供养亲属抚恤金	本人工资	配偶	40%	基金按月支付，符合工亡职工供养范围条件的亲属可领取
		其他亲属	30%	
		孤寡老人或者孤儿每人每月在上述标准的基础上增加10%，核定的各供养亲属的抚恤金之和不应高于因工死亡职工生前的工资		

备注：本人工资，是指工伤职工因工作遭受事故伤害或患职业病前12个月平均月缴费工资。本人工资高于统筹地区职工平均工资300%的，按照300%计算；低于60%的，按照60%计算。

来源：《工伤保险条例》《云南省实施〈工伤保险条例〉办法》

（二）申请工伤认定材料

1. 职工死亡的，提交死亡证明；

2. 在工作时间和工作场所内，因履行工作职责受到暴力等意外伤害的，提交公安部门的证明或者其他相关证明；

3. 因工外出期间，由于工作原因受到伤害或者发生事故下落不明的，提交公安部门或者相关部门的证明；

4. 在上下班途中，受到非本人主要责任的交通事故或者城市轨道交通、客运轮渡、火车事故伤害的，提交公安交通管理部门或者其他相关部门的证明；

5. 在工作时间和工作岗位，突发疾病死亡或者在48小时之内经抢救无效死亡的，提交医疗机构的抢救证明或者其他相关证明；

6. 在抢险救灾等维护国家利益、公共利益活动中受到伤害的，提交民政部门或者其他相关部门的证明；

7. 在服役期间因战、因公致残的军人，退出现役到用人单位后旧伤复发的，提交《中华人民共和国残疾军人证》；

8. 根据实际情况需提供的其他相关材料（如劳动合同、考勤记录、就诊记录等）。

五、失业

（一）失业保险金申领条件

1. 单位和个人已累计缴满12个月的失业保险。
2. 符合以下离职原因：
（1）劳动合同期满；
（2）双方协商一致解除劳动合同；
（3）被用人单位辞退；
（4）从机关事业单位被辞退解聘；
（5）私营企业业主停业、破产停止经营；
（6）企业破产倒闭终止劳动关系；
（7）法律法规规定的其他情形。

（二）失业保险金申领步骤

1. 失业金申领入口：关注"就业彩云南"微信公众号；
2. 实名认证：进入个人中心，点击"实名认证"，领取电子社保卡，进行人脸实名认证，在认证过程中须将手机摄像头和麦克风打开；

3. 领取电子社保卡成功后点击"立即使用";

4. 失业保险金申领：实名认证通过后，在服务大厅中选择"申领失业保险待遇"——"失业保险金申请"功能菜单，申领前请认真阅读失业保险待遇发放提示，按照提示选择缴纳医保的方式，若选择代缴医保，请准确录入个人医保卡号，而后请录入个人详细常住地址等信息，其中"失业日期""失业原因""失业登记日期"和"待遇享受开始年月"为系统自动提取数据项，无须申请人填写;

5. 申报成功后并通过审核环节，将由银行发放失业金至申领人提供的银行储蓄卡中。

（三）申领时限

办理时间为离职后的 60 天内，如超期申请办理，需要减少领取失业金的时间（按月减少）。

（四）申领标准

表 22-9

累计参保时间	领取月数	可领取金额
≥1年	2个月	一类地区为昆明五华区、盘龙区、西山区、官渡区、呈贡区和安宁市、嵩明县，失业保险金标准为1791元/月 二类地区为昆明市所辖其他各县、区；其他州、市政府所在地的市（区），玉龙县、德钦县，和其他设市城市，失业保险金标准为1656元/月 三类地区为其他各县，失业保险金标准为1521元/月
≥2年	4个月	^
≥3年	7个月	^
≥4年	10个月	^
≥5年	13个月	^
≥6年	15个月	^
以后每满1年的，增加领取1个月的失业保险金	领取期限最长不得超过24个月	^

来源：《云南省人力资源和社会保障厅关于调整全省失业保险金标准的通知》《云南省失业保险条例》

（五）失业金申领期间重新就业的处理方式

到申领失业金所属社保局进行失业金线下封存，需准备材料有：

1. 与新单位所签订的劳动合同；

2. 身份证原件及复印件；

3. 就业创业证原件；

4. 当时办理失业金申领时的相关材料。

六、退休

（一）退休办理材料

1. 装订成册的职工本人人事档案；

2. 本人（或监护人）手写的退休申请1份；

3. 本人身份证复印件2份；

4. 近期0.5寸免冠照片1张；

5. 养老保险手册和社保局出具的《基本养老保险个人账户表》；

6. 云南省参保人员退休证发放花名册一式2份；

7.《正常退休领取养老保险待遇信息申报表（试行）》一式3份；

8.《劳动合同》原件；

9. 女职工50岁办理退休需提供工资流水、参保花名册或《合同备案表》《生产工勤岗女职工办理正常退休事项承诺书》原件；

10. 企业职工基本养老保险办理退休相关政策告知书；

11. 二代社保卡复印件1份（且须激活卡片金融功能）。

（二）退休流程

职工达到退休年龄当月的1日至10日办理，不提前办理，不提前审核档案；社保完成退休手续拿到退休手册后，办理医疗退休或医疗停保。

七、公积金

（一）公积金查询

可通过昆明市住房公积金管理中心官网（https://zfgjj.km.gov.cn/kmnbp/）和"昆明公积金"微信公众号进行查询。

（二）公积金提取

1. 提取条件

（1）购买昆明市行政区域内住房的；

（2）购买昆明市行政区域外住房的；

（3）在昆明市行政区域内新建、翻建、大修自住住房的；

（4）在昆明市行政区域内租房的；

（5）与单位解除劳动合同关系的；

（6）离休、退休的；

（7）职工死亡或被宣告死亡的；

（8）出境定居、应征入伍的；

（9）法院强制扣划的；

（10）死亡提取。

2. 提取流程

（1）部分提取方式可在"昆明公积金"微信公众号自助提取；

（2）部分提取方式需线下窗口办理（办理所需材料见官网）。

（三）公积金异地转入

1. 线上办理

（1）网上办事大厅

登录昆明市住房公积金管理中心网上业务大厅—个人用户登录—异地转移接续—录入联系函。

（2）微信小程序

登录"全国住房公积金"微信小程序，点击"转移续接"，根据系统提示完成办理即可。

2. 线下申请

昆明市住房公积金管理中心官网下载填写《住房公积金异地转移接续申请表》（一式2份）并携带申请人身份证原件前往现缴存管理部办理。

答疑解惑

Q1：如何查询自己的社保公积金缴纳证明？

A1：养老工伤失业：登录云南人社APP，电子社保卡—个人社保参保证明查询打印；

医疗：登录"云南医保"微信小程序，服务—我要打印—参保证明打印；

公积金：关注"昆明公积金"微信公众号，业务办理—个人缴存证明打印。

Q2：没有社保卡如何报销住院费用？

A2：待遇期的职工可直接使用医保卡住院结算，如确实无一、二代卡的职工，可先自行垫付后带住院发票到社保局打印卡待制证明，手工方式进行报销；或者使用微信—支付—医疗健康—医保电子凭证—激活医保电子凭证，使用电子凭证结算。

Q3：社保卡个人账户每个月有多少钱入账？

A3：个人账户的划分规则是把基本医疗个人缴纳部分全额划账，医疗个人缴纳部分划账的比例是1.8%，如果一个人的基数为4000元，那每个月划账的金额就是4000×1.8%=72元。特殊说明，个人缴纳比例2%中1.8%是基本医疗，0.2%是长期护理险，长期护理险不做划账。

Q4：社保和公积金每年几月开始调整基数？

A4：社保调基每年1月开始申报工资，7—8月本市上年度职工月平均工资公布后会发布最新上下限，届时会从当年1月开始追溯补缴或退收（养老工伤和失业）基数差额；医保每年9月至11月调整基数；公积金每年6—7月进行基数调整。

Q5：如何查询自己的公积金账号？

A5：关注"昆明公积金"微信公众号，用手机号注册登录后，点开个人中心的账户查询选项，再点开公积金基本信息查询选项，即可查询到个人公积金账户各项基本信息。

西安

一、社会保障

（一）社会保障卡办理、申领流程

西安市参保职工社保卡为陕西省人社厅自动匹配数据制卡，不经过单位申报，职工可通过当地社保卡服务机构或者通过"秦云就业"微信小程序、"陕西12333"微信公众号、掌上12333APP、陕西人社政务服务网等渠道申请社保卡。

"秦云就业"微信小程序　　"陕西12333"微信公众号　　掌上12333APP

（二）社会保障卡发卡进度查询方式

1. 关注"陕西12333"微信公众号，查询制卡进度。
2. 搜索"秦云就业"微信小程序，查询制卡进度。
3. 下载陕西人社APP，查询制卡进度。
4. 登录"陕西人社政务服务网"或"西安市人社局官网"查询制卡进度。
5. 拨打12333咨询服务电话，查询制卡进度。
6. 至当地社保卡服务网点查询制卡进度。

（三）社会保障卡补办方式

1. 口头挂失：口头挂失必须对社保功能与金融功能分别挂失。通过12333服务电话、社会保障卡服务网等可口头挂失社保功能，通过银行服务电话可口头挂失金融功能。口头挂失有效期为7天，超过有效时限自动解挂，在口头挂失有效期内可通过社保卡服务网点或"秦云就业"微信小程序、"陕西12333"微信公众号、陕西人社政务服务网自助解挂。

2. 正式挂失：确认社保卡丢失后，至社保卡发卡银行服务网点办理社保卡的正式挂失，原卡作废，同时办理补卡。

（四）省内参保转移后社保卡的使用

在省内参保转移后社保卡可以在新参保地使用，社会保障卡全省统一技术标准，省内参保转移不需要换发，按照新参保地的规定直接用卡即可（西安市职工医保需办理绑定）。新参保地没有发卡银行网点的，不影响社保功能正常使用，金融功能使用不便的可根据个人意愿重新申领，具体在新参保地社保卡服务网点咨询办理。

温馨提示：补换卡办理网点可通过"秦云就业"微信小程序、"陕西12333"微信公众号、陕西人社政务服务网等渠道查询。

因被盗、丢失、损毁等原因补换社会保障卡的，由各社会保障卡对应的发卡银行按全省统一标准收取补换卡工本费20元。

二、医疗

（一）医保费用报销比例

1. 门诊

门诊实行特检特治，只有符合特检特治的门诊项目可以进行报销。

（1）特殊检查

① 64层以上螺旋CT冠脉成像（每人每年限定报销一次），报销比例为50%，无起付线以及封顶线；

② CT、SPECT、核磁共振（MRI）、动态心电图、心脏彩色B超、经颅彩色多普勒血管检查（TCD）、电子胃镜、电子结肠镜、宫腔镜，报销比例为

70%，无起付线以及封顶线。

（2）特殊治疗

① 高压氧舱治疗、体外振波碎石治疗泌尿系及胆道结石，报销比例为70%，无起付线以及封顶线。

② 门诊慢性病。

表 23-1

疾病名称	报销比例	起付线	封顶线
慢性肾功能衰竭尿毒症期、恶性肿瘤晚期、器官移植术后、白血病、血友病、慢性再生障碍性贫血	70%	700元	20000元
肝硬化失代偿期、帕金森综合征、类风湿关节炎、强直性脊柱炎、精神疾病、系统性红斑狼疮、慢性肾小球肾炎、肾病综合征、慢性活动性肝炎、特发性血小板减少性紫癜、肝豆状核变性、慢性支气管炎合并阻塞性肺气肿、阿尔兹海默病、慢性肺源性心脏病、高血压合并脑出血、冠状动脉粥样硬化性心脏病、脑血管病恢复期、慢性肾功能衰竭			8000元
骨髓增生异常综合征、巨趾症、紫癜性肾炎、糖尿病伴并发症、高血压伴并发症、扩张性心肌病、多耐药肺结核、硬皮病、风湿性心脏病、视神经萎缩、甲状腺功能亢进、减退症、癫痫			5000元
大骨节病		不设	517元
氟骨症中重度			693元
慢型克山病			1650元

来源：《西安市医疗保障局关于新增我市基本医疗保险门诊慢性病病种的通知》

（3）门诊特殊病

表23-2

疾病名称	起付线	封顶线	报销比例
少年儿童生长激素缺乏症使用重组人生长激素治疗，恶性肿瘤门诊放化疗，慢性丙型肝炎患者在门诊使用干扰素进行抗病毒治疗，强直性脊柱炎和类风湿关节炎使用重组人Ⅱ型肿瘤坏死因子受体—抗体融合蛋白治疗	无	无	82%
血友病患者使用人凝血因子Ⅷ、重组人凝血因子Ⅰх和重组人凝血因子Ⅶa等进行替代疗法治疗			
精神分裂症患者使用帕利哌酮注射剂等抗精神分裂症长效针剂治疗			
门诊肾透析，器官移植术后服抗排斥药，腹膜透析	无	无	94%

来源：《西安市医疗保险门诊特殊病种操作规范》（2022年版）

2.住院

表23-3

医院级别	起付标准			报销比例			封顶线
	第一次住院	第二次住院	第三次住院	起付标准1万元以下	1万—5万元	5万元以上	
三级特等	850元	800元	550元	88%	91%	95%	40万元
三级	650元	550元	350元				
二级	400元	300元	150元	90%	95%		
一级及社区卫生服务机构	200元	150元	100元	92%	95%		

备注：在一个自然年度内第四次及以上住院的，不再设置起付标准。封顶线标准为40万元。

来源：《西安市医疗保障局、西安市财政局关于调整我市城镇职工医疗保险有关政策的通知》

（二）本地医保报销流程

1. 市内住院报销流程

城镇居民基本医疗保险住院实行挂账结算。居民住院24小时内携带医保本及身份证到所住医院的医保办进行登记。出院时，由医院直接报销。居民个人只需交纳个人自付的费用。

2. 市外住院报销流程

居民因探亲、休假等原因临时赴外，在异地发生的急诊住院治疗费用。首先要选择当地一家居民医保定点医院，如果没有，可选择当地的公立医院并在24小时之内通过打电话给医保办备案。

出院后，参保居民须携带门诊紧急抢救病历、诊断证明、费用明细清单、门诊发票、住院病历复印件（含病案首页、长期、临时医嘱等）、住院费用明细单、就诊医院级别证明及住院票据等材料，报所在医保办办理报销。

3. 门诊慢性病审批报销流程

患有医保范围内的11种慢性病的参保居民由本人提出申请，提供以下材料至参保区医保中心：住院病历复印件、门诊病历原件、诊断证明、检查检验报告单原件、CT报告单、冠状动脉造影报告单、抢救病历复印件、居民医保本、身份证及复印件和本人近期1寸红底彩照2张并填写《城镇居民基本医疗保险门诊慢性病申请鉴定表》。

市医保办根据复审结果，认定享受门诊慢性病补助的参保居民名单反馈给我区医保办，于每年7月、8月将认定后享受待遇当年度就医的门诊处方、门诊发票及明细报送至我区医保办，对医疗费用进行审核，经市医保办复审确认后予以结算。

（三）异地医保报销流程

若参加西安市城镇职工医疗保险，已获取陕西省社会保障卡，可申请跨省异地就医。根据《西安市社会保险管理中心关于做好基本医疗保险跨省异地就医备案有关工作的通知》规定：

1. 备案人员范围

参加我市基本医疗保险的下列人员，已持有陕西省社会保障卡的，可以申请办理跨省异地就医住院医疗费用直接结算登记备案。

（1）异地安置退休人员：退休后在异地定居并且户籍迁入定居地的人员；

（2）异地长期居住人员：在异地居住生活的人员；

（3）常驻异地工作人员：用人单位派驻异地工作一年以上的人员；

（4）异地转诊人员：符合我市基本医疗保险转诊规定的人员。

2. 备案流程

目前通过网上进行备案，备案方式如下（根据实际情况选其一即可）：

（1）登录"陕西医保"微信小程序，进入后选择服务，点击异地就医备案，授权登录，点击为自己备案，根据实际情况选择备案类型—上传承诺书，完整信息—提交备案。

提交后可到异地就医备案信息查询实时查询申请进展情况。

（2）登录陕西医保公共服务网上服务大厅（https://zwfw.shaanxi.gov.cn/ggfw/hallEnter/#/Index），点击左侧异地就医备案，选择异地备案登记，根据弹窗提示填写个人信息后并上传签字版本的承诺书，点击提交。

（3）下载国家医保服务平台 APP 或搜索"国家异地就医备案"微信小程序，点击进入备案，填写个人信息进行认证，根据提示上传材料备案（仅适用于跨省办理，省内跨市不支持）。

3. 异地就医结算

（1）国家异地结算平台默认的就医地定点医疗机构均可住院诊治，个人可通过"社会保险网上查询系统"查询信息。

（2）异地就医人员应持社会保障卡就医，在当地住院医疗费用按照就医地的支付范围和参保地的支付比例进行结算，仅需向就医地定点医疗机构支付按规定需个人负担的费用，其余费用由医疗保险基金按规定支付。陕西省内异地就医，不需要进行异地就医备案，出院结算时即可享受医保报销待遇，跨省异地长期居住人员，实行"一次备案，长期有效"，享受参保地和备案地双向医保待遇；跨省临时外出就医人员，实行"一次备案、6个月有效"，有效期内，可在就医地多次就诊并享受跨省异地就医直接结算服务。您也可登录陕西省医保平台，点击左侧异地就医备案—选择异地备案登记—按要求填写信息，若无法通过以上方式办理异地就医备案，可联系单位经办人办理异地就医备案业务。

未办理异地就医备案，在异地突发疾病需要就医时，所发生的费用先由自己垫付，入院时通知单位经办人，出院后按报送材料内容的要求，准备相应材料交本单位经办人上报。需要提供的材料：

① 参保人身份证明（正反面复印件2份）；

② 住院病历全套（含住院病历首页、出院记录、入院记录，有手术的还有手术记录）；

③ 诊断证明、门诊病历（原件）；

④ 住院费用汇总清单，门诊费用汇总清单（原件）；

⑤ 报销发票（原件，第一联）；

⑥ 未挂账情况说明（写清楚为什么不用医保卡或医保电子凭证直接结算，职工签字摁手印）。

以上报销材料由各参保单位医保经办人统一报送，符合西安市城镇职工医疗保险病种目录、药品目录、诊疗项目目录范围内的，可根据医院等级按比例报销。社保中心相关科室按照职工报销政策给予审核报销。

三、生育

（一）生育待遇包含的项目

1. 生育医疗费补贴（不包括婴儿费和超出支付标准的床位费）；

2. 计划生育手术补贴（门诊和住院）；

3. 产前检查费用；

4.国家规定的与生育保险有关的其他费用。

温馨提示：以上费用报销的前提是：不超出医保规定的药品和医疗项目目录。

（二）实时结算项目

西安市98家医院已经实现了职工生育保险实时结算。

（三）手工报销项目

暂无。

（四）生育保险报销流程

1.西安市生育保险报销条件

（1）职工足额缴纳生育保险费；

（2）相关生育报销符合计划生育相关规定；

（3）生育保险缴纳一年以上，并持续缴纳；

（4）在定点医疗机构分娩、施行人工终止妊娠手术，在生育保险范围内施行计划生育手术；

（5）女职工生育或流产时必须处于正常参保状态，且已连续缴费12个月。

2.西安市生育保险报销流程

（1）申请

生育职工携带生育保险报销材料到用人单位，由用人单位经办人携带该材料到生育保险管理中心提出申请。

（2）审核

生育保险管理中心对申报材料进行审核，审核通过后，对申请人进行登记，并打印生育报销登记单。

（3）费用审核

生育保险管理中心人员按照政策规定对生育费用进行审核并扣款，并交由科长进行审核。

（4）结算

生育保险管理中心结算员生成财务报表并打印结算交付财务科。

3. 西安市生育保险报销材料

（1）身份证复印件（正反面复印件2份）；

（2）诊断证明书（注明妊娠周数）；

（3）住院需提供住院病案首页、出院记录、分娩记录、住院汇总费用清单、报销票据（第一联）；

（4）未挂账情况说明；

（5）异地定点医疗机构证明（异地生育应备）。

4. 西安市生育保险报销范围

（1）生育医疗费补贴（不包括婴儿费和超出支付标准的床位费）；

（2）计划生育手术补贴（门诊和住院）；

（3）产前检查费用；

（4）国家规定的与生育保险有关的其他费用；

（5）参保男职工可在定点医疗机构报销的项目有：绝育手术、输精管复通手术。

温馨提示：以上费用报销的前提是：不超出医保规定的药品和医疗项目目录。

（五）生育津贴领取流程

1. 定点医疗机构"一站式"申领生育津贴

参保女职工在本市定点医疗机构住院生育或流产，且在定点医疗机构挂账结算医疗费用时，系统自动完成生育医疗费用申报及生育津贴、产检补贴申领登记，各级社保经办机构审核后将符合政策规定计发的生育津贴直接转入用人单位，由用人单位发放给女职工。

2. 社保经办临柜申领生育津贴

（1）参保女职工在非本市定点医疗机构住院生育或流产，或因特殊情况未定点医疗机构挂账结算医疗费用的,由用人单位持以下材料至参保所属经办机构办理生育医疗费用报销及生育津贴、产检补贴申领手续,经办机构审核符合政策规定后一次性转入用人单位,由用人单位发放给女职工。

① 社会保险待遇申请书(生育津贴);

② 女职工身份证复印件、住院报销票据(第一联);

③ 住院病案首页(门诊病历及诊断证明书)(医院盖章)、分娩记录(生育)、诊断证明需注明妊娠周数或提供出院小结(流产)、医疗(住院或门诊)费用清单(医院盖章);

④ 因公出差、派驻异地工作的由单位出具驻外证明(单位盖章)。

(2)符合政策规定的参保女职工已报销生育医疗费用但未申领生育津贴的,由用人单位持以下材料,到参保所属经办机构办理生育津贴单项申领手续。

① 社会保险待遇申请书(生育津贴);

② 女职工身份证复印件;

③ 住院病案首页(门诊病历及诊断证明书)、分娩记录(生育)、诊断证明需注明妊娠周数或提供出院小结(流产)。

3. 网厅申领生育津贴

用人单位可通过西安高新技术产业开发区劳动和社会保险网上服务大厅或CA数字证书办理生育津贴申领及查询业务。用人单位登录西安市社会保险网上经办大厅单位用户端,按照系统提示准确录入有关信息,按预约时间递交相关材料。经办机构审核符合政策规定后一次性转。

四、失业

（一）失业金申领时间及周期

《陕西省〈失业保险条例〉实施办法》规定，失业人员领取失业保险金的期限，根据失业人员失业前累计缴费时间确定，最长不得超过24个月。

（二）失业金发放标准

1. 按照城镇户口性质缴纳人员

表 23-4

累计缴费时间	失业金领取标准
累计缴费时间满1年不满2年的	领取3个月失业保险金
累计缴费时间满2年不满3年的	领取6个月失业保险金
累计缴费时间满3年不满4年的	领取9个月失业保险金
累计缴费时间满4年不满5年的	领取12个月失业保险金
累计缴费时间满5年不满10年的	领取18个月失业保险金
累计缴费时间10年以上的	领取24个月失业保险金

来源：《陕西省〈失业保险条例〉实施办法》

2. 按照农业户口性质缴纳人员

累计缴费时间满1年领取期限按1个月计算，领取期限最长不得超过24个月。

（三）失业金申领材料清单/信息

1. 线下申领

在申领失业保险金时，失业人员本人可凭社会保障卡或身份证及西安市本地银行借记卡（信用卡无效），在西安市人力资源和社会保障局网站或在社保经办机构自助一体机办理，不再出具终止或解除劳动关系证明。

在柜台办理时，社保经办机构细化失业保险金申领表，采取失业人员承诺出现停止领取失业保险金情形时应及时告知经办机构的方式，由单位经办人或本人并提供申请人身份证及西安市本地银行借记卡（信用卡无效）办理。

2. 线上办理

如通过网站办理，请从西安市人力资源和社会保障局（http://xahrss.xa.gov.cn/）"网上服务"进入"西安市人力资源和社会保障局网上办事大厅"。

五、退休

随着社会保险管理信息化的发展，西安市企业职工退休证已失去实质性作用，为进一步简化业务流程，减轻企业负担，西安市人社局决定，不再全面办理企业职工退休证。

西安市企业职工退休审批流程：

1. 在职工达到法定退休年龄前，企业（或职介中心、人才中心）携带职工个人档案及相关材料，并填写《西安市企业职工退休审批表》，向人力资源和社会保障行政部门进行申报。

2. 人力资源和社会保障行政部门对企业（或职介中心、人才中心）申报拟退休职工的基本情况（包括出生年月、参加工作时间、退休类别、退休时间等）进行审核，确认职工视同缴费年限，并确定该职工是否符合退休条件。

3. 企业（或职介中心、人才中心）持《西安市企业职工退休审批表》和《退休审批汇总表》，到养老保险经办机构为符合条件的退休人员办理领取养老金待遇手续。

六、工伤

（一）工伤定点医院

西安市人力资源和社会保障局官网（http://xahrss.xa.gov.cn/xxgk/zdgk/shbx/5f545b180c801c3924c54e31.html）查询。

（二）工伤认定时限

有下列情形之一的，被延误的时间不计算在工伤认定申请时限内：

1. 受不可抗力影响的；

2. 职工由于被国家机关依法采取强制措施等人身自由受到限制不能申请工伤认定的；

3. 申请人正式提交了工伤认定申请，但因社会保险机构未登记或者材料遗失等原因造成申请超时限的；

4. 当事人就确认劳动关系申请劳动仲裁或提起民事诉讼的；

5. 其他符合法律法规规定的。

（三）工伤待遇

表23-5　工伤保险待遇享受明细

支付项目		内容或标准	费用承担主体
1	工伤医疗费	工伤职工因工作遭受事故或者患职业病的治疗过程中，在工伤保险定点医院就诊且符合国家规定范围内的医疗费用。在工伤认定书下达前相应医疗费用可走工伤医疗报销，具体报销以提供相应就医单据和工伤官方报销比例为准；工伤认定书下达后职工后续治疗须在工伤定点医院进行挂账处理，后在固定定点医院进行就医，非定点医院就医相应费用不予报销。用人单位给工伤职工缴纳工伤保险的，从工伤保险基金支付，未给工伤职工缴纳工伤保险的，由单位支付	工伤支付

续表

支付项目	内容或标准	费用承担主体
2 伙食补助费	目前，陕西省住院伙食补助费标准为：每人每天30元，补助时间从住院日起算，至出院日结束，按自然天数计算。用人单位给工伤职工缴纳工伤保险的，由工伤保险基金支付，未参保的，由用人单位支付	工伤支付
3 统筹地区以外就医的交通、住宿费	工伤职工到参保市以外住院就医、更换辅助器具及住院康复治疗的交通住宿费，按照实际发生的费用凭据报销，其中交通费仅限乘坐火车硬座、动车/高铁二等座、客车汽车的费用，危急抢救情况下可报销救护车费用，住宿费仅限往返时发生的合理费用，每人每晚不超过260元。用人单位给工伤职工缴纳工伤保险的，由工伤保险基金支付，未参保的，由用人单位支付	工伤支付
4 工伤康复费用	工伤康复，是指通过医学的手段，使残疾人或功能障碍者最大限度地改善和补偿其功能，包括临床诊疗、康复功能评定和各种康复治疗。工伤康复一般应在定点机构进行	用人单位给工伤职工缴纳工伤保险的，由基金支付；未参保的，由用人单位支付
5 配置辅助器具费	配置辅助器具待遇，是指帮助工伤职工恢复或提高身体功能，在允许配置的规定范围内的一定器具购置费用。工伤职工配置辅助器具应当经劳动能力鉴定委员会确认	用人单位给工伤职工缴纳工伤保险的，由基金支付；未参保的，由用人单位支付
6 停工留薪期期间的护理费	生活不能自理的工伤职工在停工留薪期需要护理的，由所在单位负责。单位未安排人员护理，劳动者亲属或者雇用护工护理的，按其工资支付，无工作的，一般按照一天100元至150元的标准计算	单位支付
7 停工留薪期待遇	工伤职工停工留薪期由用人单位根据工伤医疗服务机构的诊断证明确定，用人单位根据诊断证明，按照《陕西省工伤职工停工留薪期分类目录（试行）》确定停工留薪期，并书面通知工伤职工本人。如工伤职工或直系亲属对停工留薪期的期限有争议的，可报请各设区市劳动能力鉴定委员会确认	单位支付

续表

支付项目	内容或标准	费用承担主体
8 生活护理费	工伤职工已经评定伤残等级并经劳动能力鉴定委员会确认需要生活护理的，从工伤保险基金按月支付生活护理费。生活护理费按照生活完全不能自理、生活大部分不能自理或者生活部分不能自理3个不同等级支付，其标准分别为统筹地区上年度职工月平均工资的50%、40%或者30%	护理费由工伤保险基金支付；如用人单位未给工伤职工缴纳工伤保险，则由用人单位支付
9 一次性伤残补助金	一级：本人工资×27个月 二级：本人工资×25个月 三级：本人工资×23个月 四级：本人工资×21个月 五级：本人工资×18个月 六级：本人工资×16个月 七级：本人工资×13个月 八级：本人工资×11个月 九级：本人工资×9个月 十级：本人工资×7个月	工伤支付
10 一次性伤残就业补助金	一级至四级：不涉及 五级：统筹地区上年度月平均工资×24个月 六级：统筹地区上年度月平均工资×21个月 七级：统筹地区上年度月平均工资×15个月 八级：统筹地区上年度月平均工资×12个月 九级：统筹地区上年度月平均工资×9个月 十级：统筹地区上年度月平均工资×6个月	单位支付
11 一次性工伤医疗补助金	一级至四级：不涉及 五级：统筹地区上年度月平均工资×24个月 六级：统筹地区上年度月平均工资×21个月 七级：统筹地区上年度月平均工资×15个月 八级：统筹地区上年度月平均工资×12个月 九级：统筹地区上年度月平均工资×9个月 十级：统筹地区上年度月平均工资×6个月	工伤支付
12 伤残津贴	一级：本人工资×90% 二级：本人工资×85% 三级：本人工资×80% 四级：本人工资×75% 五级：本人工资×70% 六级：本人工资×60%	一级至四级：工伤支付 五级至六级：单位支付 备注：以上均为按月支付

来源：《西安市工伤保险实施办法》

备注：本人工资，是指工伤职工因工作遭受事故伤害或者患职业病前 12 个月平均月缴费工资。

停工留薪期，是指职工因工负伤或者患职业病停止工作接受治疗并享受有关工伤待遇的期限。在工伤职工的伤情处于稳定或完全治愈并经过劳动能力鉴定后，停工留薪期同步结束。

来源：《工伤保险条例》《陕西省人力资源和社会保障厅、陕西省财政厅、国家税务总局陕西省税务局关于印发〈陕西省工伤保险省级统筹管理办法〉〈陕西省工伤保险省级统筹实施方案〉的通知》《陕西省人力资源和社会保障厅关于调整工伤保险待遇标准的通知》

（四）申报工伤认定材料

1. 根据《工伤保险条例》第十八条规定，提出工伤认定申请应当提交下列材料：

（1）工伤认定申请表（应当包括事故发生的时间、地点、原因以及职工伤害程度等基本情况）；

（2）与用人单位存在劳动关系（包括事实劳动关系）的证明材料；

（3）医疗诊断证明或者职业病诊断证明书（或者职业病诊断鉴定书）。

2. 根据《工伤认定办法》附件《工伤认定申请表》填报说明第六条规定，申请人提出工伤认定申请时，应当提交：

（1）受伤害职工的居民身份证；

（2）医疗机构出具的职工受伤害时初诊诊断证明书，或者依法承担职业病诊断的医疗机构出具的职业病诊断证明书（或者职业病诊断鉴定书）；

（3）职工受伤害或者诊断患职业病时与用人单位之间的劳动、聘用合同或者其他存在劳动、人事关系的证明。

3. 根据《工伤认定办法》附件《工伤认定申请表》填报说明第六条规定，有下列情形之一的，还应当分别提交相应证据：

（1）职工死亡的，提交死亡证明；

（2）在工作时间和工作场所内，因履行工作职责受到暴力等意外伤害的，提交公安部门的证明或者其他相关证明；

（3）因工外出期间，由于工作原因受到伤害或者发生事故下落不明的，提交公安部门的证明或者相关部门的证明；

（4）上下班途中，受到非本人主要责任的交通事故或者城市轨道交通、客运轮渡、火车事故伤害的，提交公安机关交通管理部门或者其他相关部门的证明；

（5）在工作时间和工作岗位，突发疾病死亡或者在48小时之内经抢救无效死亡的，提交医疗机构的抢救证明；

（6）在抢险救灾等维护国家利益、公共利益活动中受到伤害的，提交民政部门或者其他相关部门的证明；

（7）属于因战、因公负伤致残的转业、复员军人，旧伤复发的，提交《革命伤残军人证》及劳动能力鉴定机构对旧伤复发的确认；

（8）根据实际情况需提供的其他补充相关材料。

（五）停工留薪期

根据《工伤保险条例》第三十三条第一款、第二款规定，职工因工作遭受事故伤害或者患职业病需要暂停工作接受工伤医疗的，在停工留薪期内，原工资福利待遇不变，由所在单位按月支付。

停工留薪期一般不超过12个月。伤情严重或者情况特殊，经设区的市级劳动能力鉴定委员会确认，可以适当延长，但延长不得超过12个月。

温馨提示： *工伤职工停工留薪期满，不能恢复工作仍需治疗的，由用人单位在停工留薪期满前，向西安市劳动能力鉴定中心提出延长停工留薪期申请。用人单位拒绝为工伤职工确认停工留薪期的，工伤职工及其家属可在完成伤残等级鉴定后，填写《西安市工伤职工停工留薪期确认申请表》，直接向西安市劳动能力鉴定中心申请确认停工留薪期。*

自工伤认定决定通知书下发之日起，在定点医疗机构或定点康复机构发生的门诊、住院医疗费或职业康复费以及在定点辅助器具配置机构发生的辅助器具费用应实行挂账结算。对未实行挂账治疗的，其医疗费、康复费、辅助器具费工伤保险基金不予支付。

1.需要进行挂账就医治疗的,由用人单位经办人持《挂账通知单》到参保所在地的经办机构进行挂账备案登记。

2.需要进行挂账康复治疗的,由用人单位经办人持《西安市工伤康复申请表》和《挂账通知单》到市级经办机构进行挂账备案登记。

3.需要挂账配置辅助器具的,由用人单位经办人持《工伤职工辅助器具配置申请表》、工伤认定决定通知书或老工伤人员纳入基金统筹的相关材料到市级经办机构进行挂账备案登记。

七、公积金

(一)公积金查询

1.支付宝 APP 查询,路径:市民中心—公积金—西安公积金。

2.西安住房公积金管理中心官方网站查询。

3.职工本人拨打电话 029-12329 查询。

4.关注"西安住房公积金管理中心"微信公众号查询。

"西安住房公积金管理中心"微信公众号

5.下载手机公积金 APP 查询。

手机公积金

6.携带身份证原件去公积金中心或公积金缴存银行网点查询。

（二）公积金提取方式

因公积金提取种类较多，职工本人可自行登录西安住房公积金管理中心官网根据本人情况下载公积金提取所需材料，在正常工作日即可办理，各受委托银行网点公积金提取（转移）业务受理时间以各银行公告时间为准。

温馨提示：公积金提取需保留至少3个月缴存额，一年只可提取一次。

（三）公积金异地转移

1. 公积金异地转入的条件

职工在西安开立住房公积金账户满半年且状态正常，个人账户有连续6次汇缴记录且欠缴月度不超过3个月。

2. 公积金异地转入的流程

职工本人持身份证原件及复印件去西安市住房公积金管理中心（振兴路137号）柜台填表《住房公积金异地转移接续申请表》申请转移，申请后，两地公积金中心对接，西安公积金划账至职工个人公积金账户。

温馨提示：

1. 西安中心将把转移职工预留的手机号码更新至职工个人公积金账户信息中，并以短信方式通知异地转入资金入账情况；

2. 填写"转出地中心名称""原个人住房公积金账号"和"原工作单位名称"时，请与转出地中心进行确认，防止信息不一致被转出地中心退回；

3. 在办理异地转移期间，职工不得转移或注销本地个人公积金账户。

答疑解惑

Q1：公积金提取是否需要单位提供材料？

A1：除退休和离职提取外，其他常见提取类型职工个人在西安住房公积金管理中心官网办理即可，无须单位配合提供材料。

Q2：如何查询自己的社保缴纳证明？

A2：（1）线下查询方式：职工本人持身份证原件前往参保所在区社保局或街道服务网点查询打印；

（2）线上查询方式：

养老保险：注册登录"西安人社12333"—首页—热门服务—更多—养老—养老保险—缴费信息，即可查看养老险种缴纳明细；

失业工伤保险：注册登录"西安人社12333"—首页—热门服务—更多—失业、工伤—参保证明打印—职工失业、工伤保险参保证明—下载正式文件，即可查询近两年的缴费明细；

医疗保险：注册登录陕西医保公共服务网上服务大厅（https://zwfw.shaanxi.gov.cn/ggfw/hallEnter/#/Index），左侧医疗个人信息—参保缴费信息查询—下载—选择年份即可下载个人缴费记录或下载陕西医保APP查询。

Q3：如何查询自己的公积金缴纳证明？

A3：（1）线下查询方式：职工可持身份证原件到公积金中心申请打印缴存证明；

（2）线上查询方式：本人可在支付宝APP—"城市服务"—"西安公积金"绑定个人信息后查询缴存情况；或下载手机公积金APP—"业务办理"—"证明下载"打印。

Q4：如何将外市的社保转移至本市？

A4：西安市社保可办理养老及医疗转入，转入条件：职工在西安正常缴纳社保满1个月以上，转入时正常参保，且女性不超过40周岁，男性不超过

50 周岁（临时账户）。

养老省外转移（陕西省内养老无须转移）现可通过网上自行办理，无须前往社保局办理，办理流程如下（选一即可）：

（1）职工本人下载掌上 12333APP—注册登录—服务—全国性服务—社保关系转移—社保转移申请，根据提示填写信息进行操作即可；

（2）职工本人下载手机 APP：陕西养老保险—点击首页社保卡—电子社保卡—立即前往—社保转移网上申请，根据提示填写信息进行操作即可；

（3）进入国家社会保险公共服务平台（https://si.12333.gov.cn/），首页—关系—社保转移申请，根据提示填写信息进行操作即可；

医疗转入办理方式如下：职工联系外地参保地打印《医保参保凭证》原件，然后至西安当地参保所在社保中心线下办理，转移周期为材料递交至社保局后的 3—6 个月。

Q5：如何将本市的公积金转移至其他城市？

A5：职工在西安公积金开户满 6 个月且状态正常，个人账户最近有连续 6 次汇缴记录且欠缴月度不超过 3 个月。办理路径：职工个人通过"全国住房公积金"微信小程序或支付宝小程序，注册登录—转移接续—提交申请—业务受理—异地中心销户转款—西安中心收款入账。

个 税

一、个税申报时间

《个人所得税法》第十四条第一款规定，扣缴义务人每月或者每次预扣、代扣的税款，应当在次月十五日内缴入国库，并向税务机关报送扣缴个人所得税申报表。

个税申报时间为薪资发放月的次月 15 日前。

例如：6 月 1 日至 6 月 30 日期间发放的工资，税款所属期为 6 月，在 7 月 15 日之前将税款缴至国库。

二、纳税人类型／所得项目／计税规定

表 24-1

纳税人类型	所得项目	计税规定
居民纳税人	工资、薪金所得	扣缴义务人向居民个人支付工资、薪金所得时，应当按照累计预扣法计算预扣税款，并按月办理全员全额扣缴申报。具体计算公式如下： 1.本期应预扣预缴税额=（累计预扣预缴应纳税所得额×预扣率-速算扣除数）-累计减免税额-累计已预扣预缴税额 2.累计预扣预缴应纳税所得额=累计收入-累计免税收入-累计减除费用-累计专项扣除-累计专项附加扣除-累计依法确定的其他扣除 其中：累计减除费用，按照5000元/月乘以纳税人当年截至本月在本单位的任职受雇月份数计算
	劳务报酬所得	扣缴义务人向居民个人支付劳务报酬所得，按次或者按月预扣预缴个人所得税。具体预扣预缴方法如下： 劳务报酬所得以收入减除费用后的余额为收入额 减除费用：每次收入不超过4000元的，减除费用按800元计算；每次收入4000元以上的，减除费用按20%计算 应预扣预缴税额=预扣预缴应纳税所得额×预扣率-速算扣除数 适用20%至40%的超额累进预扣率

续表

纳税人类型	所得项目	计税规定
居民纳税人	稿酬所得	扣缴义务人向居民个人支付稿酬所得，按次或者按月预扣预缴个人所得税。具体预扣预缴方法如下： 稿酬所得以收入减除费用后的余额为收入额，收入额减按70%计算 减除费用：稿酬所得每次收入不超过4000元的，减除费用按800元计算；每次收入4000元以上的，减除费用按20%计算 稿酬所得应预扣预缴税额=预扣预缴应纳税所得额×20%
居民纳税人	特许权使用费所得	扣缴义务人向居民个人支付特许权使用费所得，按次或者按月预扣预缴个人所得税。具体预扣预缴方法如下： 特许权使用费所得以收入减除费用后的余额为收入额 减除费用：特许权使用费所得每次收入不超过4000元的，减除费用按800元计算；每次收入4000元以上的，减除费用按20%计算 特许权使用费所得应预扣预缴税额=预扣预缴应纳税所得额×20%
居民纳税人	全年一次性奖金	取得全年一次性奖金收入，以收入除以12个月得到的数额，按照按月换算后的综合所得税率表，确定适用税率和速算扣除数，单独计算纳税 计算公式为：应纳税额=全年一次性奖金收入额×适用税率-速算扣除数
居民纳税人	解除劳动合同一次性补偿金	个人与用人单位解除劳动关系取得一次性补偿收入（包括用人单位发放的经济补偿金、生活补助费和其他补助费），在当地上年职工平均工资3倍数额以内的部分，免征个人所得税；超过3倍数额的部分，不并入当年综合所得，单独适用综合所得税率表，计算纳税
非居民纳税人	工资、薪金所得	以每月收入额减除费用5000元后的余额为应纳税所得额 应纳税额=应纳税所得额×税率-速算扣除数
非居民纳税人	劳务报酬所得、稿酬所得、特许权使用费所得	以每次收入额为应纳税所得额，其中，劳务报酬所得、稿酬所得、特许权使用费所得以收入减除20%的费用后的余额为收入额。稿酬所得的收入额按70%计算 应纳税额=应纳税所得额×税率-速算扣除数

备注：个人所得税税率表，详见文末附录。

三、个人所得税专项附加扣除

个人所得税专项附加扣除，是指个人所得税法规定的子女教育、继续教育、大病医疗、住房贷款利息或者住房租金、赡养老人、3岁以下婴幼儿照护7项专项附加扣除。

享受专项附加扣除的纳税人，自符合条件开始，可以由扣缴义务人在预扣预缴税款时，按其在本单位本年可享受的累计扣除额办理扣除；也可以在次年3月1日至6月30日内，向汇缴地主管税务机关办理汇算清缴申报时扣除。

便捷填报方式：纳税人可下载个人所得税APP，进行填报。

专项附加扣除细则如下：

（一）子女教育

表 24-2

项目	扣除范围	可享受时间	扣除方式	扣除标准	分摊形式	符合条件	备查材料
子女教育	学前教育	3周岁—小学入学前	满3周岁当月—小学入学前一个月	定额扣除	2000元/月每个子女	①父母（法定监护人）各扣除50% ②父母（法定监护人）选择一方全额扣除100%	学前教育 ①满3岁至小学入学前 ②处于学前教育阶段	①境内接受教育：无须留存材料 ②境外接受教育：境外学校录取通知书，留学签证等相关教育材料
	学历教育	小、初、高、中职、技工、专、本、硕、博	入学当月—教育结束当月				全日制学历教育 ①义务教育（小学和初中教育） ②高中阶段教育（普通高中、中等职业、技工教育） ③高等教育（大学专科、大学本科、硕士研究生、博士研究生教育）	

（二）3岁以下婴幼儿照护费用

表24-3

项目	扣除范围	可享受时间	扣除方式	扣除标准	分摊形式	符合条件	备查材料
3岁以下婴幼儿照护费用	纳税人照护3岁以下婴幼儿子女相关支出	从婴幼儿出生的当月至年满3周岁的前一个月	定额扣除	2000元/月每个婴幼儿	①父母（法定监护人）各扣除50% ②父母（法定监护人）选择一方全额扣除100%	①照护3岁以下婴幼儿子女相关支出 ②3岁以下婴幼儿照护专项附加扣除政策自2022年1月1日起实施	子女的出生医学证明等材料

（三）继续教育

表24-4

项目	扣除范围	可享受时间	扣除方式	扣除标准	分摊形式	符合条件	备查材料
继续教育	学历（学位）继续教育支出	入学当月—结束当月	定额扣除	400元/月，最长不超过48个月	①本人扣除 ②本科及以下学历（学位）继续教育，也可由其父母扣除	①中国境内 ②接受学历（学位）教育	无须提供证书
	职业资格继续教育	取得证书的当年一次性		3600元/年	本人扣除	①接受职业资格继续教育 ②取得证书：技能人员职业资格；专业技术人员职业资格	技能人员、专业技术人员职业资格证书等

（四）住房贷款利息

表24-5

项目	扣除范围	可享受时间	扣除方式	扣除标准	分摊形式	符合条件	备查材料
住房贷款利息	首套住房贷款利息支出	贷款合同约定开始还款的当月一贷款全部归还或贷款合同终止的当月（最长不超过240个月）	定额扣除	1000元/月	①未婚：本人扣除 ②已婚：夫妻双方可选一方扣除 ③已婚且婚前分别购买住房发生的首套住房贷款利息；一方扣1000元或双方各扣500元	①本人或者配偶皆可 ②单独或共同皆可 ③商贷或公积金贷款皆可 ④中国境内住房 ⑤首套住房贷款（看合同、问银行） ⑥实际发生贷款利息的年度	①房屋产权证、或房屋购买合同、或预购合同 ②住房贷款合同 ③贷款还款支出凭证等

（五）住房租金

表24-6

项目	扣除范围	可享受时间	扣除方式	扣除标准	分摊形式	符合条件	备查材料
住房租金	纳税人在主要工作城市没有自有住房而发生的住房租金支出	租赁合同（协议）约定的房屋租赁期开始当月一租赁期结束当月或提前终止合同（协议）的实际租赁期限	定额扣除	①直辖市、省会（首府）城市、计划单列市以及国务院确定的其他城市，扣除标准为每月1500元 ②除第一项所列城市外，市辖区户籍人口超过100万的城市，扣除标准为每月1100元；市辖区户籍人口不超过100万的城市，扣除标准为每月800元	①未婚：本人扣除 ②已婚且夫妻双方主要工作城市相同，由承租人扣除 ③已婚但夫妻双方主要工作城市不同，分别扣除	①主要工作城市 ②在该城市没有自有住房（配偶视同，即必须双方在该城市均无） ③发生住房租金支出	住房租赁合同或协议

（六）赡养老人

表24-7

项目	扣除范围	可享受时间	扣除方式	扣除标准	分摊形式	符合条件	备查材料
赡养老人	纳税人赡养一位及以上被赡养人的赡养支出	被赡养人年满60周岁的当月—赡养义务终止的年末	定额扣除	①独生子女3000元/月	本人扣除	被赡养人是指年满60岁的父母，以及子女均已去世的年满60岁的祖父母、外祖父母	独生子女无须留存协议
				②非独生子女总额不得超过3000元/月（每个子女最高不超过1500元/月）	①指定分摊：由被赡养人指定分摊比例②约定分摊：赡养人自行约定分摊比例③赡养人平均分摊		采取约定或指定分摊的，须留存书面分摊协议

（七）大病医疗

表24-8

项目	扣除范围	可享受时间	扣除方式	扣除标准	分摊形式	符合条件	备查材料
大病医疗	在一个纳税年度内，纳税人发生的与基本医保相关的医药费用支出	纳税人在办理年度汇算清缴时	据实扣除	扣除医保报销后个人负担（指医保目录范围内的自付部分）累计超过15000元的部分，在80000元限额内据实扣除	①本人医药费用由本人或配偶扣除②未成年子女的医药费用由父母一方扣除	①一个纳税年度内②与基本医疗相关③扣除医保报销后个人负担（医保目录范围内的自付部分），累计超过15000元的部分	患者医药服务收费及医保报销相关票据原件或复印件或者医疗保障部门出具的医药费用清单等

四、个人所得税汇算清缴

（一）政策依据

根据《个人所得税法》第十一条第一款规定，居民个人取得综合所得，按年计算个人所得税；有扣缴义务人的，由扣缴义务人按月或者按次预扣预缴税款；需要办理汇算清缴的，应当在取得所得的次年3月1日至6月30日内办理汇算清缴。

（二）无须办理汇算清缴的情形

纳税人在纳税年度内已依法预缴个人所得税且符合下列情形之一的，无须办理汇算：

1. 汇算需补税但综合所得收入全年不超过12万元的；
2. 汇算需补税金额不超过400元的；
3. 已预缴税额与汇算应纳税额一致的；
4. 符合汇算退税条件但不申请退税的。

（三）需要办理汇算清缴的情形

符合下列情形之一的，纳税人须办理汇算：

1. 已预缴税额大于汇算应纳税额且申请退税的；
2. 年度取得的综合所得收入超过12万元且汇算需要补税金额超过400元的。

因适用所得项目错误或者扣缴义务人未依法履行扣缴义务，造成年度少申报或者未申报综合所得的，纳税人应当依法据实办理汇算。

（四）纳税人可享受的税前扣除

1. 纳税人及其配偶、未成年子女符合条件的大病医疗支出；

2.符合条件的3岁以下婴幼儿照护、子女教育、继续教育、住房贷款利息或住房租金、赡养老人等专项附加扣除,以及减除费用、专项扣除、依法确定的其他扣除;

3.符合条件的公益慈善事业捐赠;

4.符合条件的个人养老金扣除。

(五)汇算清缴办理的方式

1.自己办。通过网上税务局、手机APP、邮寄或直接到办税服务厅。

2.单位办。及时向单位(扣缴义务人)提供本人除本单位外的年度综合所得收入、扣除、享受税收优惠等信息材料。

3.找人办。委托涉税专业服务机构或其他单位及个人办理,受托人须与纳税人签订授权书。

五、其他税收优惠项目

表24-9

税收优惠项目	扣除项目	材料
年金	根据《财政部、人力资源社会保障部、国家税务总局关于企业年金、职业年金个人所得税有关问题的通知》规定,个人根据国家有关政策规定缴付的年金个人缴费部分,在不超过本人缴费工资计税基数的4%标准内的部分,暂从个人当期的应纳税所得额中扣除。超过规定限额标准缴付的年金个人缴费部分,不得从当期的应纳税所得额扣除,依法计征个人所得税	无

续表

税收优惠项目	扣除项目	材料
商业健康保险	根据《财政部、国家税务总局、保监会关于将商业健康保险个人所得税试点政策推广到全国范围实施的通知》规定，对个人购买符合规定的商业健康保险产品的支出，允许在当年（月）计算应纳税所得额时予以税前扣除，扣除限额为2400元/年（200元/月）单位统一为职工购买符合规定的商业健康保险产品的支出，应分别计入员工个人工资薪金，视同个人购买，按上述限额予以扣除	1.商业健康保险电子保单，保单凭证上需要注明税优识别码 2.商业健康保险税前扣除情况明细表
个人养老金递延纳税优惠政策	根据《财政部、税务总局关于个人养老金有关个人所得税政策的公告》规定，自2022年1月1日起，对个人养老金实施递延纳税优惠政策。在缴费环节，个人向个人养老金资金账户的缴费，按照12000元/年的限额标准，在综合所得或经营所得中据实扣除；在投资环节，计入个人养老金资金账户的投资收益暂不征收个人所得税；在领取环节，个人领取的个人养老金，不并入综合所得，单独按照3%的税率计算缴纳个人所得税，其缴纳的税款计入"工资、薪金所得"项目 个人养老金税收政策自2022年1月1日起在个人养老金先行城市实施	个人缴费享受税前扣除优惠时，以个人养老金信息管理服务平台出具的扣除凭证为扣税凭据
公益捐赠	根据《财政部、税务总局关于公益慈善事业捐赠个人所得税政策的公告》规定，个人通过中华人民共和国境内公益性社会组织、县级以上人民政府及其部门等国家机关，向教育、扶贫、济困等公益慈善事业的捐赠（以下简称公益捐赠），发生的公益捐赠支出，可以按照个人所得税法有关规定在计算应纳税所得额时扣除	需要提供捐赠票据

答疑解惑

Q1：离退休人员取得返聘工资和奖金补贴如何计税？需要进行年度汇算清缴吗？

A1：按照国家统一规定发给干部、职工的安家费、退职费、基本养老金或者退休费、离休费、离休生活补助费，免征个人所得税。离退休人员除按规定领取离退休工资或养老金外，另从原任职单位取得的各类补贴、奖金、实物，不属于《个人所得税法》第四条规定可以免税的退休工资、离休工资、离休生活补助费，应在减除按《个人所得税法》规定的费用扣除标准后，按"工资、薪金所得"应税项目缴纳个人所得税。需要办理年度汇算的，按照规定办理年度汇算。

Q2：有多个子女的父母，父母享受子女教育专项附加扣除，可以对不同的子女选择不同的扣除方式吗？

A2：可以。有多个子女的父母，可以对不同的子女选择不同的扣除方式，即对子女甲可以选择由一方按照每月2000元的标准扣除，对子女乙可以选择由双方分别按照每月1000元的标准扣除。

Q3：参加"跨校联合培养"需要到国外读书几年的，是否可以按照子女教育扣除？

A3：一般情况下，参加"跨校联合培养"的学生，原学校继续保留学生学籍，子女在国外读书期间，父母可以享受子女教育专项附加扣除。

Q4：硕士研究生、博士研究生教育属于子女教育还是继续教育，由谁扣除？

A4：（1）纳税人的子女接受全日制学历教育（由小学一直到博士研究生阶段）的支出，纳税人可以按照每个子女每月2000元的标准定额扣除。

（2）纳税人自己接受硕士研究生及以上的继续教育，在受教育期间，由本人按照每月400元的标准定额扣除，但同一学历（学位）继续教育的扣除期限不能超过 48 个月。

Q5：夫妻双方婚前都有住房贷款，婚后怎么享受住房贷款利息专项附加扣除？

A5：夫妻双方婚前分别购买住房发生的首套住房贷款，其贷款利息支出，婚后可以选择其中一套购买的住房，由购买方按标准全额扣除，也可以由夫妻双方对各自购买的住房按标准分别扣除 50%，具体扣除方式在一个年度内不得变更。

Q6：两人合租住房，住房租金支出扣除应如何操作？

A6：住房租金支出由签订租赁合同的承租人扣除，若都与出租方签署了规范租房合同，可各自扣除。

Q7：赡养岳父岳母或公婆的费用是否可以享受个人所得税附加扣除？

A7：不可以。被赡养人是指年满 60 岁的父母，以及子女均已去世的年满 60 岁的祖父母、外祖父母。

Q8：纳税人如何知道可以享受大病医疗扣除的自付金额？

A8：国家医疗保障局向公众提供互联网查询服务。参加基本医保的纳税人可以通过国家医保服务平台 APP，查询发生的与基本医保相关的医药费用支出扣除医保报销后个人负担的累计金额。

Q9：若专项附加扣除信息发生变化，应如何处理？

A9：若专项附加扣除信息是由纳税人自行在远程端采集的，纳税人可先通过个人所得税 APP 或"自然人电子税务局"网页端自行更新，再通知扣缴义务人在扣缴客户端中点击"下载更新"，下载最新的专项附加扣除信息。

参考内容

【24-1】《中华人民共和国个人所得税法》（中华人民共和国主席令第9号）

【24-2】《中华人民共和国个人所得税法实施条例》（中华人民共和国国务院令第707号）

【24-3】《国务院关于印发个人所得税专项附加扣除暂行办法的通知》（国发〔2018〕41号）

【24-4】《国家税务总局关于全面实施新个人所得税法若干征管衔接问题的公告》（国家税务总局公告2018年第56号）

【24-5】《国家税务总局关于修订发布〈个人所得税专项附加扣除操作办法（试行）〉的公告》（国家税务总局公告2022年第7号）

【24-6】《财政部、国家税务总局关于个人所得税法修改后有关优惠政策衔接问题的通知》（财税〔2018〕164号）

【24-7】《财政部、税务总局关于延续实施全年一次性奖金等个人所得税优惠政策的公告》（财政部、税务总局公告2021年第42号）

【24-8】《财政部、税务总局关于延续实施外籍个人津补贴等有关个人所得税优惠政策的公告》（财政部、税务总局公告2021年第43号）

【24-9】《财政部、税务总局关于个人养老金有关个人所得税政策的公告》（财政部、税务总局公告2022年第34号）

【24-10】《国家税务总局关于办理2023年度个人所得税综合所得汇算清缴事项的公告》（国家税务总局公告2024年第2号）

附录一：个人所得税税率表

个人所得税预扣率表一

（居民个人工资、薪金所得预扣预缴适用）

级数	累计预扣预缴应纳税所得额	预扣率（%）	速算扣除数
1	不超过36000元的部分	3	0
2	超过36000元至144000元的部分	10	2520
3	超过144000元至300000元的部分	20	16920
4	超过300000元至420000元的部分	25	31920
5	超过420000元至660000元的部分	30	52920
6	超过660000元至960000元的部分	35	85920
7	超过960000元的部分	45	181920

备注：

1.居民个人取得全年一次性奖金，按照本表按月换算后的税率表，确定适用税率和速算扣除数。

2.非居民个人取得工资、薪金所得、劳务报酬所得、稿酬所得、特许权使用费所得，依照本表按月换算后计算应纳税额。

个人所得税预扣率表二

（居民个人劳务报酬所得预扣预缴适用）

级数	预扣预缴应纳税所得额	预扣率（%）	速算扣除数
1	不超过20000元的	20	0
2	超过20000元至50000元的部分	30	2000
3	超过50000元的部分	40	7000

个人所得税税率表三

（非居民个人工资、薪金所得，劳务报酬所得，稿酬所得，特许权使用费所得适用）

级数	应纳税所得额	税率（%）	速算扣除数
1	不超过3000元的	3	0
2	超过3000元至12000元的部分	10	210
3	超过12000元至25000元的部分	20	1410
4	超过25000元至35000元的部分	25	2660
5	超过35000元至55000元的部分	30	4410
6	超过55000元至80000元的部分	35	7160
7	超过80000元的部分	45	15160

附录二：产假表

城市	女性 产假天数 顺产	女性 产假天数 难产	女性 产假天数 多胞胎	男性 陪产假天数
北京市	158天	顺产天数基础上再加15天	每多生育1个婴儿，增加产假15天	15天
济南市	158天	顺产天数基础上再加15天	每多生育1个婴儿，增加产假15天	15天
杭州市	一孩158天，二孩、三孩188天	顺产天数基础上再加15天	每多生育1个婴儿，增加产假15天	15天
南京市	158天	顺产天数基础上再加15天	每多生育1个婴儿，增加产假15天	15天
上海市	158天	顺产天数基础上再加15天	每多生育1个婴儿，增加产假15天	10天
厦门市	158—180天	顺产天数基础上再加15天	每多生育1个婴儿，增加产假15天	15天
广州市	178天 备注：其中80天为奖励假，期间职工不享受生育津贴，由用人单位按照规定发放工资	顺产天数基础上再加30天	每多生育1个婴儿，增加产假15天	15天
深圳市	178天 备注：其中80天为奖励假，期间职工不享受生育津贴，由用人单位按照规定发放工资	顺产天数基础上再加30天	每多生育1个婴儿，增加产假15天	15天
武汉市	158天	顺产天数基础上再加15天	每多生育1个婴儿，增加产假15天	15天
郑州市	188天	顺产天数基础上再加15天	每多生育1个婴儿，增加产假15天	30天
长沙市	158天	顺产天数基础上再加15天	每多生育1个婴儿，增加产假15天	20天

续表

城市	女性 产假天数			男性 陪产假天数
	顺产	难产	多胞胎	
成都市	158天	顺产天数基础上再加15天	每多生育1个婴儿，增加产假15天	20天
西安市	158天 备注：国家规定：98天，陕西省规定：职工合法生育子女的，在法定产假的基础上增加产假60天，女职工参加孕前检查的，在法定产假的基础上增加产假10天	顺产天数基础上再加15天	每多生育1个婴儿，增加产假15天，生育三孩的，前期规定的基础上再增加10天	男方护理假15天，夫妻异地居住的给予男方护理假20天；女职工生育三孩的，男方护理假再增加10天
重庆市	178天	顺产天数基础上再加15天	每多生育1个婴儿，增加产假15天	20天
沈阳市	158天	顺产天数基础上再加15天	每多生育1个婴儿，增加产假15天	20天
石家庄市	158天	顺产天数基础上再加15天	每多生育1个婴儿，增加产假15天	15天
天津市	158天	顺产天数基础上再加15天	每多生育1个婴儿，增加产假15天	15天
福州市	158—180天	顺产天数基础上再加15天	每多生育1个婴儿，增加产假15天 备注：上限180天	15天
苏州市	158天	顺产天数基础上再加15天	每多生育1个婴儿，增加产假15天	15天
海口市	188天	顺产天数基础上再加15天	每多生育1个婴儿，增加产假15天	15天
昆明市	158天	顺产天数基础上再加15天	每多生育1个婴儿，增加产假15天	30天
哈尔滨市	98天 备注：符合《黑龙江省人口与计划生育条例》的女方享受产假180日	顺产天数基础上再加15天	每多生育1个婴儿，增加产假15天	15天

附录三：各地官方经办网址

城市	官网名称	网址
北京	北京市人力资源和社会保障局	http://rsj.beijing.gov.cn/
天津	天津市人力资源和社会保障局	https://hrss.tj.gov.cn/
石家庄	石家庄市人力资源和社会保障局	http://rsj.sjz.gov.cn/
沈阳	沈阳政务服务网	http://zwfw.shenyang.gov.cn/
哈尔滨	哈尔滨市人民政府	http://www.harbin.gov.cn/
上海	上海市人力资源和社会保障局	https://rsj.sh.gov.cn/
南京	江苏省人力资源和社会保障厅	http://jshrss.jiangsu.gov.cn/
苏州	江苏省人力资源和社会保障厅	http://jshrss.jiangsu.gov.cn/
杭州	江苏省人力资源和社会保障厅	http://jshrss.jiangsu.gov.cn/
福州	福州市人民政府	http://www.fuzhou.gov.cn/
厦门	厦门市人力资源和社会保障局	http://hrss.xm.gov.cn/
济南	济南市人力资源和社会保障局	http://jnhrss.jinan.gov.cn/
郑州	郑州市人力资源和社会保障局	https://zzrs.zhengzhou.gov.cn/
武汉	武汉市人力资源和社会保障局	http://rsj.wuhan.gov.cn/
长沙	长沙市人力资源和社会保障局	http://rsj.changsha.gov.cn/
广州	广州市人力资源和社会保障局	http://rsj.gz.gov.cn/
深圳	深圳市人力资源和社会保障局	http://hrss.sz.gov.cn/szsi/
海口	海口市人力资源和社会保障局	http://rsj.haikou.gov.cn/
重庆	重庆市人力资源和社会保障局	http://rlsbj.cq.gov.cn/
成都	成都市人力资源和社会保障局	http://cdhrss.chengdu.gov.cn/
昆明	昆明市人力资源和社会保障局	https://rsj.km.gov.cn/
西安	西安市人力资源和社会保障局	http://xahrss.xa.gov.cn/
个税	国家税务总局	http://www.chinatax.gov.cn/

图书在版编目（CIP）数据

五险一金速查手册/余清泉主编. -- 北京：中国法制出版社，2024.10. -- ISBN 978-7-5216-4664-1

Ⅰ. D922.182.3-62；D922.181-62

中国国家版本馆 CIP 数据核字第 2024Y9U053 号

| 责任编辑 王 彤 | 封面设计 周黎明 |

五险一金速查手册

WUXIAN YIJIN SUCHA SHOUCE

主编/余清泉
经销/新华书店
印刷/三河市国英印务有限公司
开本/710 毫米×1000 毫米　16 开　　　　　　　印张/31.5　字数/466 千
版次/2024 年 10 月第 1 版　　　　　　　　　　2024 年 10 月第 1 次印刷

中国法制出版社出版
书号 ISBN 978-7-5216-4664-1　　　　　　　　　　定价：118.00 元

北京市西城区西便门西里甲 16 号西便门办公区
邮政编码 100053　　　　　　　　　　　　　　　传真：010-63141600
网址：www.zgfzs.com　　　　　　　　　　　　编辑部电话：010-63141675
市场营销部电话：010-63141612　　　　　　　　印务部电话：010-63141606

（如有印装质量问题，请与本社印务部联系。）